国家中等职业学校示范建设课程改革创新系列教材
中职中专汽车运用与维修专业系列教材

汽车底盘拆装与检测

刘艳军　郑彦文　主　编
谢凤强　赵　亮　副主编

科学出版社
北　京

内 容 简 介

本书介绍了汽车运用与维修专业的专业理论知识与操作技能，主要内容包括离合器的检修、手动变速器的检修、万向传动装置的检修、驱动桥的检修、车架与车桥的检修、四轮定位检测与调整、车轮与轮胎的检修、悬架系统的检修、转向系统的检修、制动系统的检修、ABS 制动系统的检修、自动变速器的检修。

本书按照"一体化"课程开发的要求进行编写。学生通过对典型任务的学习，实现"做中学，学中做"的教学模式，从而让学生掌握与常用汽车底盘维修有关的专业理论知识与操作技能，提高学生理论联系实际和分析解决一般技术问题的能力，使学生达到汽修工国家职业标准（中级）的水平。

本书既可作为中等职业学校汽车运用与维修专业、汽修相关专业的教学用书，也可作为相关岗位从业人员的学习参考用书。

图书在版编目(CIP)数据

汽车底盘拆装与检测/刘艳军，郑彦文主编. —北京：科学出版社，2015.3
（国家中等职业学校示范建设课程改革创新系列教材 • 中职中专汽车运用与维修专业系列教材）

ISBN 978-7-03-044010-5

Ⅰ. ①汽… Ⅱ. ①刘… ②郑… Ⅲ. ①汽车-底盘-装配（机械）-中等专业学校-教材②汽车-底盘-车辆修理-中等专业学校-教材 Ⅳ. ①U463.1 ②U472.41

中国版本图书馆 CIP 数据核字（2015）第 063222 号

责任编辑：张振华 / 责任校对：王万红
责任印制：吕春珉 / 封面设计：曹 来

科学出版社 出版
北京东黄城根北街 16 号
邮政编码：100717
http://www.sciencep.com

厚诚则铭 印刷
科学出版社发行 各地新华书店经销

*

2015 年 11 月第 一 版 开本：787×1092 1/16
2016 年 11 月第三次印刷 印张：15 1/4
字数：350 000

定价：38.00 元

（如有印装质量问题，我社负责调换〈厚诚则铭〉）
销售部电话 010-62136230 编辑部电话 010-62135120-2005（VT03）

国家中等职业学校示范建设课程改革创新系列教材
编写指导委员会

顾　问　张　威　道仁嘎

主　任　宋　猛

副主任　安海申　陶树杰　周振彪　张振玉　张亚生

委　员　（以姓氏笔画为序）

石显坤　东志忠　吕占国　刘国安　张素君　郑凤坤

周子峰　徐卫国　蒋东光　路德军　魏永军

《汽车底盘拆装与检测》
编审人员

总主编　宋　猛

主　编　刘艳军　郑彦文

副主编　谢凤强　赵　亮

参　编　刘长江　陶树杰　包卫东　郑哲禹　王朝晖　梁金发

主　审　张振玉

前　言

随着汽车工业的发展，企业对汽修人才提出了更高的要求。为适应这一形势，更好地满足中等职业学校汽车运用与维修专业的“一体化”课改教学的需求，编者根据人力资源和社会保障厅印发的《一体化课程开发技术规程》，在广泛调研的基础上，组织教学经验丰富、实践能力强的教师及行业、企业一线专家，编写了本书。

1. 指导思想

本书采用“基于项目教学”、“基于工作过程”的全新的职业教育课程理念，力求建立以项目为核心、以任务为载体、以工作过程为导向的的教学模式，引导教师在“做中教、教中做”，学生在“学中做、做中学”，淡化理论，强化应用，注重操作技能的提高和岗位职业能力的培养，让学生学得轻松、学得实用。

2. 内容组织

本书精选基础理论知识和项目任务，突出实用性、新颖性，内容基本涵盖了汽车修理国家职业标准（中级工）对知识与技能的要求，并考虑了学校的教学条件和实训现状。

3. 学时分配

全书参考学时为 162 学时，各项目及学时安排请参考下表。

项　目	学　时
项目 1　离合器的检修	17
项目 2　手动变速器的检修	20
项目 3　万向传动装置的检修	12
项目 4　驱动桥的检修	14
项目 5　车架与车桥的检修	12
项目 6　四轮定位检测与调整	12
项目 7　车轮与轮胎的检修	12
项目 8　悬架系统的检修	12
项目 9　转向系统的检修	16
项目 10　制动系统的检修	15
项目 11　ABS 制动系统的检修	10
项目 12　自动变速器的检修	10

4. 编写分工

本书由奈曼旗民族职业中等专业学校汽车运用与维修专业组织编写，刘艳军、郑彦文任主编，谢凤强、赵亮任副主编，其他参与编写的有：刘长江、陶树杰、包卫东、郑哲禹、王朝晖、梁金发。具体编写分工如下：项目 1 由刘艳军编写，项目 2 由郑彦文编写，项目

3 由刘长江编写，项目 4 由谢凤强编写，项目 5 由赵亮编写，项目 6 由郑哲禹编写，项目 7 由梁金发编写，项目 8 由王朝晖编写，项目 9 由包卫东编写，项目 10 由陶树杰编写，项目 11 由刘艳军、郑彦文编写，项目 12 由刘长江、谢凤强编写，全书由刘艳军统稿。

由于编者水平有限，书中不妥和疏漏之处在所难免，恳请读者批评指正。

编　者

2015 年 2 月

目　录

项目1 离合器的检修

>>>>

◎ 项目情境

一辆桑塔纳2000GLi型轿车，发动机怠速运转时，将离合器踏板踩到底，挂挡困难，行驶中换挡亦困难。即便勉强挂上挡，尚未放松离合器踏板时，汽车就已开始行驶。在检视孔处用旋具沿轴向拨动离合器从动盘，拨动困难，确定故障为离合器分离不彻底，需检查相关元件。

◎ 项目目标

- 认识汽车传动系的组成、类型。
- 掌握离合器的作用、类型、组成与工作原理。
- 掌握离合器操纵机构的类型、构造与工作原理。
- 掌握摩擦式离合器的拆装与检测方法。
- 能够查阅各车型维修手册，并能按维修手册要求检修离合器。

任务1.1 认识离合器

◎ 任务目标

1. 认识汽车传动系的功用、组成、类型。
2. 掌握汽车的驱动形式及布置形式。
3. 掌握离合器的功用、结构及工作原理。
4. 掌握离合器操纵机构的结构及分类。

1. 传动系统的功用、类型及布置形式

汽车发动机的动力经过传动系统输出到驱动车轮，因此汽车传动系的任务是保证汽车能在各种不同使用条件下正常行驶，并具有良好的动力性和燃油经济性。

（1）功用

汽车传动系的功用就是将发动机发出的动力按需要传给驱动轮。传动系具有接合或者切断发动机动力，实现减速、变速、倒车，并且配合转弯时轮间差速和轴间差速等功能。

（2）类型

传动系按传动介质的不同，可分为机械式、液力机械式、静液式、电力式等。其中以机械式和液力机械式运用最为广泛。

1）机械式传动系：主要由离合器、变速器、万向传动装置、主减速器、差速器和驱动桥组成，如图 1.1.1 所示。

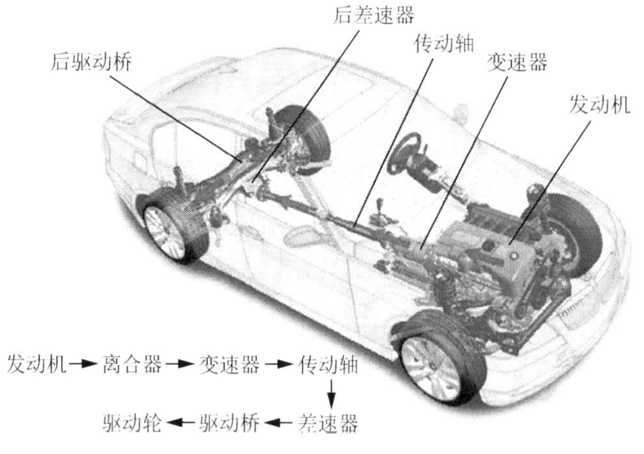

图 1.1.1　机械式传动系

2）液力机械式传动系：主要由液力变矩器、万向传动装置、主减速器、差速器和驱动桥组成，如图 1.1.2 所示。

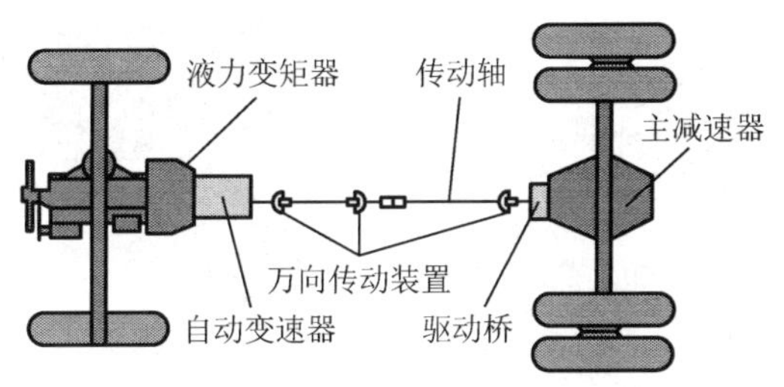

图 1.1.2　液力机械式传动系

（3）传动系的布置形式

传动系统的布置形式通常用汽车车轮总数×驱动车轮数（车轮数系指轮毂数）来表示。普通汽车多装 4 个车轮，常见的驱动形式有 4×2、4×4；重型货车多装 6 个车轮，其驱动形式有 6×6、6×4 和 6×2。此外，也有用汽车车桥总数×驱动车桥数来表示汽车的驱动形式。一般来说，汽车传动系的布置形式主要有以下几种。

1）发动机前置后轮驱动（FR）。国内外的大多数载重车广泛采用此种布置形式，如图 1.1.3 所示。它是前轮转向、后轮驱动，发动机输出动力通过离合器—变速器—传动轴输送到驱动桥上，在此减速增大转矩后传送到后面的左右半轴上，驱动后轮使汽车运行，前后轮各司其职，转向与驱动分开，负荷分布比较均匀。也有部分高档轿车采用前置后驱的方式，如国产宝马 325i、530i、奥迪 A6 以及进口宝马轿车，宾利、奔驰、捷豹等轿车也多采用前置后驱的驱动形式。前置后驱轿车一般将发动机纵向布置，如图 1.1.4 所示。

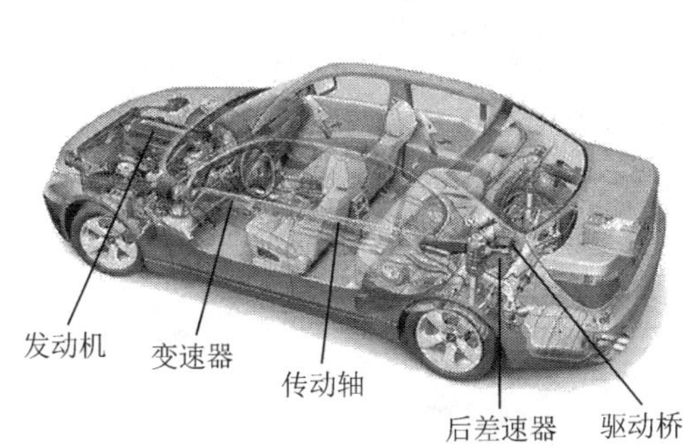

图 1.1.3　发动机前置后轮驱动

图 1.1.4　发动机纵向布置

2）发动机前置前轮驱动（FF）。这种布置形式主要在发动机排量为 2.5L 以下的乘用车上得到广泛应用，如图 1.1.5 所示。前置前驱轿车一般将发动机横向布置，与设计紧凑的变速驱动桥相连，如图 1.1.6 所示。其优点是结构布置简单紧凑，可降低车身底板高度，转向稳定，另外其抗侧滑的能力也比前置后驱轿车强，缺点是上坡时驱动轮附着力会减小，易打滑，下坡制动时，则由于车辆重心前移，前桥负载加重。

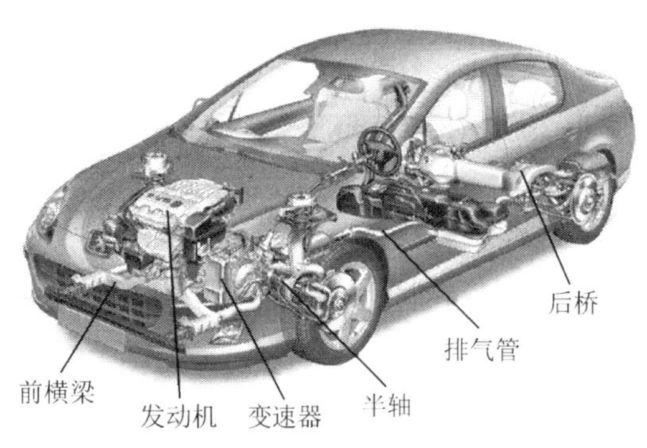

图 1.1.5　发动机前置前轮驱动

图 1.1.6　发动机横向布置

3）发动机中置后轮驱动（MR）。其优点是轴荷分配均匀，具有很中性的操控特性；缺点是发动机占用了座舱的空间，降低了空间利用率和实用性，因此多应用在追求操控表现的跑车，如图 1.1.7 所示。

图 1.1.7　发动机中置后轮驱动

4）发动机后置后轮驱动（RR）。如图 1.1.8 所示，其优点是结构紧凑，没有沉重的传动轴，也没有复杂的前轮转向兼驱动结构；缺点是后轴荷较大，在操控性方面会产生与前置前驱轿车相反的转向过度倾向。

图 1.1.8　发动机后置后轮驱动

5）四轮驱动（4WD）。如图 1.1.9 所示，其优点是四个车轮均有动力，地面附着率最大，通过性和动力性好。

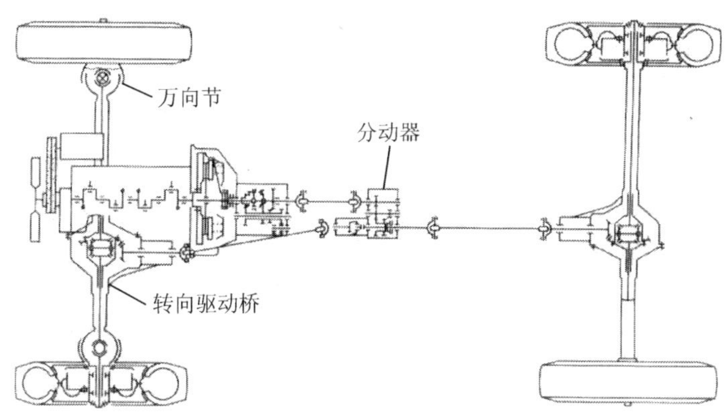

图 1.1.9 四轮驱动

2. 离合器

【案例】 一辆桑塔纳 2000GLi 型手动挡轿车，行驶 30000km，出现以下情况，车辆起动后，将离合器踏板踩到底，快速松开，感觉在离合器接合的时候，会发出“咯嗒”一声，打开发动机盖，声音非常明显。起步时离合器半联动状态下，偶尔出现响声，在一挡换二挡的时候，声音最明显。请同学们学习相关知识后，解决这个问题。

离合器位于发动机和变速器之间的飞轮壳内，是汽车传动系中直接与发动机相联系的总成件，如图 1.1.10 所示。通常离合器与发动机曲轴的飞轮组安装在一起，是发动机与汽车传动系之间切断和传递动力的部件。汽车从起步到正常行驶的整个过程中，驾驶员可根据需要操纵离合器，使发动机和传动系暂时分离或逐渐接合，以切断或传递发动机向传动系输出的动力。

图 1.1.10 离合器在车上的位置

（1）离合器的功用

1）保证汽车平稳地起步。这是离合器的首要功能。在汽车起步前，要先起动发动机。

汽车起步时，汽车是从完全静止的状态逐步加速的，离合器在驾驶员的操纵下，边摩擦边接合，发动机经传动系传给驱动车轮的转矩便柔和增加，到牵引力足以克服起步阻力时，汽车即从静止开始柔和起步。

2）保证传动系平顺换挡。在汽车行驶过程中，为适应不断变化的行驶条件，传动系经常要更换不同挡位工作。实现齿轮式变速器的换挡，一般是拨动齿轮或其他挂挡机构，使原用挡位的某一齿轮副退出传动，再使另一挡位的齿轮副进入工作。在换挡前必须踩下离合器踏板，中断动力传动，便于使原挡位的啮合副脱开，同时使新挡位啮合副的啮合部位的速度逐步趋向同步，这样进入啮合时的冲击可以大大减小，实现平顺地换挡。

3）防止传动系过载。汽车进行紧急制动时，传动系所有运动件将产生很大的惯性力矩（其数值可能大大超过发动机正常工作时所发出的最大转距），对传动系造成超过其承载能力的载荷，而使机件损坏。这时，便可以依靠离合器主动部分和从动部分之间可能产生的相对运动以消除这一危险。因此，我们需要离合器来限制传动系所承受的最大转距，保证安全。

（2）离合器的类型

目前，与手动变速器相配合的离合器多为摩擦式离合器。这种离合器分类如下：

1）按其从动盘的数目不同，分为单盘式、双盘式和多盘式。

2）按压紧弹簧的形式分，主要有周布弹簧式、中央弹簧式和膜片弹簧式。

3）按操纵方式不同，可分为机械操纵式、液压操纵式和气动操纵式等。

（3）膜片弹簧式离合器

1）基本结构。膜片弹簧式离合器由主动部分、从动部分、压紧机构与分离机构、操纵机构 4 大部分组成。

① 主动部分：由飞轮、离合器总成和从动盘等组成，如图 1.1.11 所示。

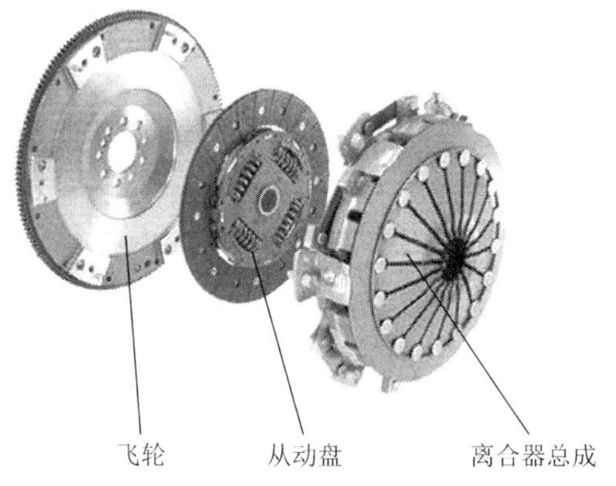

图 1.1.11 膜片弹簧式离合器

② 从动部分：主要由从动盘和从动轴等组成。有两种类型，即刚性（不带扭转减振器）和柔性（带扭转减振器），如图 1.1.12 所示。

(a) 刚性从动盘

(b) 柔性从动盘

图 1.1.12　从动盘

③ 压紧装置与分离机构：由膜片弹簧、支承环、支承固定铆钉、分离钩和传动片等组成，如图 1.1.13 所示。

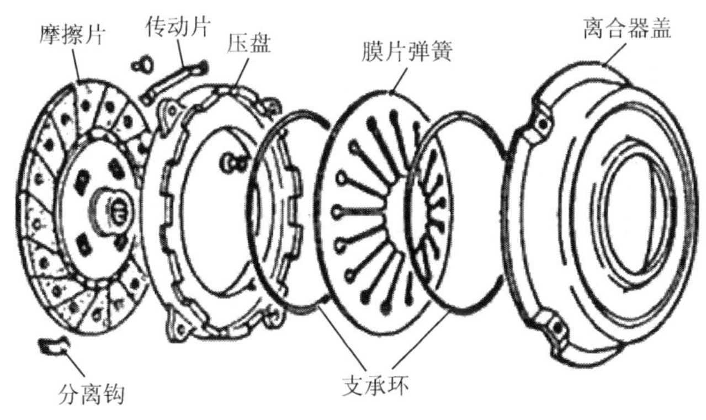

图 1.1.13　压紧装置与分离机构

④ 操纵机构：由分离杠杆、分离轴承、分离套筒、分离叉、回位弹簧、离合器踏板、传动机构及辅助机构等组成。

2）工作过程。

① 接合状态。离合器处于接合状态时，压紧弹簧将压盘、飞轮及从动盘互相压紧。发动机转矩经飞轮及压盘通过摩擦面的摩擦力矩传递到从动盘，再经变速器输入轴向传动系输入。

② 分离过程。踏下离合器踏板时，离合器分泵向前移动带动分离叉向前移动，分离叉内端则通过分离轴承推动分离杠杆内端向前移动，分离杠杆外端依靠安装在离合器盖上的支点拉动压盘向后移动，使其在进一步压缩压紧弹簧的同时，解除对从动盘的压力，如图 1.1.14（a）所示。于是离合器的主动部分处于分离状态而中断动力的传递。

③ 接合过程。若要接合离合器，驾驶员应松开离合器踏板，控制操纵机构使分离轴承和分离叉向后移，压盘弹簧的张力迫使压盘和从动盘压向飞轮，如图 1.1.14（b）所示。发动机转矩再次作用在离合器从动盘摩擦面和带花键的毂上，从而驱动变速器的输入轴。

在离合器接合过程中，摩擦面间存在一定的打滑，直到离合器完全接合为止。

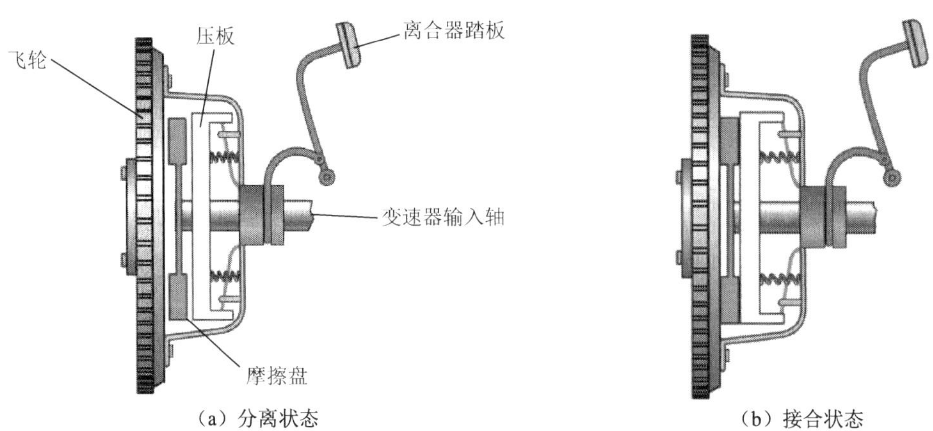

（a）分离状态　（b）接合状态

图 1.1.14　离合器工作过程

（4）离合器踏板的自由行程

离合器踏板的自由行程是分离轴承与分离杠杆之间等处间隙的体现。此间隙随着从动盘摩擦片的磨损而逐渐变小，若间隙太小甚至没有间隙，分离轴承因与分离杠杆常时间接触而会迅速磨损，导致损坏，离合器在接合期会出现“打滑”故障；如间隙太大，离合器将出现分离不开的故障，因此，应定期检查、调整离合器踏板的自由行程。

1）检查方法。机械式离合器踏板自由行程的检查方法是用钢直尺先测量踏板在完全放开时的高度，再测量踏板被压下至感到有阻力时的高度，两者的高度差即踏板的自由行程，如图 1.1.15（a）所示。

2）调整方法。如上海桑塔纳轿车离合器踏板的自由行程为 15～25mm，总行程为（150±5）mm。它是靠离合器拉索的调整来进行的，具体可通过改变图 1.1.15（b）所示的螺母（箭头所指）来进行。注意，调整离合器踏板的自由行程后应检查离合器踏板的高度。

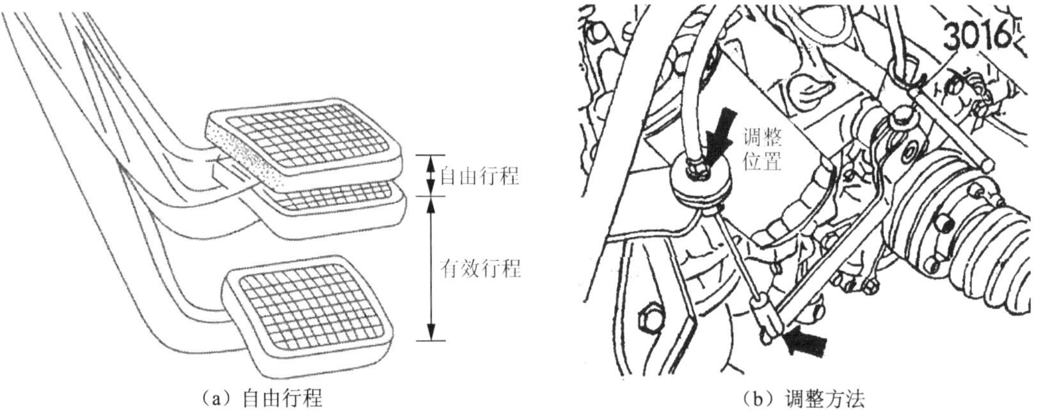

（a）自由行程　（b）调整方法

图 1.1.15　离合器踏板自由行程和调整方法

（5）离合器的操纵机构

离合器的操纵机构分为人力式（包括机械式和液压式）、气压式和助力式。人力式操纵机构以驾驶员的肌体作为唯一的操纵能源，气压式和助力式操纵机构则以发动机驱动的空气压缩机或其他形式能量作为主要操纵能源，而以人体作为辅助和后备的操纵能源。目前汽车离合器广泛采用的是机械式或液压式操纵机构，如图 1.1.16 所示。

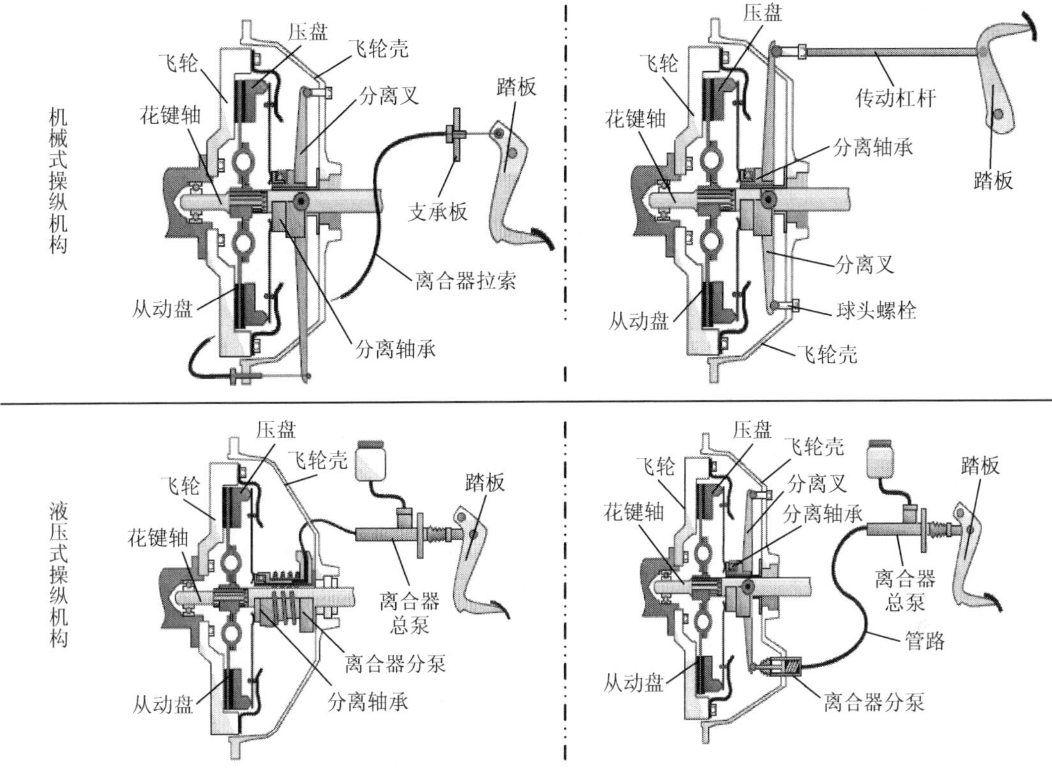

图 1.1.16 离合器操纵机构

1）机械式操纵机构。机械式操纵机构分为杆系传动式、绳索式操纵机构。

① 杆系传动式离合器操纵机构包括踏板组件、调整推杆、调整螺母、分离叉、分离推杆、横轴、回位弹簧等，如图 1.1.17 所示。踩下踏板转动横轴，从而移动分离叉，使离合器分离。当放松踏板时，回位弹簧使联动装置返回其正常位置，并排除了分离叉上的压力。此动作使分离轴承与压盘分开。调整推杆一端的调整螺母可实现踏板自由行程的调整。

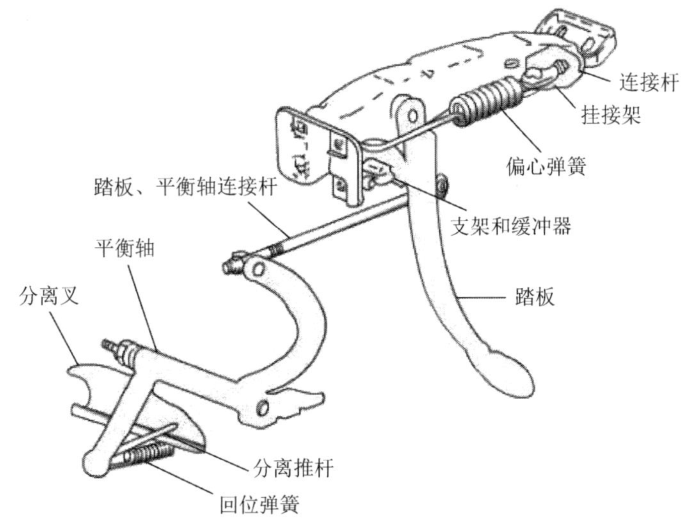

图 1.1.17 杆系传动式离合器操纵机构

② 如图 1.1.18 所示，绳索式操纵机构拉索的一端连于踏板组件，另一端连于离合器分离叉的外端，此端上有螺纹，配有调整螺母和锁定螺母，可实现踏板的自由行程调整。

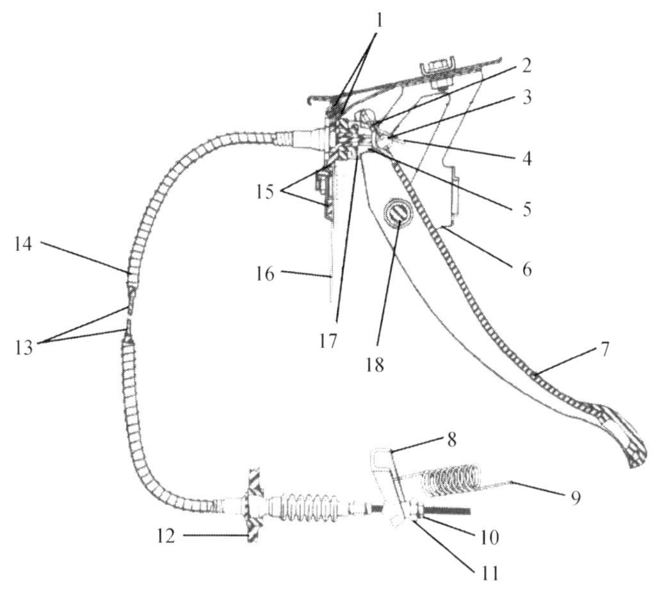

图 1.1.18 绳索式操纵机构

1-拉索垫圈；2-踏板杆系；3-拉锁球端；4-固定架；5-踏板限位挡块；6-踏板支架；7-踏板；8-分离杠杆；9-回位弹簧；10-锁紧螺母；11-调整螺母；12-离合器壳；13-内拉索；14-拉锁外套；15-垫片；16-驾驶室前臂；17-固定螺母；18-踏板轴

2）液压式操纵机构。如图 1.1.19 所示，液压式离合器操纵机构主要由离合器主缸（也称为总泵）、液压管路和离合器工作缸（也称为分泵）组成。

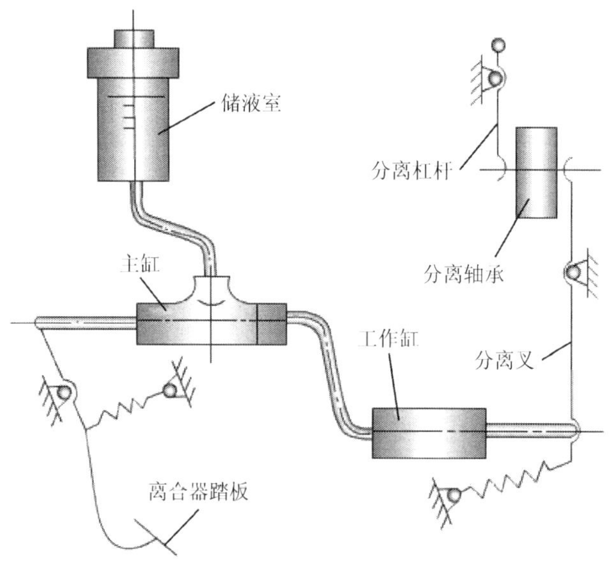

图 1.1.19 液压式操纵机构

任务 1.2 膜片弹簧式离合器的拆装与检测

◎ 任务目标

1. 掌握汽车离合器的拆装方法。
2. 掌握汽车离合器的检修方法。

工作场景：理实一体化教室。

设备器材：膜片弹簧式离合器、常用工具、百分表、游标卡尺、扭力扳手和抹布等。

实训目的：①掌握离合器的功用、类型和组成；②会对离合器器进行正确拆装、检修与调整。

技术要求：离合器油接触到任何涂漆表面，应立即进行清洗。

注意事项：①操作前按照技术手册做出计划流程图，做到按计划进行；②拆解离合器之前一定要在压盘和飞轮上做好对正标记；③应仔细检查飞轮和压盘表面是否有烧蚀、沟槽、翘曲和裂纹等。

1. 拆卸膜片弹簧式离合器

01 拆下变速器，如图 1.2.1 所示。

图 1.2.1　整车拆下变速器

02 用专用工具 10-201 将飞轮固定，如图 1.2.2 所示。

03 在压盘总成和飞轮上做好装配标记，如图 1.2.3 所示。

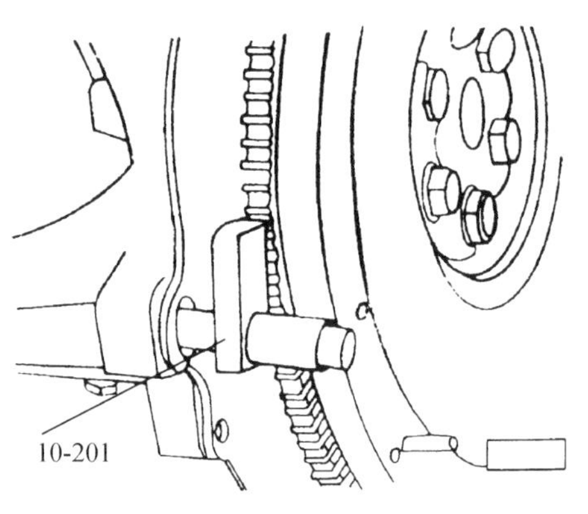

图 1.2.2　固定飞轮

图 1.2.3　做好装配标记

04 逐渐将离合器压盘的固定螺栓对角拧松，取下六颗螺栓，如图 1.2.4 所示。

图 1.2.4　拆卸固定螺栓

05 依次取下离合器盖、压盘总成和从动盘总成，如图 1.2.5 所示。

图 1.2.5　压盘总成及从动盘总成

2. 检修膜片弹簧式离合器

01 检查飞轮。如图 1.2.6 所示，飞轮若出现裂纹、缺齿或断齿，应更换；平面度误差大于 0.30mm、拉伤沟槽深度超过 0.50mm 时，应维修或更换；螺纹损坏超过两牙，应维修或更换。

02 检查离合器盖及压盘总成。如果离合器盖出现裂纹，应更换；离合器压盘平面度不应超过 0.2mm，可用钢直尺搁平后以塞尺测量，如图 1.2.7 所示。

图 1.2.6　飞轮

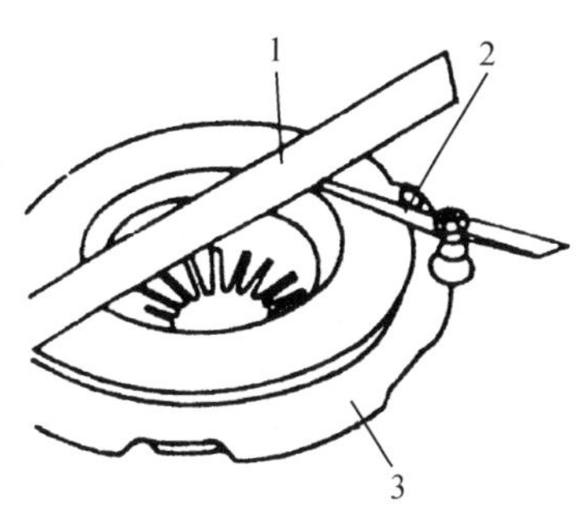

图 1.2.7　压盘平面度的检查

1-钢直尺；2-塞尺；3-压盘

03 检查从动盘。从动盘径向圆跳动的检查方法为，在距从动盘外边缘 2.5mm 处测量，离合器从动盘最大径向圆跳动为 0.4mm，测量方法如图 1.2.8 所示；从动盘摩擦片磨损程度的检查方法为，用游标卡尺进行测量，如图 1.2.9 所示，铆钉头埋入深度 A 应不小于 0.20mm。

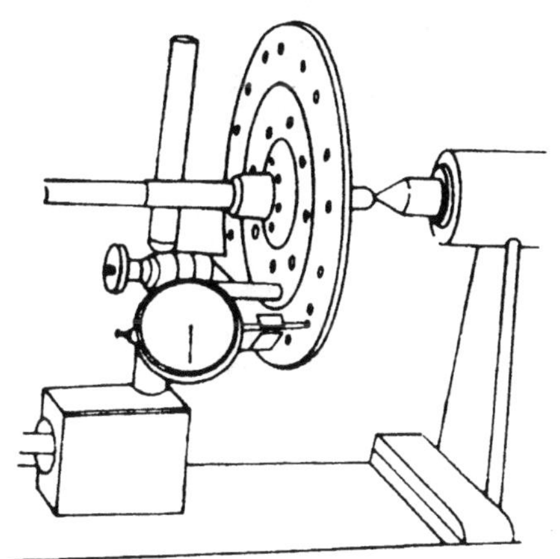

图 1.2.8　检查径向圆跳动

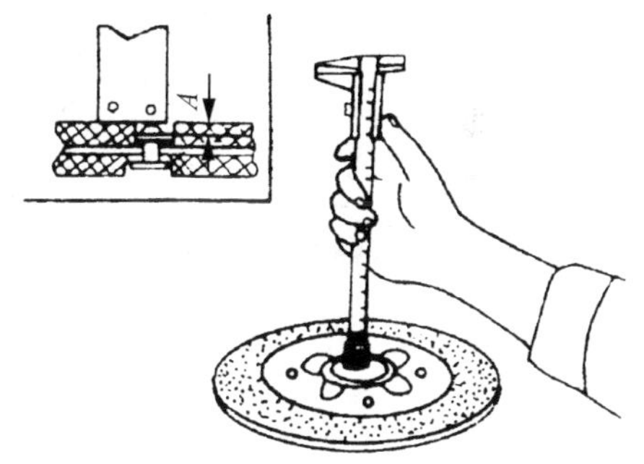

图 1.2.9　摩擦片磨损程度的检查

小贴士

从动盘的常见损伤为：摩擦衬片磨损变薄或铆钉外露、松动；摩擦衬片开裂、烧焦、硬化，有油污；从动盘翘曲；从动盘花键槽磨损；扭转减振器弹簧折断等。

3. 安装膜片弹簧式器

01 用专用工具 10-201 将飞轮固定。

02 如图 1.2.10 所示，用专用工具 10-213，将离合器从动盘定位于飞轮和压盘中心。

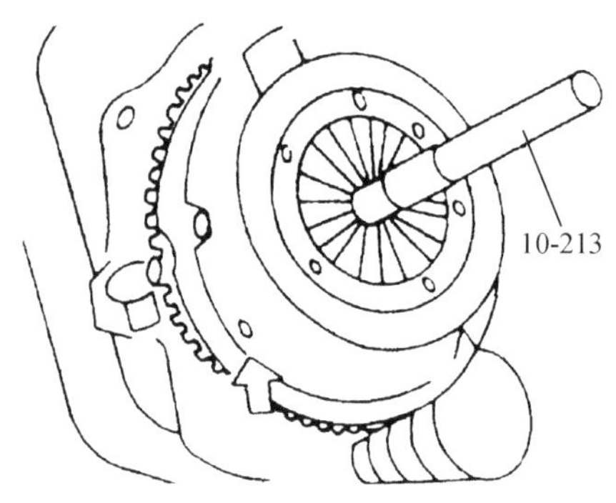

图 1.2.10　用专用工具定心

03 装上紧固螺栓，并用 25N·m 的力矩对角逐渐旋紧。

4. 6S 管理

实训完毕，进行 6S 管理，具体包括整理（SEIRI）、整顿（SEITON）、清扫（SEISO）、清洁（SEIKETSU）、素养（SHITSUKE）、安全（SAFETY）6 个项目，如图 1.2.11 所示。

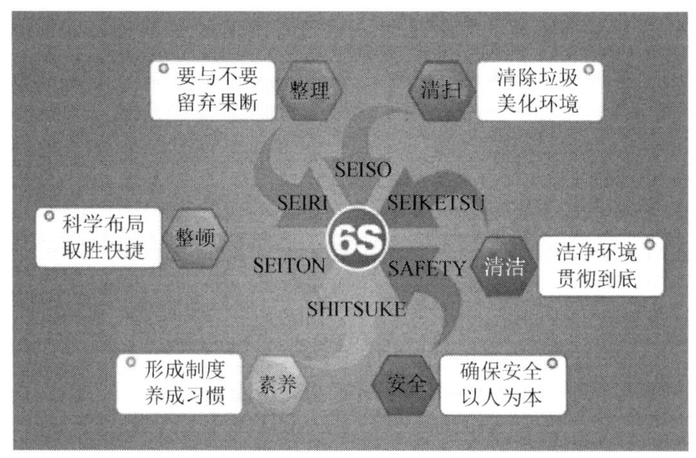

图 1.2.11　6S 管理示意图

离合器常见故障诊断与排除

1. 离合器打滑

（1）故障现象

1）当汽车起步时，离合器踏板完全放松后，发动机的动力不能全部输出，造成起步困难。

2）汽车在行驶中车速不能随发动机转速提高而迅速提高，即加速性能差。

3）汽车重载、爬坡或行驶阻力大时，由于摩擦产生高热而烧毁摩擦片，可嗅到焦臭味。

（2）故障原因

1）离合器踏板自由行程过小，当摩擦片稍有磨损，使分离轴承经常压在膜片弹簧上，导致压盘处于半分离状态；

2）离合器盖与飞轮的固定螺栓松动，膜片弹簧的弹力减弱，或弹簧因高温退火、疲劳、折断等原因而使弹力减小，致使压盘上的压力降低；

3）摩擦片磨损过甚变薄，铆钉外露，摩擦片表面有油污、老化或烧毁；

4）离合器压盘和从动盘变形或磨损变薄；

5）分离轴承与分离套筒运动不自如。

（3）故障诊断与排除

诊断方法：将制动拉杆拉紧，变速器挂上低速挡，起动发动机后，踏下加速踏板，缓慢抬起离合器踏板，若汽车不能前进而发动机又不熄火，即为离合器打滑。

排除方法：首先检查离合器踏板自由行程，如不符合标准，则故障由此引起；否则检查液压及机械操纵机构是否卡滞，若有，则故障由此引起；否则应检查离合器盖与飞轮的固定螺栓是否松动，若松动，则故障由此引起；否则应检查摩擦片表面是否有粘有油污、硬化或铆钉外露等现象，若有，则故障由此引起；若摩擦片完好，则应检查压紧弹簧的弹力，若弹力过弱，则故障由此引起。若上述检查均未发现问题，则应检查压盘和飞轮摩擦表面的磨损及变形情况，若有伤痕或磨出台阶，或压盘、飞轮翘曲过大，则故障由此引起。

2. 离合器分离不彻底

（1）故障现象

发动机在怠速运转时，离合器踏板完全踏到底，挂挡困难，并有变速器齿轮撞击声；勉强挂上挡后，不等抬起离合器踏板，汽车就冲撞起动或发动机熄火；行驶时换挡困难，且变速器齿轮有撞击声。

（2）故障原因

1）离合器踏板自由行程过大；

2）液压系统中有空气或油量不足有泄漏；

3）分离叉支点或分离轴承磨损；

4）分离杠杆内端高度不一致或过低、膜片弹簧分离指弹性衰损产生变形或内端磨损；

5）新换摩擦片过厚或从动盘正反装错；

6）从动盘毂键槽与变速器第一轴的花键配合过紧或拉毛、锈蚀而发卡；

7）从动盘铆钉松脱、摩擦片破裂、钢片变形严重；

8）压紧弹簧弹力不均或个别弹簧折断。

（3）故障诊断与排除

诊断方法：可在发动机起动后脱开离合器，试进行变速器齿轮啮合操作，此时如齿轮发出异响并难以啮合，可判断为离合器分离不彻底；也可将变速器挂入空挡，踏下离合器踏板，一人在下面用起子拨动从动盘。如果能轻轻拨动，说明离合器能分离，如果拨不动，则说明离合器分离不彻底。

排除方法：首先检查离合器踏板自由行程，若过大则故障由此引起；若不是，检查是否新换的摩擦片过厚，若过厚，则故障由此引起；若不是，检查液压系统是否有泄漏或有空气，对机械操纵机构则应检查钢索及传动杆件是否损坏、卡滞；如有，则故障由此引起。如果上述调整、检查均无效，应将离合器拆卸并分解，检查各部件的技术状况，如有损伤部件则故障由此引起。

3. 离合器发抖（接合不平顺）

（1）故障现象

汽车起步时，离合器接合不平稳产生振抖，严重时会使整个车身发生振抖现象。

（2）故障原因

1）分离杠杆或膜片弹簧分离指内端面高度不一致；

2）压紧弹簧弹力不均、衰损、破裂或折断、扭转减振弹簧弹力衰损或弹簧折断；

3）从动盘摩擦片接触不平、表面硬化或粘上胶状物，铆钉松动、露头或折断；

4）飞轮工作面、压盘或从动盘钢片翘曲变形；

5）从动盘上花键毂键槽磨损过甚或花键因锈蚀、脏污而滑动不灵活；

6）发动机前后支架的橡胶老化，固定螺栓松动，飞轮、离合器壳或变速器固定螺钉松动；

7）变速器第一轴弯曲或与发动机曲轴中心线不同心；

8）离合器总成与踏板之间的操纵机构连接松动。

（3）故障诊断与排除

诊断方法：使发动机怠速运转，反复以低速挡或倒车挡缓慢起步，判断离合器接合是否平顺，如车身抖动，即为离合器发抖。当感觉不明显时，可改为陡坡道起步。

排除方法：首先用扳手检查变速器、发动机及飞轮的固定螺栓是否松动，若松动，则故障由此引起；若无松动，则检查离合器总成和踏板之间的液压操纵或机械操纵部件有无松动，若有则故障由此引起；若无则拆下离合器总成，检查各部件是否有损伤，如有，则故障由此引起。

4. 离合器异响

（1）故障现象

离合器在接合或分离时，出现不正常的响声。

（2）故障原因

1）离合器踏板没有自由行程，分离杠杆或膜片弹簧分离指内端和分离轴承总是接触；

2）离合器踏板回位弹簧过软、折断或脱落；

3）分离套筒回位弹簧过软、折断或脱落；

4）分离轴承或导向轴承润滑不良、磨损松旷或烧毁卡滞；

5）从动盘扭转减振弹簧折断后，发生扭转振动时，发出振动声；

6）从动盘摩擦片裂损、铆钉松动、露头或从动盘毂与变速器输入轴花键磨损严重。

（3）故障诊断与排除

诊断方法：发动机怠速运转，若在离合器接合时，或踩下离合器踏板少许消除自由行程后，或离合器踏板踩到底过程中，离合器发出不正常响声，则为离合器异响。

排除方法：

01 检查踏板自由行程是否正确，若不正确则故障由此引起。若正确，起动发动机进行下一步。

02 踩下离合器踏板少许，使分离轴承刚与分离杠杆接触，若听到“沙沙”的响声，先给分离轴承加油润滑，加油后如响声消失则为轴承缺油。若加油后响声仍不消失，则是分离轴承损坏。若不是，继续检查。

03 改变发动机转速，并反复踩动离合器踏板，若发出“吭”或“咔”的响声，则故障可能是减振弹簧疲劳或断裂、从动盘与花键套铆接松动或是从动盘花键孔与轴配合松旷。若在离合器处于刚接合或刚分离时，发出“咔嗒”的碰击声，则故障由摩擦片松动引起；若发出金属刮研声，则故障由铆钉露头引起；若发出连续噪声或间断的碰击声，则故障由分离轴承与分离杠杆内端间隙引起。若不是，继续检查。

04 踏板踩到底，发出连续“咔啦”声，分离不彻底时尤为严重，放松踏板后响声消失，则故障由离合器盖驱动窗孔与压盘凸块松旷或传动销与压盘孔配合松旷引起，双片离合器特别容易产生此故障。若不是，继续检查。

05 当离合器踏板完全抬起时，听到有摩擦碰撞声，一般为分离轴承和膜片弹簧分离指之间间隙太小所致。如分离套筒回位弹簧失效，踏板虽已抬起，但分离轴承没有回位，或踏板回位弹簧失效，当用手将离合器踏板拉起时，声音消失，则证明踏板回位弹簧失效。

思考与练习

一、填空题

1．膜片弹簧式离合器由________、________、________和________四大部分构成。

2．弹簧压紧的摩擦式离合器按压紧弹簧的形式不同可分为________、________和________；根据操纵方式不同分为________和________；根据从动盘的数目不同又分为________、________和________。

3．为避免传动系产生共振，缓和冲击，在离合器上装有________。

二、判断题

1．CA1092和EQ1090E型汽车均使用双片离合器。 （ ）

2．双片离合器有两个从动盘、两个压盘、两个摩擦面。 （ ）

3．在摩擦面压紧力、摩擦面的尺寸、材料的摩擦系数相同的条件下，双片离合器比单片离合器传递的转矩要大。 （ ）

4．摩擦片沾油或磨损过甚会引起离合器打滑。 （ ）

5．分离杠杆内端高低不一致将导致离合器分离不彻底，并且汽车在起步时车身发生颤抖现象。 （ ）

6．离合器在使用过程中，不允许出现摩擦片与压盘、飞轮之间有任何相对滑移现象。 （ ）

7. 膜片弹簧离合器的结构特点之一是：用膜片弹簧取代压紧弹簧和分离杠杆。（　　）

三、选择题

1. 膜片弹簧离合器的膜片弹簧起到（　　）的作用。

A. 压紧弹簧　　B. 分离杠杆　　C. 从动盘　　D. 主动盘

2. 离合器的从动盘主要由（　　）构成。

A. 从动盘本体　　B. 从动盘毂　　C. 压盘　　D. 摩擦片

3. 汽车离合器的主要作用有（　　）。

A. 保证汽车怠速平稳　　B. 使换挡时工作平稳

C. 防止传动系过载　　D. 增加变速比

4. 下列不属于汽车离合器部分的是（　　）。

A. 分离轴承　　B. 曲轴　　C. 带轮　　D. 从动盘

5. 在正常情况下，发动机工作，汽车离合器踏板处于自由状态时（　　）。

A. 发动机的动力不传给变速器　　B. 发动机的动力传给变速器

C. 离合器分离杠杆受力　　D. 离合器的主动盘与被动盘分离

6. 下列说法正确的是（　　）。

A. 汽车离合器操作要领要求是分离时要迅速、彻底，结合时要平顺、柔和

B. 汽车离合器有摩擦式、液力耦合式和带式等几种

C. 离合器从动盘有带扭转减振器和不带扭转减振器两种形式

D. 离合器的压盘压力越大越好

7. 下列说法正确的是（　　）。

A. 从动盘体与摩擦片之间加铆波浪形弹性钢片的目的是提高接合的柔顺性

B. 摩擦片要求具有较小的摩擦因数、良好的耐热性和适当的弹性

C. 离合器从动盘与发动机曲轴相连接

D. 膜片弹簧离合器中的膜片弹簧起到压紧弹簧和分离杠杆的双重作用

8. 学生 A 说：汽车在紧急制动时，要马上踩住离合器，防止传动系过载而发动机的机件损坏。学生 B 说：汽车在紧急制动时不用踩住离合器，离合器有传动系过载保护功能。他们说法正确的是（　　）。

A. 只有学生 A 正确　　B. 只有学生 B 正确

C. 学生 A 和 B 都正确　　D. 学生 A 和 B 都不正确

9. 学生 A 说：螺旋弹簧式离合器盖与压盘之间通过四组用薄弹簧钢片制成的传动片，它不但可以传递动而且可以对压盘起导向和定心任用；学生 B 说：传动片还可以保证压盘沿轴向作平行移动。下列最合适的选项是（　　）。

A. 只有学生 A 正确　　B. 只有学生 B 正确

C. 学生 A 和 B 都正确　　D. 学生 A 和 B 都不正确

10. 离合器从动盘本体的外缘部分开有径向窄切槽，目的是（　　）。

A. 减小从动盘本体的转动惯量　　B. 增加摩擦力

C．增加耐磨力　　　　　　　　　　D．加强散热

11．关于汽车离合器踏板自由行程叙述正确的是（　　）。

A．自由行程是由于操纵机构长期使用后磨损产生的

B．自由行程可以使压盘有足够的空间压紧从动盘，防止离合器打滑

C．自由行程是指分离杠杆内端与分离轴承间自由间隙

D．自由行程与有效行程之和就是踏板的总行程

项目2 手动变速器的检修

>>>>

◎ **项目情境**

一款桑塔纳2000GLi型轿车，在交通繁忙路段行驶时，由于换挡动作过猛，突然挂不上挡。驾驶员试过所有前进挡都不能使汽车前行，换挡杆换来换去，最终只有倒挡能行驶。根据故障发生情况分析，仅为瞬间操作过猛，五个前进挡同时损坏的可能性不大，应重点检查和调整变速器换挡操纵机构。

◎ **项目目标**

- 掌握手动变速器的作用、组成及分类。
- 掌握手动变速器油液的检查和更换。
- 掌握手动变速器换挡操纵机构的调整。
- 能够选择正确的工具与量具，完成操作任务。
- 能够查阅维修手册并规范检修。

任务 2.1 认识手动变速器

◎ 任务目标

1. 认识汽车手动变速器的功用、组成、类型。
2. 掌握桑塔纳 2000 型轿车五挡手动变速器的工作原理。

现代汽车广泛采用往复活塞式发动机，其转矩和转速变化范围小，不能发挥发动机的最佳性能，为此必须有一套变速装置，来协调发动机的转速和车轮的实际行驶速度，而复杂的使用条件也要求汽车的牵引力和测速能在相当大的范围内变化。所以在传动系中设置了变速器，以适应汽车经常变化的行驶条件。

1. 变速器的功用

（1）改变传动比

变速器通过改变传动比，扩大驱动轮转矩和转速的变化范围，以适应经常变化的行驶条件，同时使发动机在有利的工况下工作。

（2）实现倒车行驶

由于内燃机是不能反向旋转的，利用变速器的倒挡，实现汽车的倒向行驶。

（3）实现空挡

利用变速器中的空挡，中断动力传递，使发动机能够起动和怠速运转，满足汽车暂时停车或滑行的需要。

2. 变速器的类型

（1）按传动比变化方式分类

1）有级变速器。目前使用最广泛的一种。它采用齿轮传动，具有若干个定值传动比，传动比成阶梯式变化。轿车和轻、中型货车变速器的传动比通常有 3～6 个前进挡和一个倒挡，在重型货车用的组合式变速器中则有更多挡位。

2）无级变速器。其传动比在一定范围内可连续地变化。常见的有电力式和液力式两种，多用液力式。

3）综合式变速器。它是由液力变矩器和齿轮式有级变速器组成的液力机械式变速器，目前应用较多。

（2）按操纵方式不同分类

1）手动操纵式变速器。靠驾驶员直接操纵变速杆进行换挡。这种变速器的换挡机构简单，工作可靠并且经济省油，目前应用最广。

2）自动操纵式变速器。其传动比的选择和换挡是自动进行的。所谓“自动”，是指机械变速器每个挡位的变换是借助反映发动机负荷和车速的信号系统来控制换挡系统的执行元件而实现的。驾驶员只需操纵加速踏板和制动装置来控制车速。此种方式因操作简便，目前应用较多。

3）半自动操纵式变速器。此种变速器有两种形式：一种是几个常用挡位可自动操纵，其余几个挡位由驾驶员操纵；另一种是预选式的，即驾驶员先用按钮选定挡位，在踩下离合器踏板或松开加速踏板时，接通自动控制和执行机构进行自动换挡。

3. 手动变速器的工作原理

（1）变速变矩原理

普通齿轮式变速器是利用不同齿数的齿轮啮合传动实现转速和转矩改变的。单级齿轮传动如图 2.1.1 所示，其传动比为主动轮转速（n_1）与从动轮转速（n_2）之比值或为从动轮齿数（z_2）与主动轮齿数（z_1）之比值，用 $i_{1,2}$ 表示。即

$$i_{1,2}=\frac{n_1}{n_2}=\frac{z_2}{z_1}$$

而
$$\frac{n_1}{n_2}=\frac{M_2}{M_1}$$

故
$$i_{1,2}=\frac{n_1}{n_2}=\frac{M_2}{M_1}$$

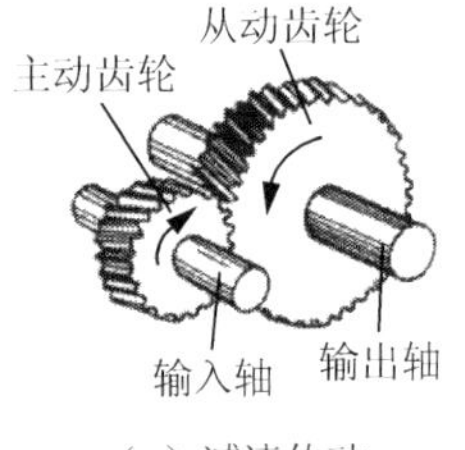

（a）减速传动

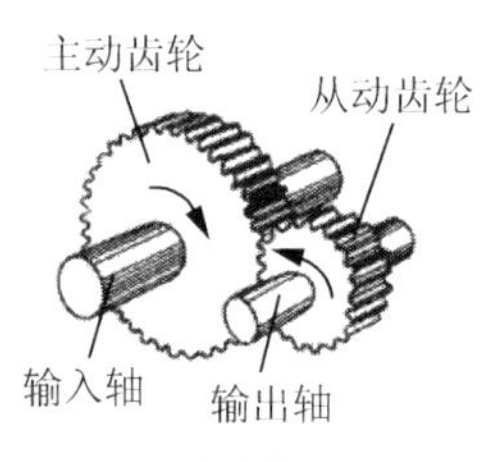

（b）速速传动

图 2.1.1　单级齿轮传动

多级齿轮传动的传动比（i）＝所有从动齿轮齿数的乘积/所有主动齿轮齿数的乘积
＝各级齿轮传动比的乘积

从上述公式可知：

当 $i>1$ 时，为降速增大转矩传动，其挡位称为降速挡；

当 $i<1$ 时，为增速降低转矩传动，其挡位称为超速挡；

当 $i=1$ 时，为等速等转矩传动，其挡位称为直接挡。

习惯上把变速器传动比值较小的挡位称为高挡，传动比值较大的挡位称为低挡；变速器挡位的变换称为换挡，由低挡向高挡变换称为加挡（或升挡），反之称为减挡（或降挡）。变速器就是通过挡位变换来改变传动比，从而实现多级变速的。

（2）变向原理

由齿轮传动原理可知，一对相啮合的外齿轮旋向相反，每经过一传动副，其轴改变一次转向。故两轴式变速器在输入轴与输出轴之间加装了一倒挡轴和倒挡齿轮（也称为惰轮），如图 2.1.2 所示，而三轴式变速器则在中间轴与输出轴之间加装了一倒挡轴和倒挡齿轮，就可使输出轴转向改变，从而使汽车能倒向行驶。

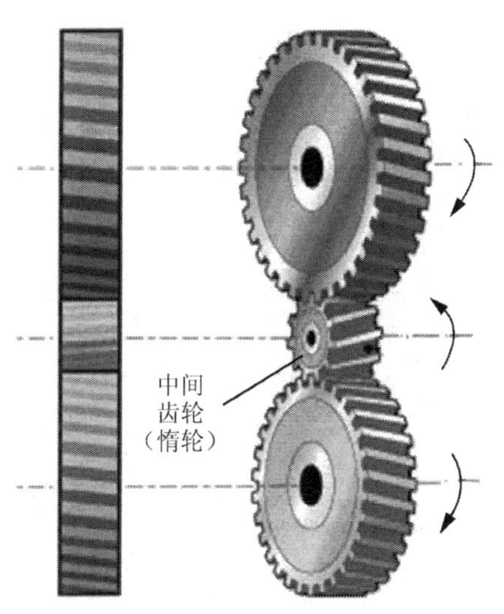

图 2.1.2　惰轮装置

4. 手动变速器的结构

变速器包括变速传动机构和换挡操纵机构两部分。变速传动机构是变速器的主体，主要有一系列相互啮合的齿轮副及其支承轴，以及作为基础件的壳体组成。其功用是改变转速、转矩和旋转方向。操纵机构主要由盖、操纵装置、自锁装置、互锁装置和倒挡保险装置等组成，其功用是实现换挡。

（1）变速传动机构

按照工作轴数量（不含倒挡轴）可分为二轴式变速器和三轴式变速器。

1）二轴式变速器。在发动机前置前轮驱动（FF 型）和发动机后置后轮驱动（RR 型）的中、轻型轿车上，由于布置的需要，采用了两轴式变速器，如奥迪 100 型、一汽捷达、神龙富康、天津威驰、东南菱帅等轿车。其特点是，只有输入轴和输出轴（不包括倒挡轴）两根轴，无中间轴，且输入轴与输出轴平行。

前置发动机又有纵向布置（如奥迪 100、桑塔纳）和横向（宝来、捷达、东南菱帅、花冠、威驰）布置两种形式，所以与其配用的两轴式变速器也有两种不同的结构形式。当发动机横置时，由于变速器的输出轴与驱动桥轴线平行，故主减速器采用一对圆柱斜齿轮。当发动机前置纵向布置时，发动机旋转方向与车轮旋转方向垂直，所以主减速齿轮为一对圆锥齿轮。

桑塔纳 2000 系列轿车五挡手动变速器的结构如图 2.1.3 所示。图 2.1.4 为桑塔纳 2000 轿车二轴式变速器传动机构示意图。当驾驶人挂上某一挡位时，动力由输入轴传入变速器，通过相啮合的齿轮副将动力由输出轴传至主减速器，在变速器中实现了变速、变转矩的作用。变速器设置有超速挡（传动比小于 1），主要用于在良好路面或空车行驶时，提高汽车的燃料经济性。桑塔纳 2000 系列轿车五挡手动变速器的性能参数如表 2.1.1 所示。

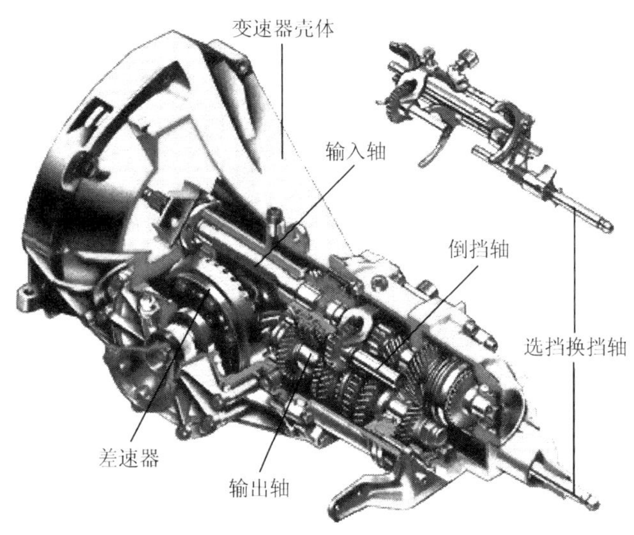

图 2.1.3　桑塔纳 2000 型轿车变速器的结构

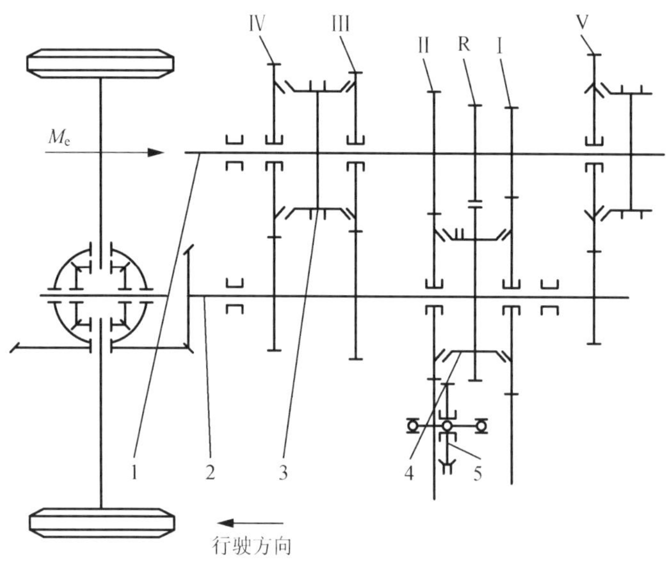

图 2.1.4　桑塔纳 2000 型轿车二轴式变速器传动机构示意图

1-输入轴；2-输出轴；3-三、四挡同步器；4-一、二挡同步器；5-倒挡中间轴

Ⅰ-一挡齿轮；Ⅱ-二挡齿轮；Ⅲ-三挡齿轮；Ⅳ-四挡齿轮；Ⅴ-五挡齿轮；R-倒挡齿轮

表 2.1.1　桑塔纳 2000 五挡手动变速器动力传递路线

挡位	动力传递路线
一	变速器变速杆从空档中位向左、向前移动，实现：动力→输入轴→输入轴一挡齿轮→输出轴一挡齿轮→输出轴上一/二挡同步器→输出轴→动力输出
二	变速器变速杆从空挡中位向左、向后移动，实现：动力→输入轴→输入轴二挡齿轮→输出轴二挡齿轮→输出轴上一/二挡同步器→输出轴→动力输出
三	变速器变速杆从空挡中位向前移动，实现：动力→输入轴→输入轴上三/四挡同步器→输入轴三挡齿轮→输出轴→动力输出

续表

挡位	动力传递路线
四	变速器变速杆从空挡中位向后移动，实现：动力→输入轴→输入轴上三/四挡同步器→输入轴四挡齿轮→输出轴四挡齿轮→输出轴→动力输出
五	变速器变速杆从空挡中位向右、向前移动，实现：动力→输入轴→输入轴上五挡同步器→输入轴上五挡齿轮→输出轴五挡齿轮→输出轴→动力输出
R	变速器变速杆从空挡中位向右、向后移动，实现：动力→输入轴→输入轴倒挡齿轮→倒挡轴倒挡齿轮→输出轴倒挡齿轮→输出轴→动力反向输出

2）三轴式变速器。在发动机前置后轮驱动（FR型）的汽车上，常采用三轴式变速器，如丰田皇冠、日产公爵等轿车，各类皮卡、面包车及国产解放型和东风载货汽车等。其特点是传动比范围较大，有直接挡，传动效率高。图2.1.5所示为东风EQ1090E型汽车变速器传动机构示意图，其动力传递线路如表2.1.2所示。

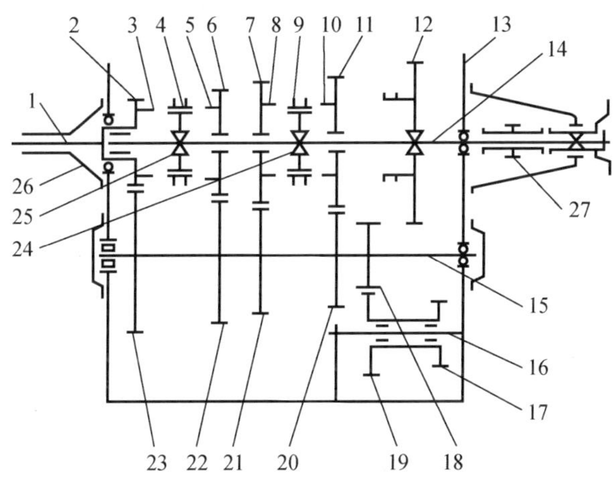

图2.1.5 东风EQ1090E型汽车变速器的结构图

1-一轴；2-一轴常啮合齿轮；3-一轴常啮合齿轮接合齿圈；4、9-接合套；5-四档齿轮接合齿圈；6-二轴四档齿轮；7-二轴三档齿轮；8-三档齿轮接合齿圈；10-二档齿轮接合齿圈；11-二轴二档齿轮；12-二轴一、倒档直齿滑动齿轮；13-变速器壳体；14-二轴；15-中间轴；16-倒档轴；17、19-倒档中间齿轮；18-中间轴一、倒档齿轮；20-中间轴二档齿轮；21-中间轴三档齿轮；22-中间轴四档齿轮；23-中间轴常啮合齿轮；24、25-花键毂；26-一轴轴承盖；27-回油螺纹

表2.1.2 东风EQ1090E型汽车变速器的动力传递路线

挡位	动力传递路线
一	操纵变速杆，将一挡滑动齿轮12左移，与齿轮18相啮合，动力便从第一轴依次经过齿轮2、23、中间轴15、齿轮18、12经花键传给第二轴输出
二	操纵变速杆，将接合套9右移，与接合齿圈10接合，动力由第一轴依次经过齿轮2、23、中间轴15、齿轮20、11、接合齿圈10、接合套9和花键毂24传给第二轴
三	操纵变速杆，将接合套9左移，与接合齿圈8接合，动力由第一轴依次经过齿轮2、23、中间轴15、齿轮21、7、接合齿圈8、接合套9和花键毂24传给第二轴
四	操纵变速杆，将接合套4右移，使之与接合齿圈5接合，动力由第一轴依次经过齿轮2、23、中间轴15、齿轮22、6、接合齿圈5、接合套4和花键毂25传给第二轴
五	操纵变速杆，将接合套4左移，使之与接合齿圈3接合，动力由第一轴依次经过齿轮2、接合齿圈3、接合套4和花键毂25传给第二轴

续表

挡位	动力传递路线
R	操纵变速杆，将一挡从动齿轮 12 右移，与齿轮 17 相啮合，动力便从第一轴依次经过齿轮 2、23、中间轴 15、齿轮 18、19、17、12 经花键传给第二轴反向输出

（2）同步器

由于变速器输入轴与发动机输出轴以各自的速度旋转，两个旋转速度不一样齿轮强行啮合必然会发生冲击碰撞，损坏齿轮。而通过同步器可以使将要啮合的齿轮达到一致的转速而顺利啮合。同步器的功用是使接合套与待接合的齿圈二者之间迅速达到同步，并阻止二者在同步前进入啮合；消除换挡时的冲击，缩短换挡时间；简化换挡过程，使换挡操作简捷而轻便。同步器有惯性式、常压式、自增力式等多种类型，它们均由同步装置（包括推动件和摩擦件）、锁止装置和接合装置三部分组成。常压式同步器结构虽然简单，但有不能保证啮合件在同步状态下（即角速度相等）换挡的缺点，现已不用，得到广泛应用的是惯性式同步器。惯性式同步器又分为锁环式同步器和锁销式同步器两种。

1）锁环式惯性同步器的结构。锁环式惯性同步器主要由同步器花键毂、接合套、两个锁环（也称同步环）、三个滑块和滑块弹簧等组成。同步器在第一轴上的装配关系如图 2.1.6 所示。其工作原理可以北京 BJ212 型汽车三挡变速器中的二、三挡同步器为例说明。花键毂 7 与第二轴用花键连接，并用垫片和卡环作轴向定位。在花键毂两端与齿轮 1 和 4 之间，各有一个青铜制成的锁环（也称同步环）9 和 5。锁环上有短花键齿圈，花键齿的断面轮廓尺寸与齿轮 1、4 及花键毂 7 上的外花键齿均相同。在两个锁环上，花键齿对着接合套 8 的一端都有倒角（称锁止角），且与接合套齿端的倒角相同。

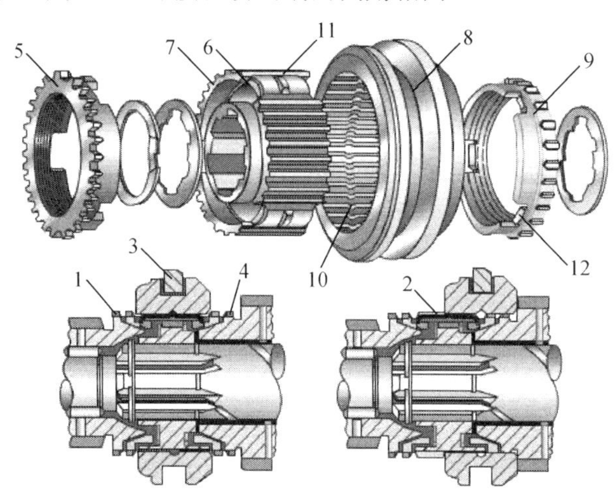

图 2.1.6　锁环式惯性同步器

1、4-齿轮；2-滑块；3-拨叉；5、9-锁环；6-弹簧圈；7-花键毂；8-接合套；10-凹模；11-轴向槽；12-缺口

锁环上有与齿轮 1 和 4 上的摩擦面锥度相同的内锥面，内锥面上制出细牙的螺旋槽，以便两锥面接触后破坏油膜，增加锥面间的摩擦。三个滑块 2 分别嵌合在花键毂的三个轴向槽 11 内，并可沿槽轴向滑动。在两个弹簧圈 6 的作用下，滑块压向接合套，使滑块中部的凸起部分正好嵌在接合套中部的凹槽 10 中，起到空挡定位作用。滑块 2 的两端伸入锁环 9 和 5 的三个缺口 12 中。只有当滑块位于缺口 12 的中央时，接合套与锁环的齿方可能接合。

2）锁销式惯性同步器。锁销式惯性同步器结构如图 2.1.7 所示（以东风 EQ1090E 型汽车变速器四、五挡同步器为例）。该同步器主要由两个摩擦锥环、三个均布的锁销和定位销、接合套及花键毂等组成。

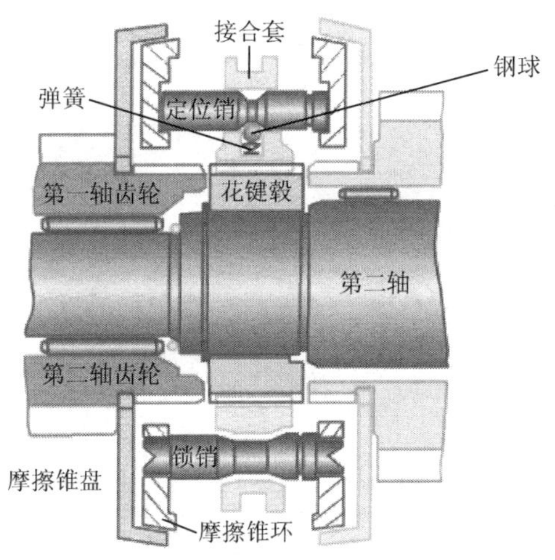

图 2.1.7　锁销式惯性同步器

（3）变速器的操纵机构

1）变速器操纵机构的功用：变速器操纵机构的功用是保证驾驶员根据使用条件，准确可靠地使变速器挂入所需要的挡位工作，并可随时使之退入空挡。

2）对变速器操纵机构的要求：①应能防止变速器自动换挡和自动脱挡，为此，在操纵机构中应设有自锁装置；②应能保证变速器不会同时挂入两个挡位，为此，在操纵机构中应设有互锁装置；③应能防止误挂倒挡，为此，在操纵机构中应设有倒挡锁装置。

3）变速器操纵机构的类型。

① 直接操纵式。直接操纵式变速器的变速杆及所有换挡操纵装置都设置在变速器盖上，如图 2.1.8 所示，驾驶员可直接操纵变速杆来拨动变速器盖内的换挡操纵装置进行换挡。它具有换挡位置易确定、换挡快、换挡平稳等优点。一般前置发动机后轮驱动汽车的变速器距离驾驶员座位较近，使用此种操纵形式较多。

② 远距离操纵式。在发动机后置或前轮驱动的汽车上，通常汽车变速器距离驾驶员座位较远，因而变速杆不能直接布置在变速器盖上，变速杆和变速器之间通常需要用连杆机构联接，进行远距离操纵。为此在变速杆与变速器之间加装了一套传动杆件构成远距离操纵的型式。它具有变速杆占据的驾驶室空间小，驾驶室乘坐方便等优点，但换挡操作的准确性和可靠性稍差。

图 2.1.9 所示为变速杆安装在驾驶室地板上的典型双钢索换挡联动装置。一汽捷达、宝来型轿车使用的便是此种操纵机构。它由外操纵机构和内操纵机构组成。其外操纵机构主要由变速杆、选挡机构壳体、横向（选挡）拉线、纵向（挂挡）拉线等组成。变速杆通过一系列中间连接杆件操纵变速器的内操纵机构，以进行选挡、换挡。变速杆以球形轴承为支点，可以直接左右、前后摆动。

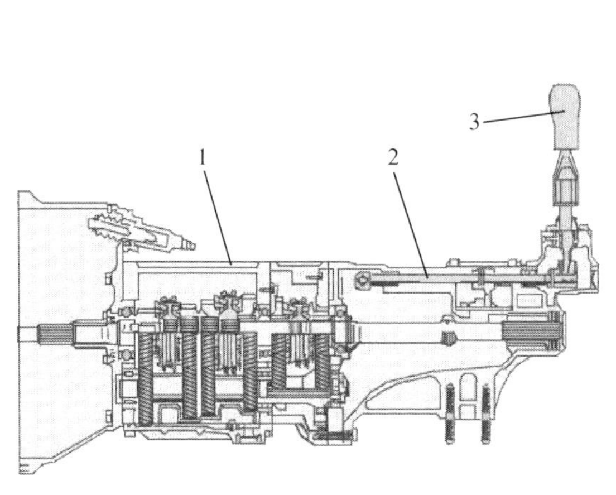

图 2.1.8 直接操纵式

1-变速器壳体；2-变速连动杆；3-变速杆

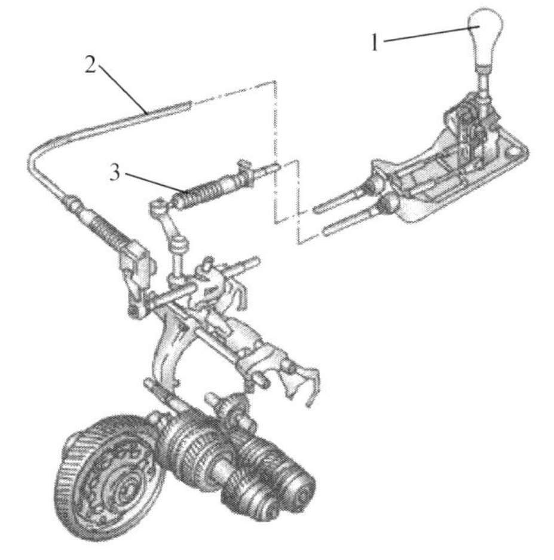

图 2.1.9 远距离操纵式

1-变速杆；2-纵向拉线；3-横向拉线

4）换挡拨叉机构。换挡拨叉机构主要由变速杆、叉形拨杆、换挡轴、各挡拨块、拨叉轴及拨叉等组成。各种变速器由于挡位及挡位排列位置不同。其拨叉和拨叉轴的数量及排列位置也不相同。如图 2.1.10 所示为解放 CA1091 型汽车六挡变速器操纵机构的组成与布置图。

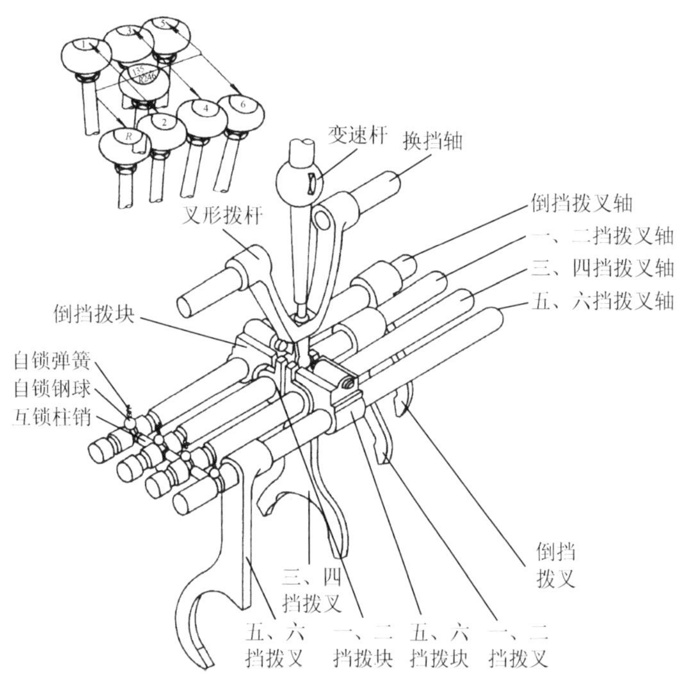

图 2.1.10 解放 CA1091 型汽车六挡变速器操纵机构

① 自锁装置。自锁装置的功用是对各挡拨叉轴进行轴向定位锁止，以防止其自动产生轴向移动而造成自动挂挡或自动脱挡，并保证各挡传动齿轮以全齿长啮合。

自锁装置一般由自锁钢球及自锁弹簧组成，如图 2.1.11（a）所示。当需要换挡时，驾驶员通过变速杆对拨叉轴施加一定的轴向力，克服弹簧的压力而将自锁钢球从拨叉轴凹槽中挤出并推回孔中，拨叉轴便可滑过钢球进行轴向移动，并带动拨叉及相应的接合套或滑动齿轮轴向移动，当拨叉轴移至其另一凹槽与钢球相对正时，钢球又被压入凹槽（此动作传到手柄上，使驾驶员具有手感），此时拨叉所带动的接合套或滑动齿轮便被拨入空挡或被拨入另一工作挡位。

② 互锁装置。互锁装置如图 2.1.11（b）所示，其功用是阻止两个拨叉轴同时移动，防止同时挂入两个挡位。避免因同时啮合的两挡齿轮其传动比不同而互相卡住，造成运动干涉甚至造成零件损坏。

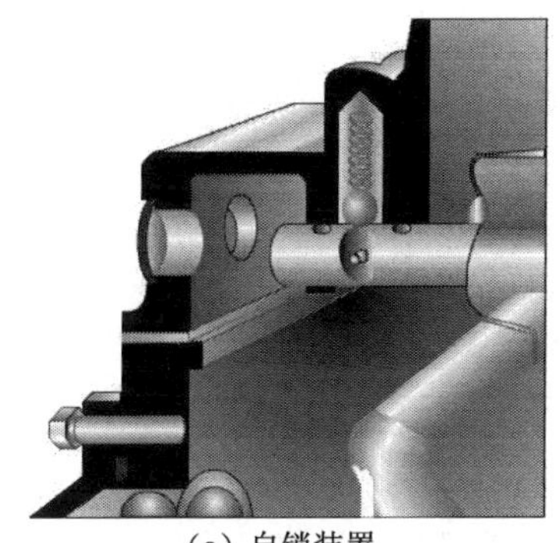

（a）自锁装置

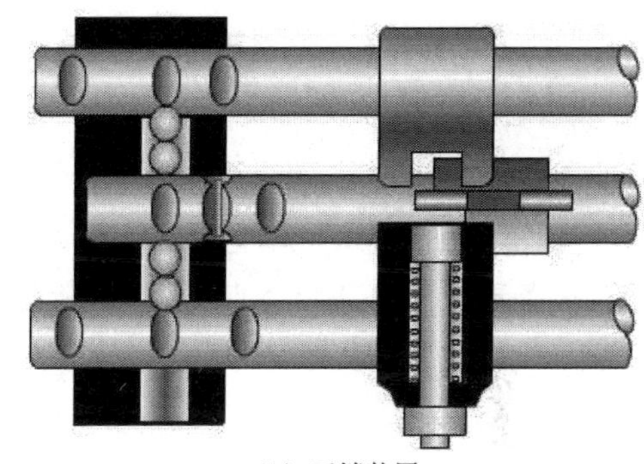

（b）互锁装置

图 2.1.11　自锁装置与互锁装置

③ 倒挡锁装置。倒挡锁装置的功用是防止汽车在前进中因误挂倒挡而造成极大的冲击，使零件损坏，并防止在汽车起步时误挂倒挡而造成安全事故。

倒挡锁也是多种类型，最常用的是弹簧锁销式倒挡锁。它一般由倒挡锁销及倒挡锁弹簧组成，并将其安装一挡、倒挡拨块相应的孔中，如图 2.1.12 所示。锁销内端与拨块的侧面平齐，锁销可以在变速杆下端球头推压下，压缩弹簧而轴向移动。当驾驶员要挂倒挡（或一挡）时，必须有意识的用较大的力向侧面摆动变速杆（从图上看为向左侧摆动），使其下端球头右移，克服倒挡锁弹簧的张力将锁销推入孔中，这样才能使变速杆下端球头进入拨块 3 的凹槽内，以拨动一挡、倒挡拨叉轴进行挂挡。

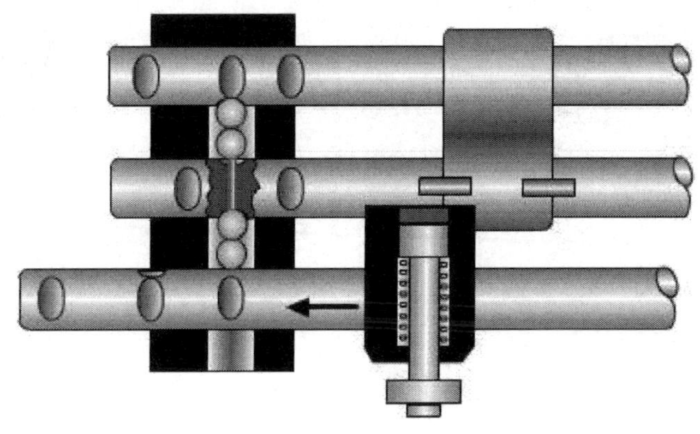

图 2.1.12　弹簧锁销式倒挡锁

任务2.2 手动变速器的拆装与检修

◎ 任务目标

1. 掌握手动变速器的功用、类型和组成
2. 掌握汽车手动变速器的拆装方法。
3. 掌握汽车手动变速器的检修方法。

工作场景：理实一体化教室。

设备器材：桑塔纳轿车两轴式手动变速器、世达工具、桑塔纳轿车专用工具、扭力扳手、翻转台和抹布等。

技术要求：①输入轴和输出轴及后壳体一起与壳体用 M8×45 的螺栓来连接，紧固力矩为 25N • m; ②安装三、四挡拨叉轴上的小止动块，拧紧输出轴螺母力矩为 100N•m。

注意事项：①操作前明确操作方法，做到按计划进行，不盲目操作；②拆卸时注意观察零件的安装位置；③注意齿轮、同步器的安装方向。

1. 变速器的拆解

（1）放油

将变速器放油螺栓旋掉，放尽变速器油。

（2）拆卸变速器后盖

01 选用头部缠有胶带的一字旋具拆除变速器后壳密封盖，注意拆除后的密封盖装配时不能再使用，如图 2.2.1 所示。

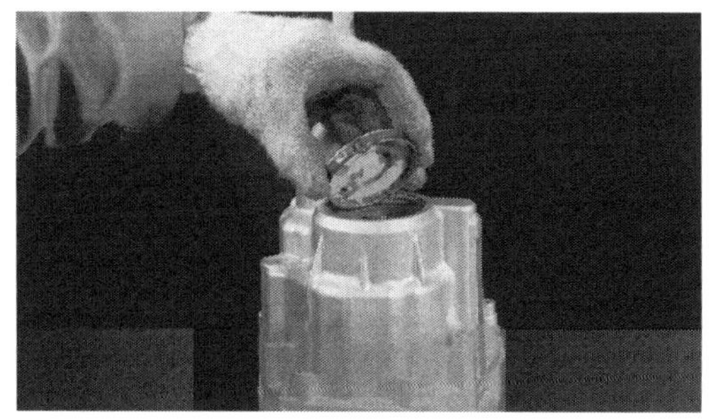

图 2.2.1 拆卸后壳密封盖

02 固定输入轴工具拧松输入轴固定螺栓，并取出固定螺栓，如图 2.2.2 所示。

图 2.2.2　拆卸输入轴固定螺栓

03 用工具对角拧松变速器后盖螺栓，并取出固定螺栓，如图 2.2.3 所示。

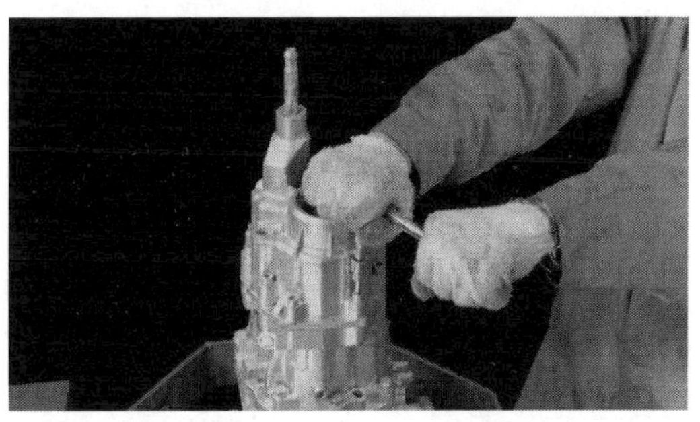

图 2.2.3　拆卸后盖螺栓

04 取下变速器后盖，如图 2.2.4 所示。

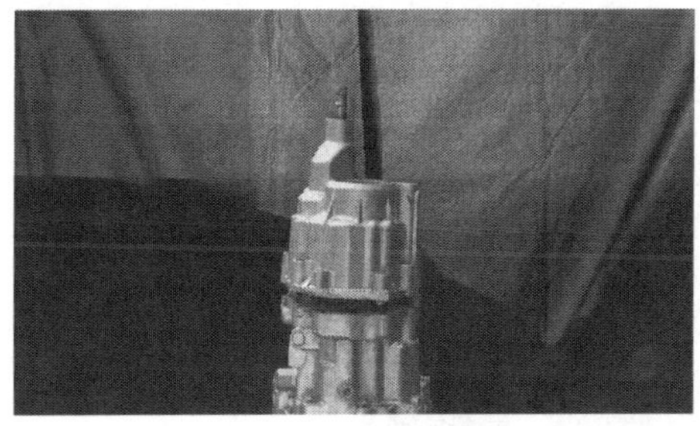
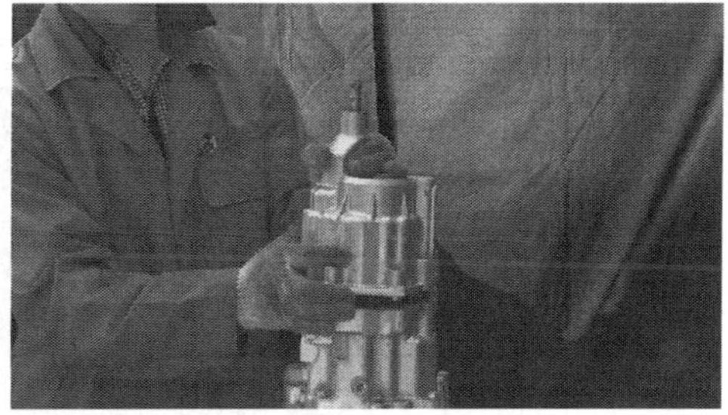

图 2.2.4　取下变速器后盖

（3）拆卸齿轮组壳体

01 选用样冲配合锤子拆卸五挡及一、二挡换挡拨叉锁销，如图 2.2.5 所示。

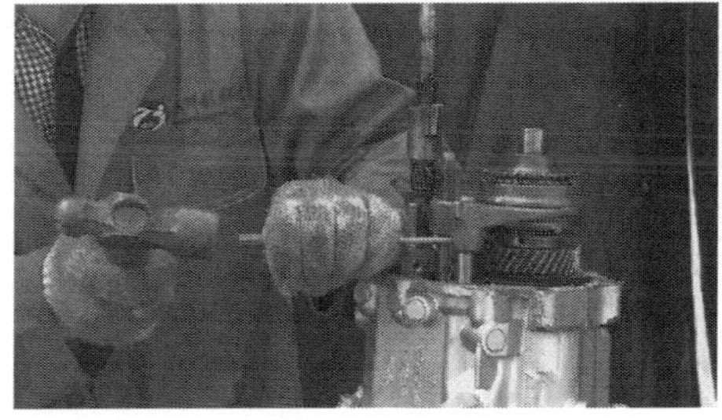

图 2.2.5　拆卸换挡拨叉锁销

02 用一字旋具去除换挡拨叉组件，如图 2.2.6 所示。

图 2.2.6　拆卸换挡拨叉

03 用拉拔器取出五挡换挡齿圈，如图 2.2.7 所示。

图 2.2.7　取出五挡换挡齿圈

04 用一字旋具取出五挡同步器及齿轮，如图 2.2.8 所示。

图 2.2.8　拆卸五挡同步器及齿轮

05 取出五挡齿轮滚针轴承，如图 2.2.9 所示。

图 2.2.9　取出滚针轴承

06 用拉拔器取出固定垫圈，如图 2.2.10 所示。

图 2.2.10　取出固定垫圈

07 选用样冲配合锤子松开五挡齿轮螺母固定限位，如图 2.2.11 所示。

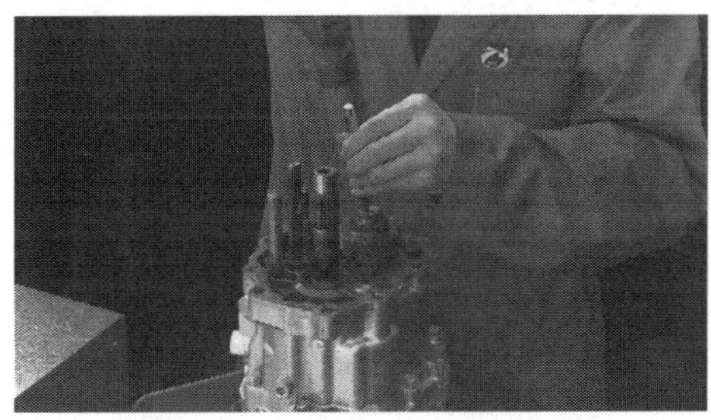

图 2.2.11　松开螺母固定限位

08 固定输入轴并挂上一挡，拧松输入轴五挡齿轮固定螺母并取下五挡齿轮，如图 2.2.12 所示。

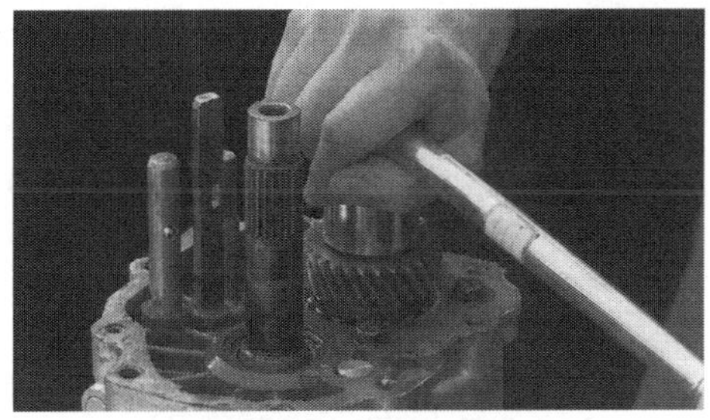

图 2.2.12　拆卸固定螺母

09 选用工具对角拧松齿轮组壳体螺栓，如图 2.2.13 所示。

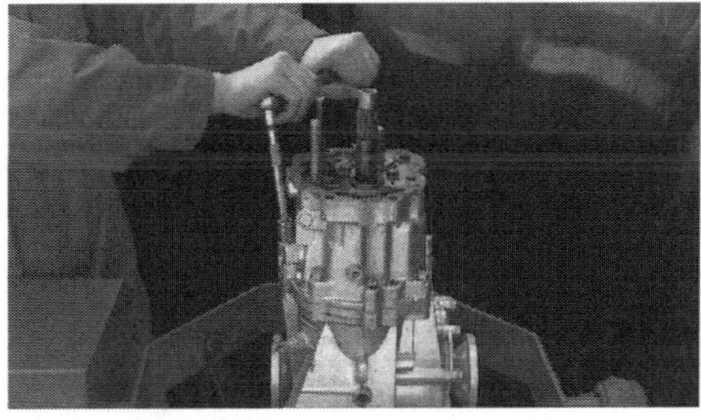

图 2.2.13　拆卸齿轮组壳体螺栓

10 选用一字旋具撬松齿轮组壳体，使齿轮组壳体与变速器壳体分离，如图 2.2.14 所示。

图 2.2.14　用一字旋具撬松壳体

11 取出齿轮组壳体。

（4）拆除换挡机构

01 选用工具拆除三、四挡换挡拨叉锁销，如图 2.2.15 所示。

图 2.2.15　拆卸锁销

02 取下三、四挡拨叉轴，如图 2.2.16 所示。

图 2.2.16　取下三、四挡拨叉轴

03 选用工具拆卸倒挡锁止装置，如图 2.2.17 所示。

图 2.2.17　拆卸倒挡锁止装置

04 选用工具拆卸倒挡齿轮拨叉定位螺栓，如图 2.2.18 所示。

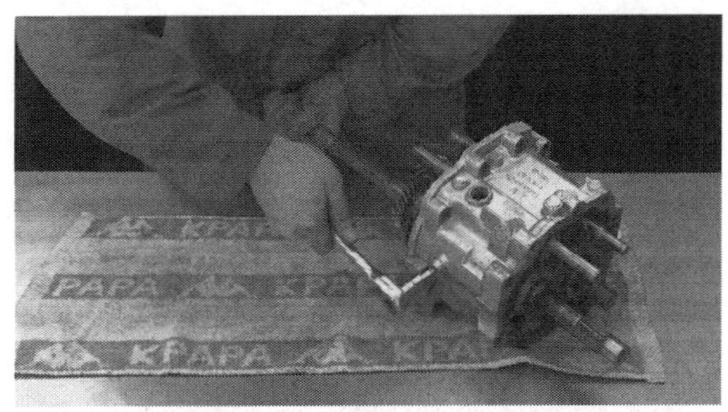

图 2.2.18　拆除拨叉固定螺母

05 取下倒挡换挡拨叉轴，如图 2.2.19 所示。

图 2.2.19　取下拨叉轴

06 取下倒挡齿轮拨叉，如图 2.2.20 所示。

图 2.2.20　取下倒挡拨叉

07 取下三、四挡拨叉，如图 2.2.21 所示。

图 2.2.21　取下三、四挡拨叉

08 用压床压出输入轴取出输出轴，如图 2.2.22 所示。

图 2.2.22　输出轴的拆卸

09 取出输出轴后轴承，如图 2.2.23 所示。

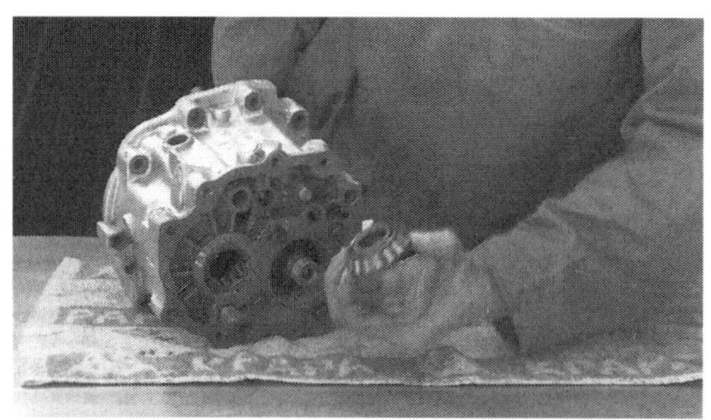

图 2.2.23　取出输出轴后轴承

10 选用工具拆除倒挡齿轮轴。

11 取下倒挡齿轮。

12 取出输出轴总成。

13 用一字旋具取出互锁销，如图 2.2.24 所示。

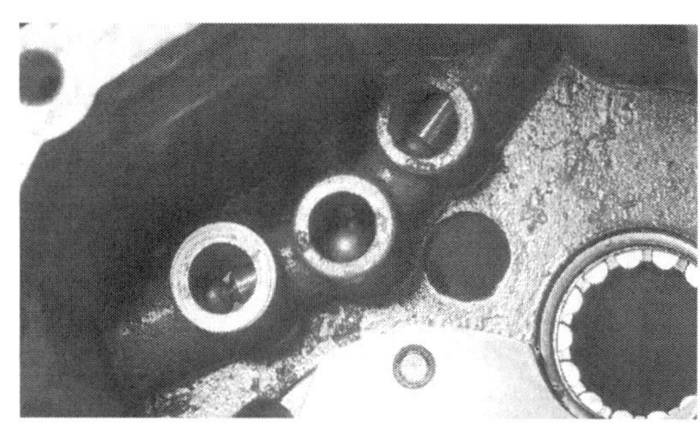

图 2.2.24　取出互锁装置

（5）输入轴的分解

01 用卡簧钳拆卸四挡齿轮卡环，取下四挡主动齿轮，如图 2.2.25 所示。

02 取下四挡滚动轴承。

03 取下四挡同步器锁环。

图 2.2.25　拆卸四挡齿轮卡环

04 拆除四挡齿轮毂卡环，如图 2.2.26 所示。

图 2.2.26　拆除齿轮毂卡环

05 取下同步器。

06 取下三挡主动齿轮、锁环及轴承。

（6）分解三、四挡同步器

01 选用一字旋具拆除同步器卡簧，如图 2.2.27 所示。

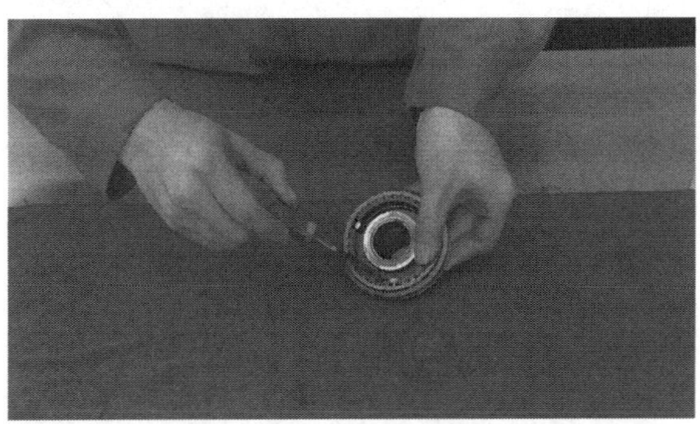

图 2.2.27　拆卸同步器卡簧

02 拆除同步器结合套，如图 2.2.28 所示。

图 2.2.28　拆卸结合套

03 拆卸同步器滑块，如图 2.2.29 所示。

图 2.2.29　拆卸滑块

（7）分解五挡同步器

略。

2. 变速器的装配

（1）清洗输入轴及相关齿轮

01 用软刷清洁齿轮、同步器相关零件，如图 2.2.30 所示。

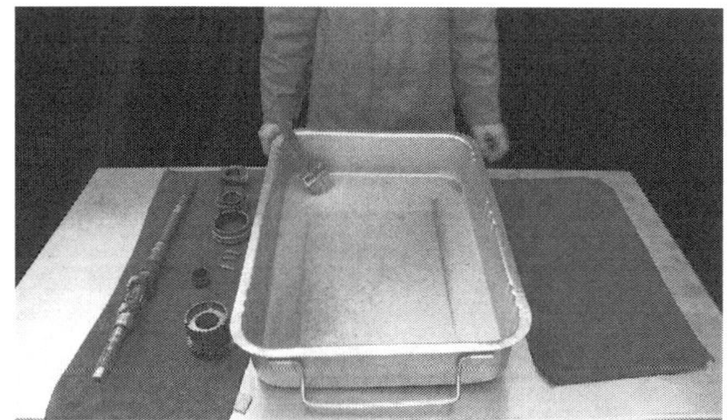

图 2.2.30　清洁零件

02 用压缩空气清洁各零件，如图 2.2.31 所示。

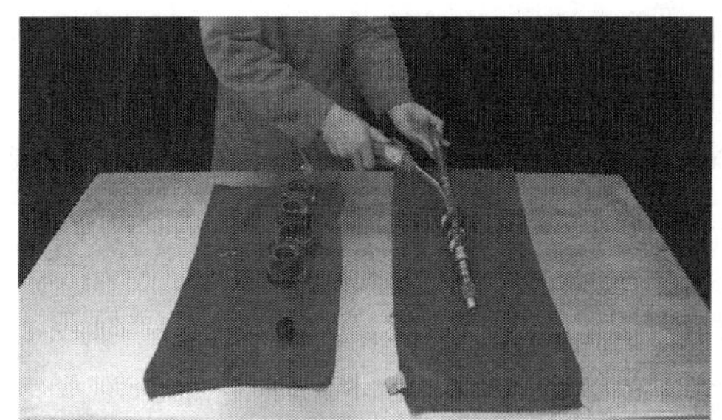

图 2.2.31　用压缩空气清洁零件

03 检查变速器各部件是否有变形破损现象，如图 2.2.32 所示。

图 2.2.32　检查变速器零件

（2）组装同步器

01 根据结合套上的安装记号与花键毂上的键槽，将结合套正确地安装到花键毂上，如图 2.2.33 所示。

图 2.2.33　同步器结合套的安装

02 将滑块安装到对应的安装槽内，如图 2.2.34 所示。

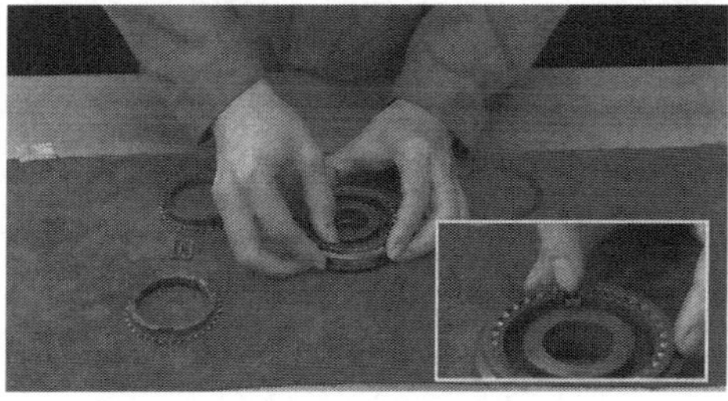

图 2.2.34　同步器滑块的安装

03 安装卡簧，注意卡簧两端锁止结构不同，安装后确认卡簧是否安装到位，如图 2.2.35 所示。

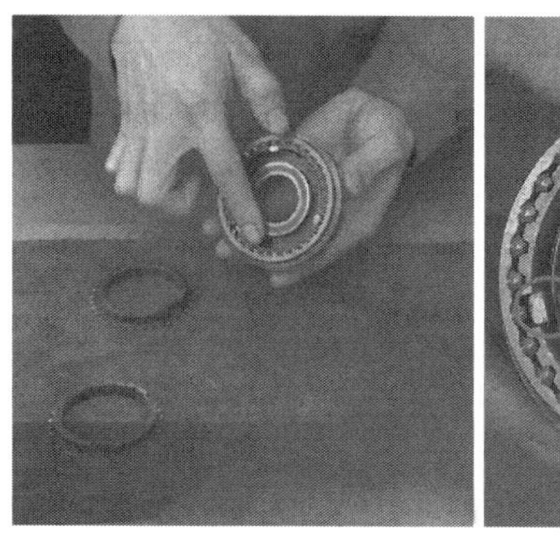
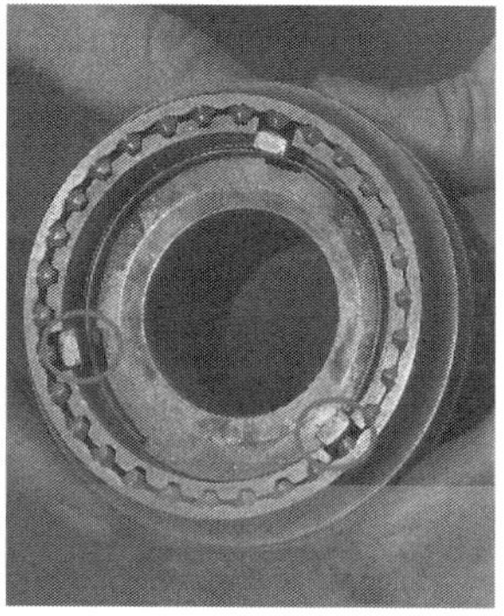

图 2.2.35　同步器卡簧的安装

（3）安装五挡同步器

01 安装同步器卡簧。

02 安装结合套，注意正反面，如图 2.2.36 所示。

图 2.2.36　五挡同步器结合套的组装

（4）组装输入轴

01 安装三挡轴承及齿轮，如图 2.2.37 所示。

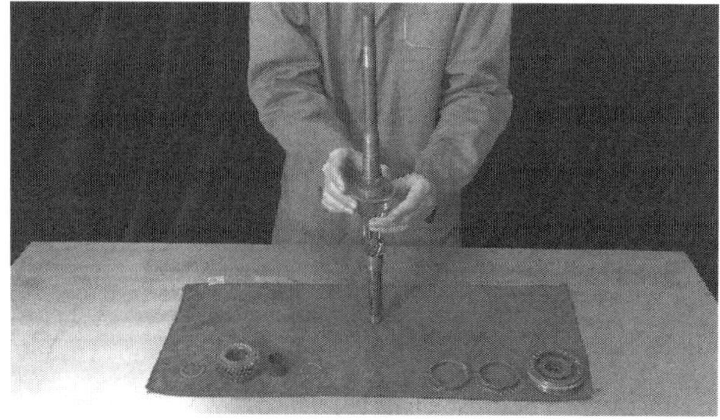

图 2.2.37　安装三挡轴承及齿轮

02 安装同步器锁环，三、四挡同步器（注意同步器正反面），如图 2.2.38 所示。

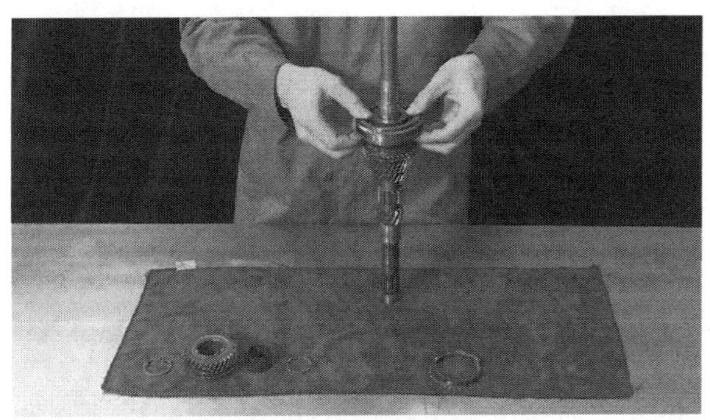

图 2.2.38　同步器的安装（一）

03 将输入轴固定在压床上，确认输入轴花键毂与输入轴花键齿配合正常，正确使用压床将同步器安装到位，如图 2.2.39 所示。

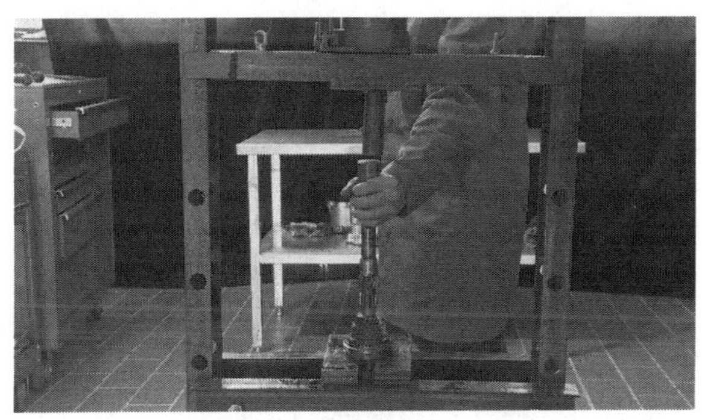

图 2.2.39　同步器的安装（二）

04 安装同步器卡环，安装四挡同步器锁环及轴承，确认安装到位。安装四挡齿轮卡环，安装完成确认各齿轮旋转无异常，如图 2.2.40 所示。

图 2.2.40　安装四挡齿轮

（5）安装换挡机构

01 安装前，确认各轴承齿轮旋转无异常，同步器结合无异常。

02 在互锁销表面涂抹少量润滑脂，将两颗互锁销安装到销孔内，确认安装到位。

03 检查一、二挡拨叉销安装无异常，将一、二挡拨叉轴安装到同步器上，将输出轴及拨叉一同装入齿轮组壳体内，同时选用一字旋具将互锁销完全推入销孔内，确认输出轴安装到位，如图 2.2.41 所示。

图 2.2.41　安装拨叉轴

04 将倒挡齿轮轴插到安装孔内，确认倒挡齿正反面（将凸起侧朝向壳体安放到轴孔前）正确使用工具将倒挡齿轮轴装到轴孔内。确认倒挡齿及齿轮轴安装到位，如图 2.2.42 所示。

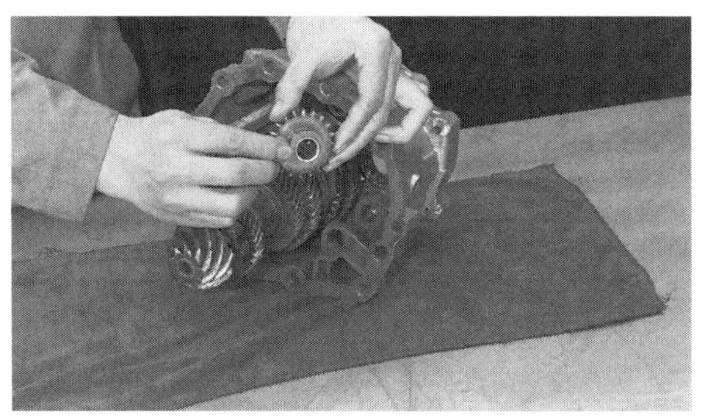

图 2.2.42　安装倒挡齿轮

05 将各锁止销推入销孔中，安装倒挡拨叉轴及拨叉，同时确认拨叉与拨叉轴的锁止是否到位。装上拨叉固定螺栓，确认倒挡机构运转正常，如图 2.2.43 所示。

图 2.2.43　倒挡拨叉与拨叉轴锁止装置

06 将三、四挡拨叉安装到输入轴上，将输入轴及拨叉一起安装到壳体内。

07 利用压床安装输入轴后轴承，如图 2.2.44 所示。

图 2.2.44　安装输入轴后轴承

08 用一字旋具压入互锁销，从壳体后装入三、四挡拨叉轴，确认拨叉轴记号正确。

09 在互锁销表面涂抹少量润滑脂，安装互锁销将三、四挡拨叉轴推入壳体，安装到三四挡拨叉上。将锁止孔对齐后安装锁止销。

10 安装完成后，检查各齿轮运转正常，旋入倒挡自锁装置。正确使用工具旋紧自锁装置，旋紧倒挡齿轮拨叉固定螺母，如图 2.2.45 所示。

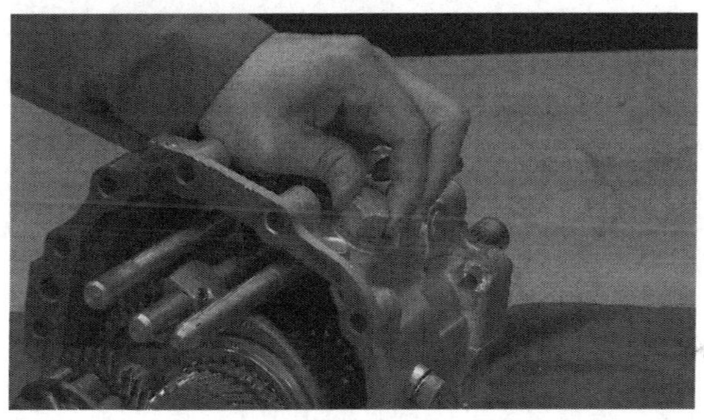

图 2.2.45　安装倒挡自锁装置

（6）安装齿轮组壳体

01 使用工具清洁壳体工作面接触面，将齿轮组壳体安装到变速器壳体上，如图 2.2.46 所示。

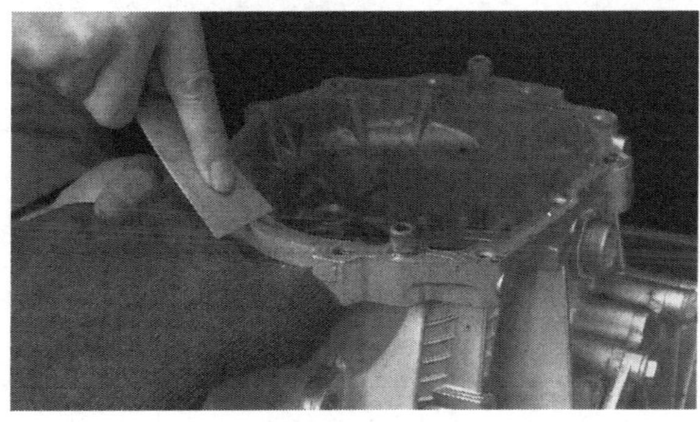

图 2.2.46　清洁变速器壳体

02 使用锤子及铜棒来回敲击齿轮组壳体表面，使壳体安装到位，如图 2.2.47 所示。

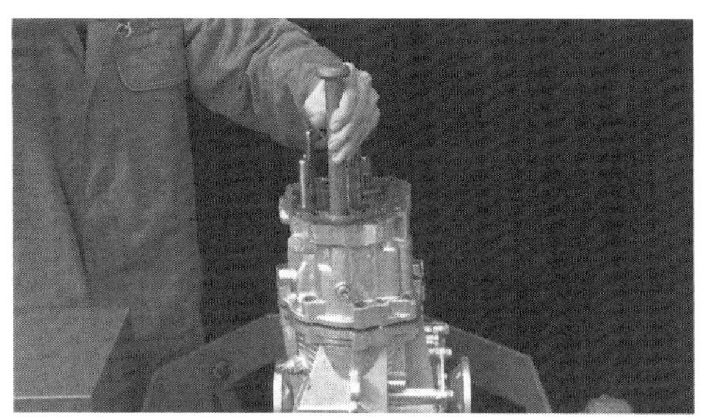

图 2.2.47 装配变速器壳体

03 旋入壳体固定螺栓，使用扭力扳手按规定力矩旋紧固定螺栓。

04 安装五挡从动齿轮，安装固定垫圈及轴承内环，使用锤子及空心套管将内环安装到位，如图 2.2.48 所示。

图 2.2.48 安装轴承内环

05 安装滚针轴承，将拨叉安装到五挡同步器上，将五挡同步器装到输入轴上，同时确认五挡拨叉轴与拨叉对齐。将齿轮组件安装到位，如图 2.2.49 所示。

图 2.2.49 安装五挡齿轮组

06 安装五挡拨叉锁销，将锁销安装到位，安装同步器结合齿圈，如图 2.2.50 所示。

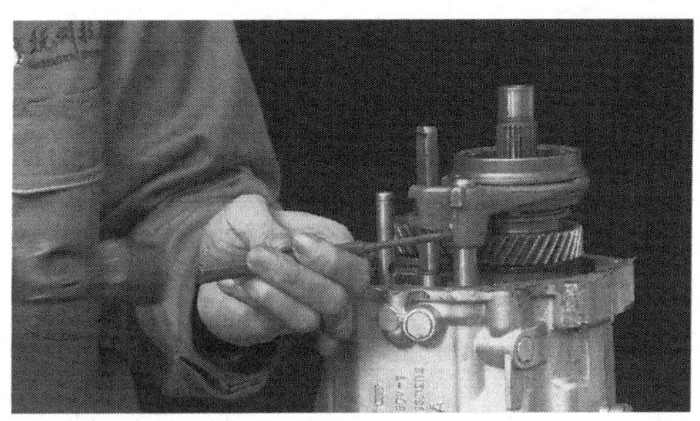

图 2.2.50　安装拨叉锁销

07 安装五挡换挡拨叉夹爪及内换挡拨叉轴，使用一字旋具调整弹簧位置，将拨叉安装到位。安装拨叉止销，确认安装到位，如图 2.2.51 所示。

图 2.2.51　安装五挡拨叉轴及锁销

08 旋入五挡齿轮锁紧螺母，使用工具拧紧锁紧螺母，使用样冲锤子，锁紧齿轮保险，如图 2.2.52 所示。

图 2.2.52　锁紧五挡齿轮锁紧螺母

（7）安装变速器后盖

01 将变速器后盖安装到齿轮组壳体上，旋入输入轴固定螺母，使用工具旋紧固定螺栓。

02 安装壳体固定螺栓，对角紧固固定螺栓。

03 安装新的后盖密封盖，如图 2.2.53 所示。

图 2.2.53　安装新的后盖密封盖

3. 变速器的检修

（1）变速器壳体的检修

变速器壳体的主要的损伤形式有壳体的变形、裂纹及轴承孔、螺纹孔的磨损等。

01 检查变速器壳体是否有裂纹。对受力不大的部位的裂纹，可用环氧树脂粘结修复；重要和受力较大部位的裂纹，可进行焊修。对与轴承孔贯通的或安装固定孔处的裂纹不能修理，应更换变速器壳体。

02 检查变速器壳体是否有变形。其变形主要是检查输入轴与输出轴的平行度及前后壳体接合面的平面度。当上述各项检查超过规定时应进行修复。当变速器壳体的轴承孔磨损超限、变形时，可在单柱立式镗床上，用长度规作定位导向镗削各轴承孔，以修正各轴线间的平行度。镗削扩孔时，常以倒挡轴的轴承孔为基准，因为此处的强度最大，其变形逾限率较低。即采用扩孔后再镶套的方法进行修复，对磨损不大的轴承孔也可采用刷镀的方法进行修复。超过修理极限时应更换。当壳体平面度超差时，可采用铲、刨、锉、铣等方法修复或更换。

03 检查壳体上所有连接螺孔的螺纹，损伤不得多于 2 牙，螺纹孔的损伤可用换加粗螺栓或焊补后重新钻孔加工的方法修复。

（2）变速器盖的检修

变速器盖的主要损伤形式有盖的裂纹、变形及轴承的磨损等。

变速器盖应无裂纹，其与变速器壳体接合平面的平面度公差（0.10～0.15mm）超差时，可采用铲、刨、锉、铣等方法修复或更换；拨叉轴与承孔的间隙（0.04～0.20mm）超限时，应更换。

（3）齿轮与花键

齿轮的主要损伤形式有齿面、齿端磨损；齿面疲劳剥落、腐蚀斑点；轮齿破碎或断裂等。

01 检查齿轮的啮合面。齿轮的啮合面上出现明显的疲劳麻点、麻面、斑疤或阶梯形磨损时，必须更换。齿面仅有轻微斑点或边缘略有破损时，可用油石修磨后继续使用。

02 检查固定齿轮或相配合的滑动齿轮的端面。端面损伤长度不得超过齿长的 15%。

03 检查齿轮的啮合面中线是否在齿高中部，接触面积不得小于工作面的 60%。

04 检查齿轮与齿轮、齿轮与轴及花键的啮合间隙，径向间隙和轴向间隙是否符合原厂规定。

（4）轴的检修

轴的主要损伤形式有变形、裂纹、轴颈和花键齿的磨损等。

01 用百分表检查轴的变形，超过标准时应校正或更换。

02 检查轴齿、花键齿（图 2.2.54），损伤达到前述齿轮损伤的程度时应更换。

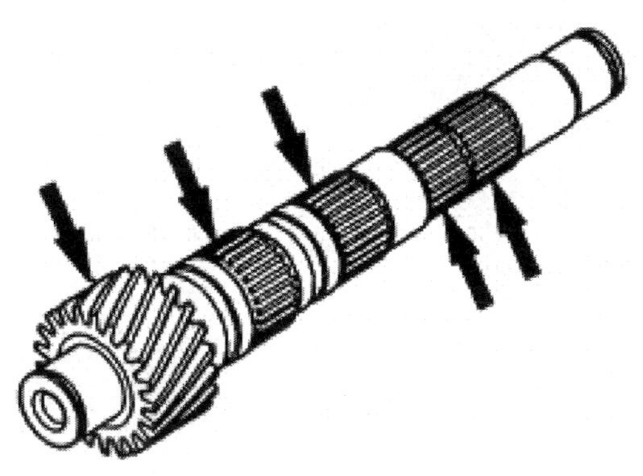

图 2.2.54　检查轮齿与花键齿

03 用千分尺检查各轴颈的磨损，超过规定值时，可堆焊、镀铬后修复或更换。

04 检查轴上定位凹槽的最大磨损量，超过规定值时应换新。

05 轴体上不得有任何性质的裂纹，否则更换。

（5）轴承的检修

轴承的主要损伤形式有磨损、疲劳点蚀及破裂等。

01 检查轴承应转动灵活，滚动体与内外圈滚道不得有麻点、麻面、斑疤和烧灼磨损或破碎等缺陷，保持架完好，否则应更换。

02 检查轴承的径向间隙不得超过规定值，滚动轴承与承孔、轴颈或齿轮的配合，应符合技术条件要求。否则更换。

（6）同步器的检修

01 锁环式同步器的检修。锁环式同步器的主要损伤是锁环内锥面螺纹槽及锁止角磨损、滑块磨损、接合套和花键毂的花键齿损伤。锁环与滑块的磨损会破坏换挡过程的同步作用；锁环与接合套锁止角的磨损，会使同步器失去锁止作用，这些都会造成换挡困难，发出机械撞击噪声。

检查锁环内锥面及锁止角检查齿圈与锁环之间的间隙，如图 2.2.55 所示。检查锁环内锥面螺纹槽及锁止角磨损，将锁环压到接合齿圈锥面上，按压转动锁环时要有阻力，用塞尺测量锁环与接合齿圈端面之间的间隙 A。该间隙的标准值：解放 CA1091 型变速器为 1.2～1.8mm，磨损极限是 0.3mm；奥迪、桑塔纳的变速器为 1.1～1.9mm，磨损极限为 0.5mm。超过极限值时，应更换。

同步器滑块顶部凸起磨损出现沟槽，会使同步作用减弱，必须更换。锁环、接合套的接合齿端磨秃，接合套和花键毂的花键齿磨损，都会导致换挡困难，都须更换。

将同步器接合套与花键毂组合在一起使它们滑动时，应能平滑地滑动而无阻滞现象（图 2.2.56）。接合套内表面的前后端应无损伤。

小贴士

更换时，同步器接合套与花键毂应作为一组同时更换。检查齿轮及齿圈齿端、齿圈外锥面及齿轮轴孔的磨损（图 2.2.57），逾限应更换。

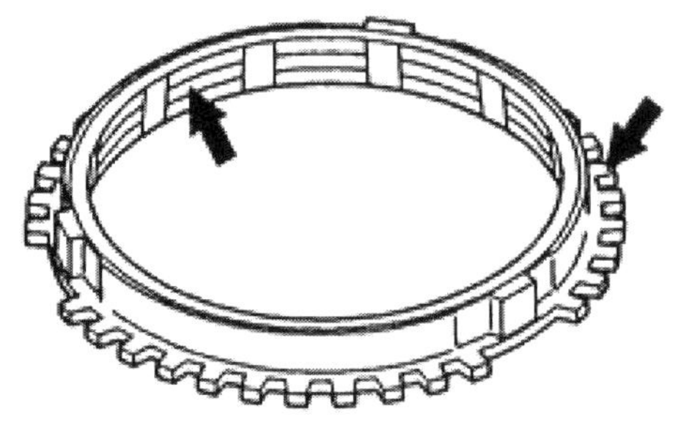

检查锁环内锥面及锁止角

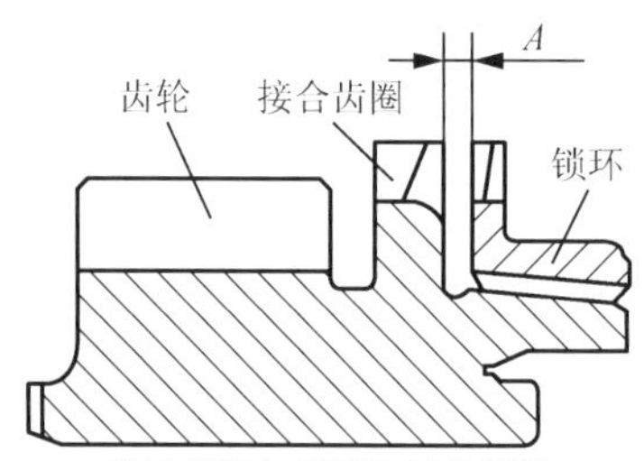

检查齿圈与锁环之间的间隙

图 2.2.55　检查锁环内锥面及锁止角检查齿圈与锁环之间的间隙

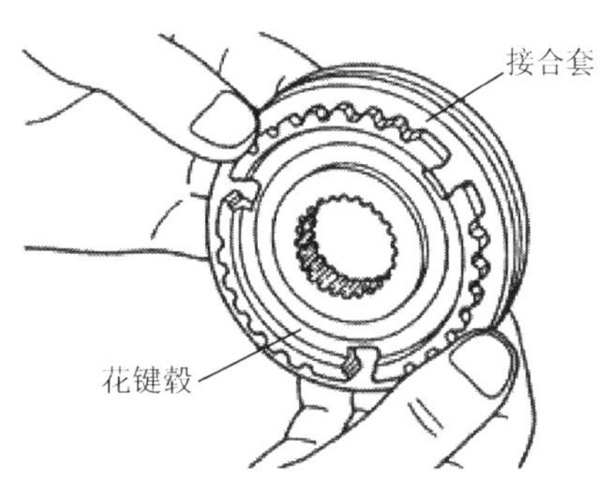

图 2.2.56　同步器滑套与花键毂组合检查

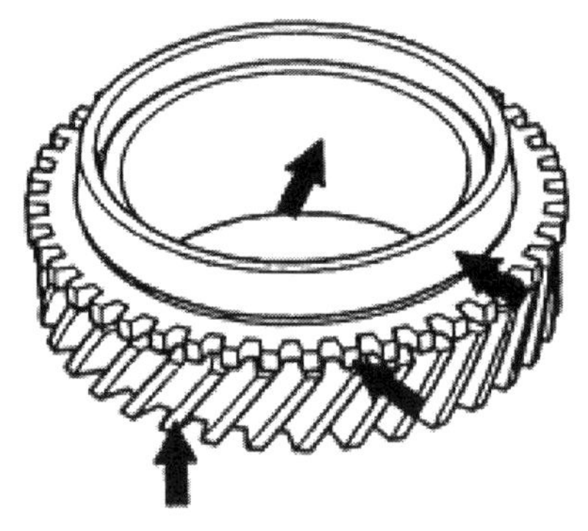

图 2.2.57　滑套检查

02 锁销式同步器的检修。锁销式同步器的主要损伤是由于换挡操作不当、冲击过猛使锥盘外张，摩擦角变大造成同步效能降低；锥环锥面上的螺纹槽的磨损严重，使摩擦系数过低，甚至两者端面接触，使同步作用失效。

当锥环锥面螺纹磨损，使锥环端面与锥盘锥面接触，可用车削锥环端面修复，但车削总量不得大于 1mm。如有锥环外锥面螺纹槽的深度小于 0.1mm，而锥环端面未与锥盘接触，应更换同步器总成。更换新总成时，可保留原有的锥盘，但两者的端面间隙不得小于 3mm。

同步器的锁销和支承销松动或有散架，会引起同步器突然失效，应更换新同步器。

（7）操纵机构的检修

变速器操纵机构的主要损伤形式有磨损、变形、连接松动和弹簧失效等。

01 检查操纵机构各零件的连接应无松动现象，否则应及时紧固。

02 检查变速杆、拨叉、拨叉轴等应无变形，否则应校正或更换。

03 检查拨叉与接合套、拨叉与拨叉轴、选挡轴等处的磨损，磨损逾限时应更换。

04 检查定位钢球、定位锁销、锁止弹簧、复位弹簧，当出现磨损逾限或弹簧失效时，应更换。

任务2.3 手动变速器的使用与保养

◎ 任务目标

掌握汽车手动变速器维护与保养的方法。

工作场景：理实一体化教室。

设备器材：桑塔纳2000GLi型轿车或桑塔纳 2000GLi型轿车的底盘，每组一套底盘拆装工具，零部件盆，常用量具，每组一套回收桶，加油机，举升机。

技术要求：①润滑油规格：SAE75W-90，MIL-L-2105，API/GL-5；②润滑油容量：2.0L。

注意事项：①操作前明确操作方法，做到按计划进行，不盲目操作；②熟悉汽车维修的安全规则，熟悉举升机的使用方法和注意事项。

1. 油液的检查

变速器油检查或更换周期按各厂家规定进行，行驶30 000km检查变速器油位，变速器油不需要更换。如果在使用过程中出现漏油或油品变质，则必须添加和更换。

01 车辆停在举升机平台的中央位置，拉紧驻车制动器，并将变速器置于空挡。

02 车辆升至适合位置，并可靠锁止提升臂。

03 出加油塞，如图2.3.1所示。

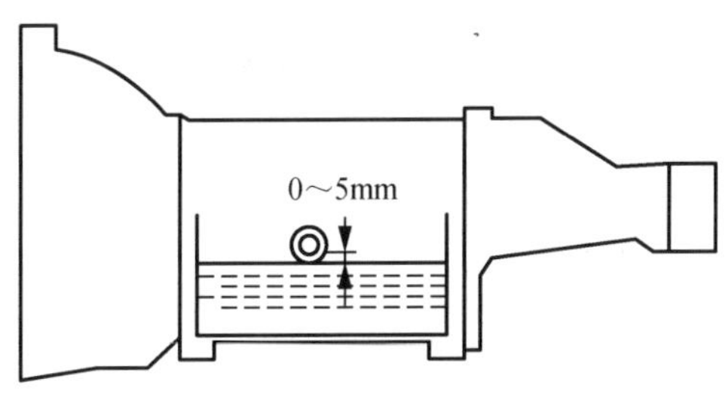

图2.3.1　变速器的正常油量

① 若液位在加注口下边缘 0～5mm，则表示液位正常，按规定力矩（25N·m）拧紧加油塞。

② 如果液位过低或不足，应检查变速器内换挡杆油封处、壳体接合处、变速器前油封、两侧半轴油封、变速箱放油塞孔周围是否有漏油现象，若有，需更换衬垫和油封，然后用加油机通过加油塞添加变速器油（变速器油型号API/GL-5或SAE75W-90），直至有油液溢出。

小贴士

举升机使用时特别要注意按照制造商的说明确定举升点，以免损坏汽车底部。

2. 变速器油的更换

根据各车维修手册的更换周期，若在油液检查中发现油液的颜色变黑或闻到油液有刺鼻味，说明油已变质，应予以更换。更换方法如下：

01 纵举升机，将车辆举升到轮胎最低点距离地面 20cm 的高度，并可靠锁止提升臂。

02 入驾驶室，打开点火开关起动发动机，保持怠速运转。

03 纵变速器手柄，将变速器置于一挡，保持车辆带挡运行状态。2～3min 后，将变速器置于空挡，并关闭点火开关，停止发动机运转。

想一想

为什么在放变速器油之前车辆要带挡短时间空载运行？

04 纵举升机，将车辆举升至适当高度，并可靠锁止提升臂。

05 回收桶推至变速器下方，并对正放油塞。拧松变速器放油塞和加油塞，先旋下放油塞，再旋下加油塞。

想一想

在放变速器油时，为什么要同时拧松变速器放油塞和加油塞？

06 变速器放油口处油液不再滴落时，按规定力矩（25N • m）拧紧放油塞。

07 加油机推至变速器下方，加注变速器油至规定液面。按规定力矩（25N • m）拧紧加油塞。

08 纵举升机，将车辆降落到轮胎最低点距离地面 20cm 的高度，并可靠锁止提升臂。

09 入驾驶室，起动发动机，操纵变速器手柄，变换变速器挡位，并保持车辆带挡运行状态。3～5min 后，将变速器置于空挡，关闭点火开关，停止发动机运转。

小贴士

1. 必须车辆静止时，才能挂入倒挡。
2. 发动机在运转，换挡时应将离合器踏板踏到底。
3. 车辆行驶过程中，不能将手放在变速杆上，以免造成零件的磨损。

10 纵举升机，将车辆举升至适当高度，并可靠锁止提升臂。检查变速器放油塞和加油塞是否存在油液泄漏现象。若无泄漏，操纵举升机，将车辆降落到地面。

小贴士

换油要按规定牌号和油量换油，并注意废油按环保规定处理。

思考与练习

一、填空题

1. 三轴式变速器与两轴式相比，可获得________挡传动，此时，变速器的________最高。

2. 常用的同步器有________、________、________3 种，其中常用的惯性同步器有________、________两种形式。

3. 变速器按操纵方式分为________、________、________。

4. 按距离驾驶员座位的远近，变速器操纵机构可以分为________、________。

5. 变速器功用是________、________、________。

6. 惯性式同步器与常压式同步器一样，都是依靠________原理实现同步的。

7. 同步器一般由________、________和________组成。

二、判断题

1. 变速器中传动比越大的挡位，其输出的转速和转矩均越大。（　）

2. 变速器中自锁装置的作用是防止变速器同时挂上两个挡位。（　）

3. 变速器的直接挡传动效率最高。（　）

4. 三轴式变速器挂直接挡时，传递路线不经过中间轴。（　）

5. 变速器某一挡位的传动比既是该挡的降速比，也是该挡的增矩比。（　）

6. 变速器第一轴与第二轴相互平行且在同一条直线上，因此，第一轴转动第二轴也随着转动。（　）

7. 变速器倒挡传动比数值设计得较大，一般与一挡传动比数值相近，这主要是为了倒车时，汽车应具有足够大的驱动力。（　）

8. 所谓三轴固定轴线式变速器，说明该变速器齿轮传动机构中只有三根轴，而且三根轴均不转。（　）

9. 常说的几挡变速器，是指有几个前进挡的变速器。（　）

10. 变速器所有挡位均采用圆柱直齿齿轮传动。（　）

三、选择题

1. 对于五挡变速器而言，传动比最大的前进挡是（　）。

A. 一挡　B. 二挡　C. 四挡　D. 五挡

2. 下面是某三挡变速器的各挡传动比，最有可能是倒挡传动比的是（　）。

A. $i=2.4$　B. $i=1$　C. $i=1.8$　D. $i=3.6$

3. 两轴式变速器适用于（　）的布置形式。

A. 发动机前置前驱动　B. 发动机前置全轮驱动

C. 发动机后置后驱动　D. 发动机前置后轮驱动

4. 变速器保证工作齿轮在全齿宽上啮合的是（　）。

A. 自锁装置　B. 互锁装置　C. 倒挡锁　D. 差速锁

5．惰轮位于主动齿轮和从动齿轮之间，从动齿轮（　　）。

A．转动方向与主动齿轮相同　　B．转动方向与主动齿轮相反

C．保持静止　　D．使从动齿轮转动加快

6．技师甲说，从动齿轮齿数除以主动齿轮齿数可以确定传动比。技师乙说，从动齿轮转速除以主动齿轮转速可以确定传动比。你认为（　　）。

A．甲正确　　B．乙正确　　C．两人均正确　　D．两人均不正确

7．变速器工作时的“咔嗒”噪声可能是（　　）。

A．输入轴磨损　　B．同步器故障

C．油封失效　　D．齿轮磨损、折断、齿面剥落

8．使用比维修手册规定要浓的润滑油可能导致（　　）。

A．跳挡　　B．换挡困难　　C．齿轮锁止　　D．齿轮滑移

9．前进挡和倒挡有噪声，而空挡没有。故障可能是（　　）。

A．输出轴损坏　　B．输入轴轴承损坏

C．A 和 B　　D．以上都不是

10．汽车跳入空挡，特别是当减速时或下坡时，技师甲说应检查换挡杆和内部干系；技师乙说，离合器导向轴承可能有故障。你认为（　　）。

A．甲正确　　B．乙正确

C．两人均正确　　D．两人均不正确

3

项　目

万向传动装置的检修

>>>>

◎ 项目情境

一辆桑塔纳 2000GLi 型轿车，行驶了 30 000km，车主反映汽车在向左转弯行驶时，右前车轮出现有节奏的响声，在直线行驶时响声消失，向右侧转弯行驶时无异响。经过 4S 店维修人员检修，发现右前转向球笼损坏。

◎ 项目目标

- 掌握汽车万向传动装置的功用、组成、类型。
- 了解万向传动装置在汽车上的应用。
- 掌握万向传动装置的结构。
- 掌握汽车万向传动装置的拆装方法。
- 掌握汽车万向传动装置的检修方法。
- 能够正确选择工具与仪器，完成操作任务。
- 能够查阅维修手册并规范检修过程。

认识万向传动装置

◎ 任务目标

1. 认识汽车万向传动装置的功用、组成、类型。
2. 了解万向传动装置在汽车上的应用。
3. 掌握万向传动装置的结构。

在发动机前置后轮驱动的汽车上，变速器常与发动机、离合器连成一体支承在车架上，驱动桥则通过悬架装置与车架连接。驱动桥由于装载重量变化及路面的凹凸不平会产生上下运动，而汽车在加速或减速时，由于惯性产生前后运动，结果在变速器与主减速器之间产生轴交角与距离的变化。因此，为了能使变速器的动力传递到主减速器，需用万向节和轴向长度可自由伸缩的滑动叉——万向传动装置。

1. 万向传动装置的功用与组成

万向传动装置的功用是能在汽车上任何一对轴间夹角和相对位置经常发生变化的转轴之间传递动力。它一般由万向节和传动轴组成，对于传动距离较远的分段式传动轴，还需设置中间支承，如图 3.1.1 所示。

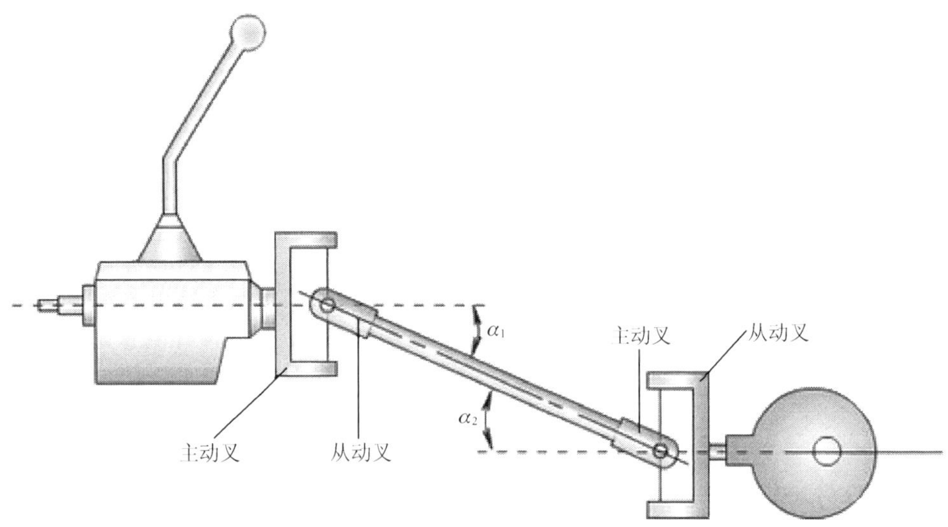

图 3.1.1　万向传动装置的组成

2. 万向传动装置在汽车上的应用

万向传动装置在汽车上的应用主要有以下几个方面。

1）变速器（或分动器）与驱动桥之间：一般汽车的变速器、离合器与发动机三者合为一体装在车架上，驱动桥通过悬架与车架相连。在负荷变化及汽车在不平路面行驶时引起的跳动，会使驱动桥输入轴与变速器输出轴之间的夹角和距离发生变化。

2）越野汽车变速器与分动器之间：为消除车架变形及制造、装配误差等引起的其轴线同轴度误差对动力传递的影响，须装有万向传动装置。

3）汽车转向驱动桥的半轴是分段的，转向时两段半轴轴线相交巳交角变化，因此要用万向传动装置。

4）断开式驱动桥的半轴：主减速器壳在车架上是固定的，桥壳上下摆动，半轴是分段的，须用万向传动装置。

5）某些汽车的转向轴装有万向传动装置，有利于转向机构的总体布置。

3. 万向传动装置的结构

（1）万向节

按万向节在扭转方向上是否有明显的弹性可分为刚性万向节和挠性万向节。钢性万向节又可分为不等速万向节（常用的为十字轴式）、准等速万向节（如双联式万向节）和等速万向节（如球笼式万向节）三种。

1）十字轴式刚性万向节。它是汽车上广泛使用的不等速万向节，允许相邻两轴的最大交角为15°～20°。图3.1.2（a）所示为十字轴式刚性万向节。它主要由万向节叉，十字轴及轴承等组成。两个万向节叉分别与主、从动轴相连，其叉形上的孔分别套在十字轴的四个轴颈上。在十字轴轴颈与万向节叉孔之间装有滚针和套筒，用带有锁片的螺钉和轴承盖来使之轴向定位。为了润滑轴承，十字轴内钻有油道[图3.1.2（b）]，且与滑脂嘴、安全阀相通。十字轴式刚性万向节具有结构简单、传动效率高的优点，但在两轴夹角α不为零的情况下，不能传递等角速转动。

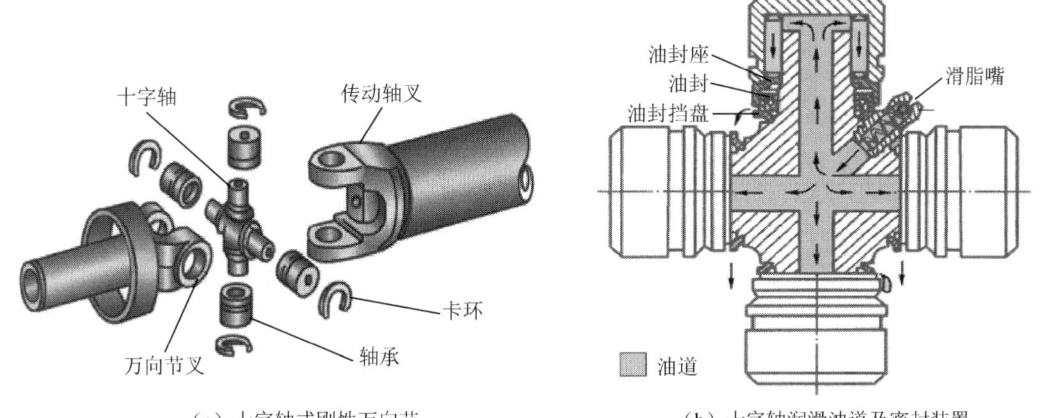

（a）十字轴式刚性万向节　　（b）十字轴润滑油道及密封装置

图3.1.2　十字轴式刚性万向节

2）球叉式万向节。如图3.1.3（a）所示，它主要由主动叉、从动叉、4个传动钢球、定心钢球、定位销及锁止销组成。主、从动叉分别与内、外半轴制成一体，叉内各有四条曲面凹槽，装合后形成两条相交的环槽，作为钢球4的滚道，定心钢球装在两叉中心凹槽内，以定中心。球叉式万向节等速传动的原理如图 3.1.3（b）所示，主、从叉曲面凹槽的中心线分别是以 O_1、O_2 为圆心的两个半径相等的圆，且圆心 O_1、O_2 到万向节中心 O 的距离相等，这样无论主、从动轴以任何角度相交，传动钢球中心都位于两圆的交点上，从而保证传动钢球始终位于两轴交角 α 的平分面上，因而保证了等速传动。

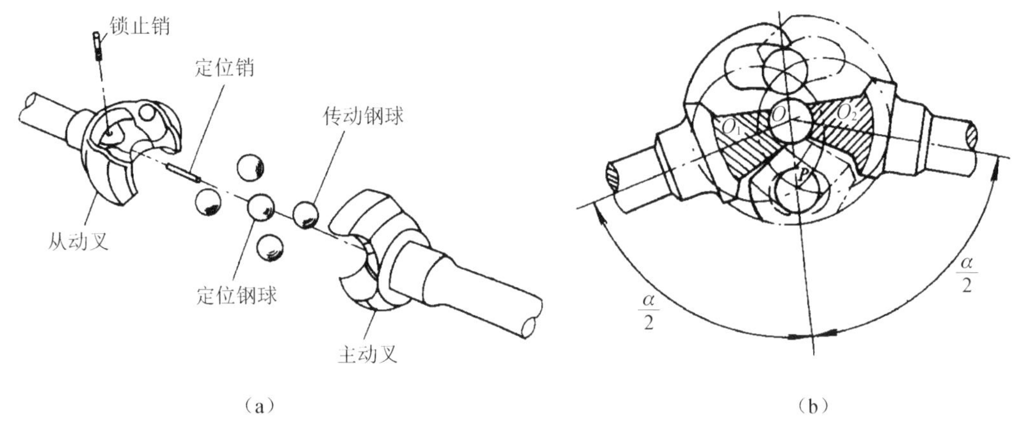

图 3.1.3 单级齿轮传动

3）球笼式万向节。如图 3.1.4 所示，主要由球形壳、钢球、保持架（球笼）、星形套卡环、钢带箍、防尘罩等组成，其特点：在传递转矩的过程中，主从动轴之间只能相对转动，不会产生轴向位移。这种万向节允许在两轴间最大交角为 42° 的情况下传递转矩。在工作时，所有钢球全部传力，承载能力大、磨损小、结构紧凑、拆装方便，因此应用较为广泛。

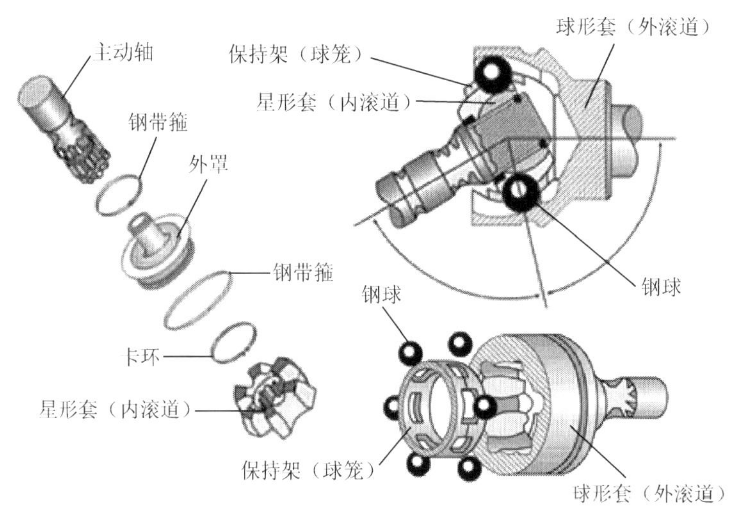

图 3.1.4 球笼式万向节

4）双联式万向节。结构如图 3.1.5 所示，其特点是两个十字轴式万向节相连，中间传动轴长度缩减至最小。

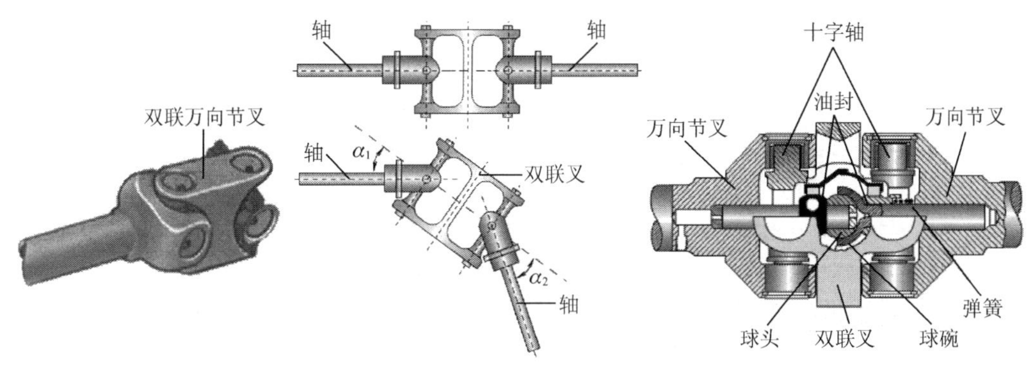

图 3.1.5　双联式万向节

5）三销轴式万向节。结构如图 3.1.6 所示，其特点是允许相邻两轴间有较大的夹角，用于一些越野车的转向驱动桥。

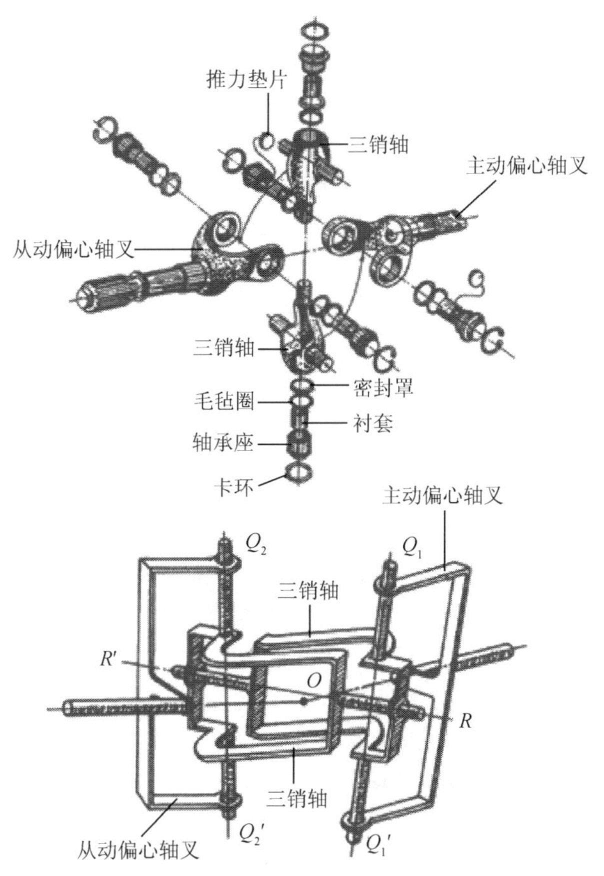

图 3.1.6　三销轴式万向节

（2）传动轴

传动轴是汽车传动系中传递动力的重要部件，在前置后驱的汽车上它是连接变速器与驱动桥的转轴，将发动机的动力传递给驱动桥，使汽车产生驱动力。传动轴多做成中空的，在转向驱动桥和断开式驱动桥的万向传动装置中，传动轴通常制成实心轴。

传动轴由花键轴、滑动叉、中间支承和万向节叉等共同组成，如图 3.1.7 所示。

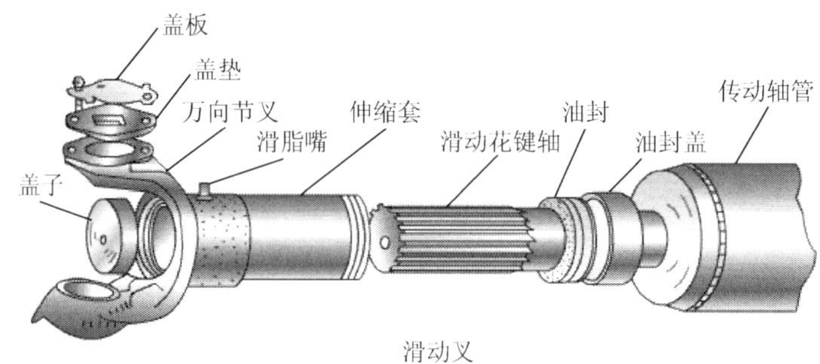

图 3.1.7　传动轴的结构

任务 3.2 万向传动装置的拆装与检修

◎ 任务目标

1. 掌握汽车万向传动装置的拆装方法。
2. 掌握汽车万向传动装置的检修方法。

工作场景：理实一体化教室。

设备器材：膜片弹簧式离合器、常用的工具、百分表、游标卡尺、扭力扳手和抹布等。

实训目的：桑塔纳轿车万向节与传动轴一套、十字轴式刚性万向节、常用工具一套、卡簧钳、铜棒、锤子、桑塔纳轿车专用工具、扭力扳手和抹布等。

技术要求：上紧后万向节螺母，套筒扳手和梅花扳手不能套上时使用开口扳手，但要注意用力的方向和位置，力矩为 75N • m。

注意事项：①操作前明确操作方法，做到按计划进行，不盲目操作；②将拆下的零件用清洗剂清洗并吹干；③核对零件的装配标记，保证装配关系正确；④钢球安装后应运转自如；⑤安装十字轴时润滑脂嘴应朝向传动轴，且相隔 180°。

1. 拆卸球笼式万向节

01 如图 3.2.1 所示，在车上将传动轴和球笼固定住，将花键轴以及防尘罩上的油污和灰尘擦除干净，以便于拆卸，并且做好装配标记，便于装配时保持干净。

02 如图 3.2.2 所示，用一字旋具将卡箍上的紧固螺栓送开，取出卡箍，将防尘罩退出。

图 3.2.1　清洁花键轴以及防尘罩

图 3.2.2　取出卡箍

03 如图 3.2.3 所示，用黄铜棒用力敲击万向节，使它从传动轴上脱出，然后拆除球笼。

04 如图 3.2.4 所示，拆卸内万向节时，先拆卸弹簧锁圈，然后用橡胶锤压出万向节内圈。

图 3.2.3　拆下万向节

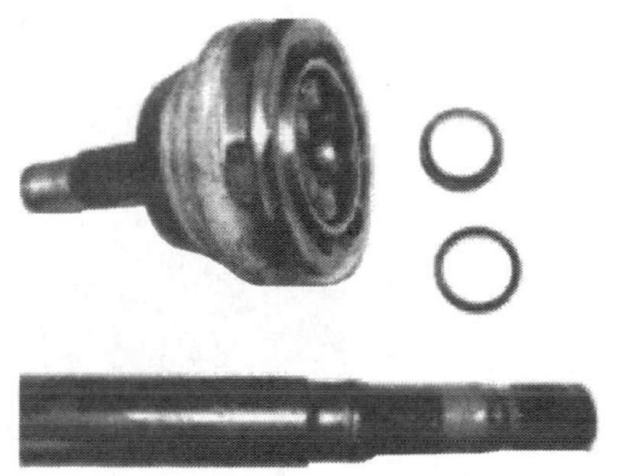

图 3.2.4　拆卸内万向节

05 如图 3.2.5 所示，拆卸万向节前，在球笼和球形壳标出星形套位置。分解内万向节时，用力转动球笼直至两方孔与球笼垂直，然后取出钢球和球笼。

06 如图 3.2.6 所示，分解外万向节时，先用手转动球笼及星形套，压出一个钢球，然后依次取出其余六个钢球。

图 3.2.5　解体内万向节

图 3.2.6　解体外向节

07 如图 3.2.7 所示，把星形套上的扇形齿旋入球笼的方孔位置，从球笼中取出球笼壳，并予以清洁。

08 如图 3.2.8 所示，取出钢球，清洁各零部件，去除油污。

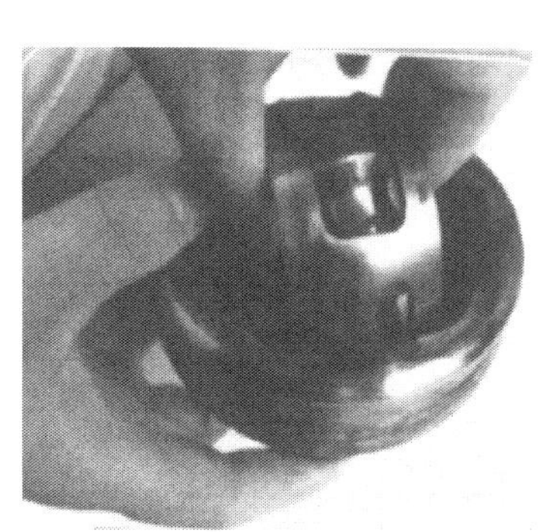

图 3.2.7　取出球笼壳

图 3.2.8　清洁零部件

09 如图 3.2.9 所示，按顺序摆放好零部件。

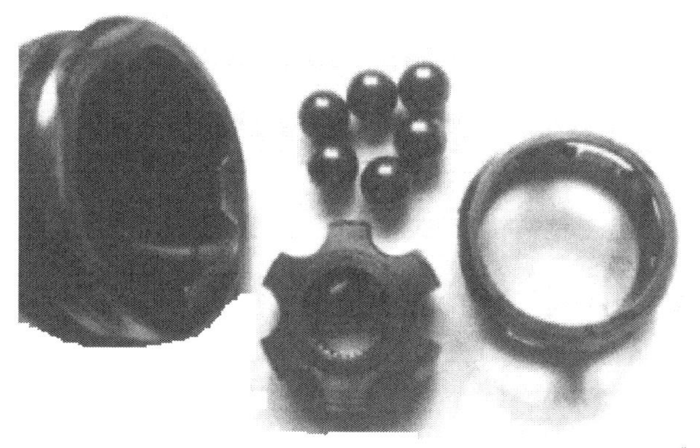

图 3.2.9　按顺序摆放好零部件

2. 装配球笼式万向节

01 如图 3.2.10 所示，对准凹槽将星形套嵌入球笼，此时星形套与球笼不必对正。

02 将球笼和星形套装入壳体，如图 3.2.11 所示。

图 3.2.10　装回球笼

图 3.2.11　装入壳体

03 如图 3.2.12 所示，将钢球逐个安装回去，安装时注意旋转球笼及星形套后，外球道上的宽间隔应对准星形套上的窄间隔，转动球笼，使钢球嵌入到位。星形套内径上的倒角必须对准球形壳的大直径端。

04 如图 3.2.13 所示的方式扭转星形套，该星形套就能转出球笼。注意应使钢球在与壳体中的球槽相配合时留有足够的间隙。

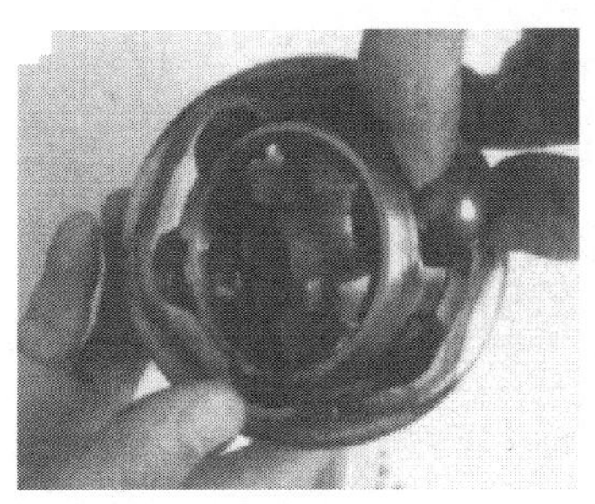

图 3.2.12　装回钢球

图 3.2.13　转动留有间隙

05 用力按压球笼，使装有钢球的星形套完全转入球形壳内，如图 3.2.14 所示。

06 安装完成后，用手将星形套在轴向范围内来回推动，应能灵活转动，如图 3.2.15 所示。

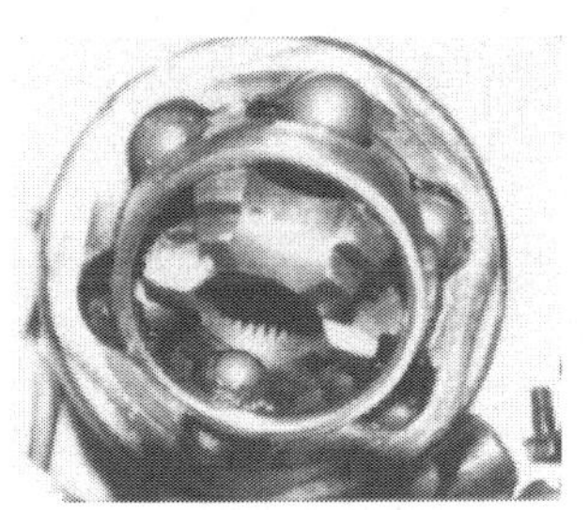

图 3.2.14　转入星形套

图 3.2.15　星形套转动灵活

3. 拆卸十字轴式刚性万向节

01 如图 3.2.16 所示，用梅花扳手（如果梅花扳手不能套上时，就改用呆扳手）松开传动轴和主减速器主动轴凸缘的联接螺母。扳手空间不够时可移动下车辆，以方便拆除全部螺母。取下弹簧垫片，取出螺栓。

02 如图 3.2.17 所示，将螺母、弹簧垫片和取出的螺栓摆放整齐。

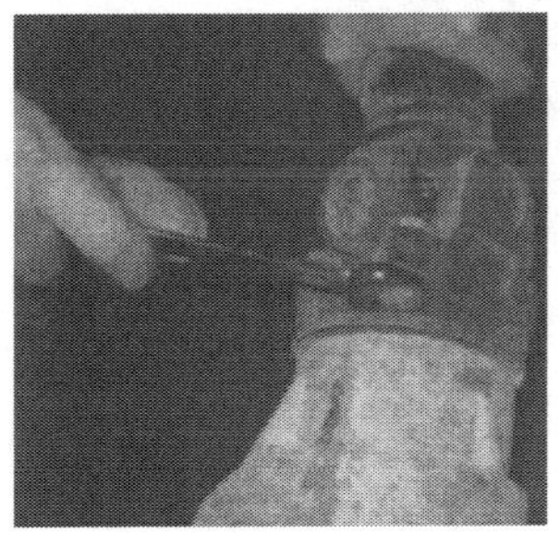

图 3.2.16　松开连接螺母

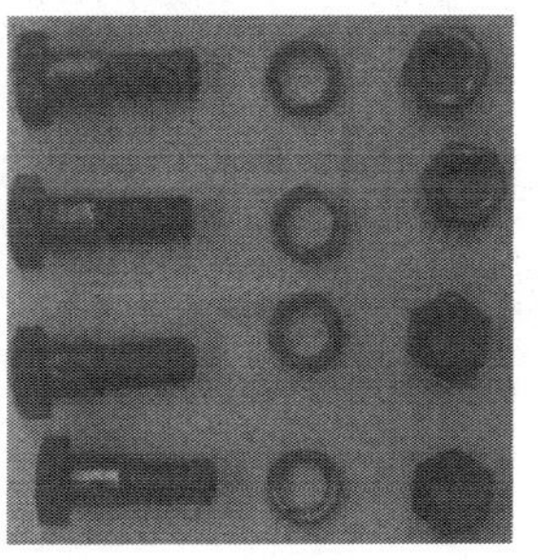

图 3.2.17　螺栓摆放整齐

03 如图 3.2.18 所示，先取下传动轴的后半段和后万向节总成。需要注意的是此过程中会有润滑脂流出，事后要做好清洁工作。

图 3.2.18　取下万向节总成

04 如图 3.2.19 所示，取下传动轴，注意观察两侧轴上的对准记号，以便于装配时保持原来的平衡。

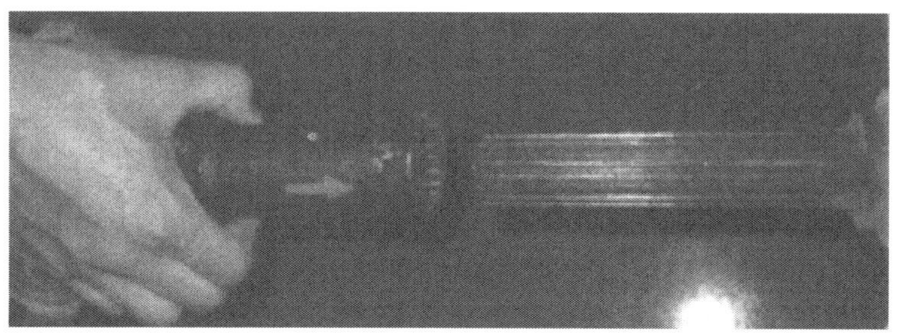

图 3.2.19　取下传动轴

05 如图 3.2.20 所示，拆卸前万向节和变速器的联接螺母。下方的螺母不便于拆卸时，可移动车辆或转动传动轴，将下方的螺母转到容易拆卸的位置，以便于将全部螺母拆卸。

图 3.2.20　旋下连接变速器螺栓

06 如图 3.2.21 所示，拆卸前万向节。若连接较紧，可用锤子敲击前万向节的根部，以便于前万向节的拆卸。

07 如图 3.2.22 所示，用卡环钳拆除固定十字轴的卡环。

图 3.2.21　拆卸前万向节

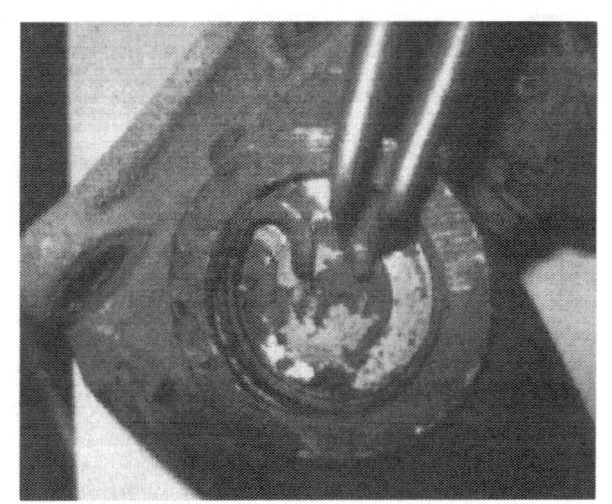

图 3.2.22　拆除卡环

08 如图 3.2.23 所示，将四个卡环全部取下，摆放整齐备用。

09 用锤子敲出十字轴，分解万向节，如图 3.2.24 所示。

图 3.2.23　取下全部卡环

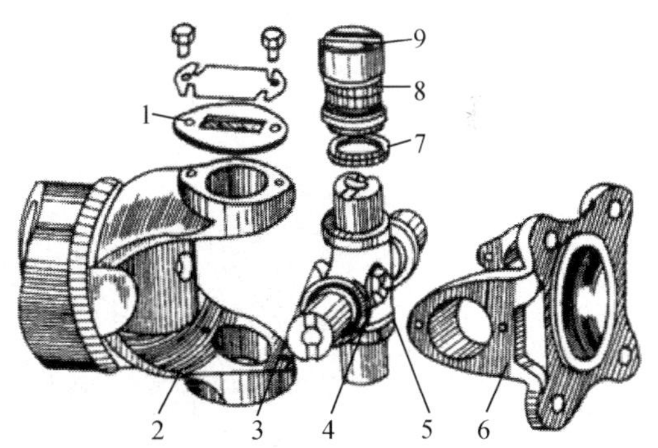

图 3.2.24　十字轴式刚性万向节

1-轴承盖；2、6-万向节叉；3-油嘴；4-十字轴；5-安全阀；7-油封；8-滚针；9-套筒

4. 装配十字轴式刚性万向节

01 准备安装十字轴，安装好油封、套筒、卡箍，并加注润滑脂，如图 3.2.25 所示。

02 如图 3.2.26 所示，安装十字轴外端的卡环，安装完后用一字旋具将卡环的各个边推紧，并进行检查，防止卡环脱落。

图 3.2.25　安装十字轴

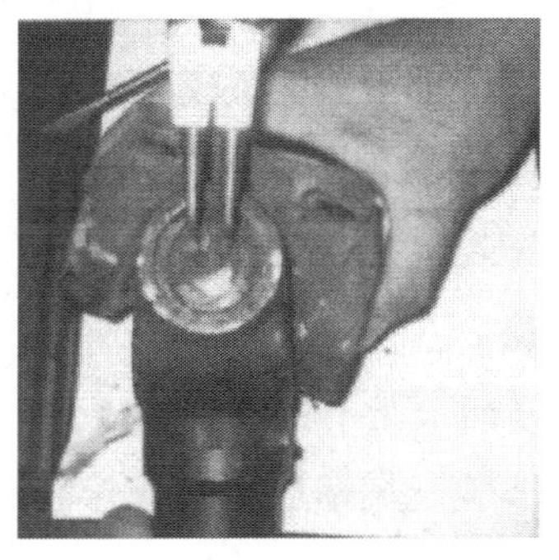

图 3.2.26　安装卡环

03 安装前万向节，将万向节对准后用锤子敲实，再将弹簧垫和螺母上紧，如图 3.2.27 所示。

图 3.2.27 安装前万向节

04 如图 3.2.28 所示，安装传动轴，注意传动轴上的箭头要同前万向节上的箭头对准，此记号为动平衡记号，未对准会造成传动轴运转不平衡。安装时花键也要对准花键孔。

图 3.2.28 对准记号安装花键轴

05 如图 3.2.29 所示，安装后万向节将凸缘上的四个螺栓孔对准，并将四个螺栓都安装上，将上弹簧垫片后用手将螺母旋入几圈，把所有螺母全部装好后再拧紧，以防止余下的螺母不能拧紧。

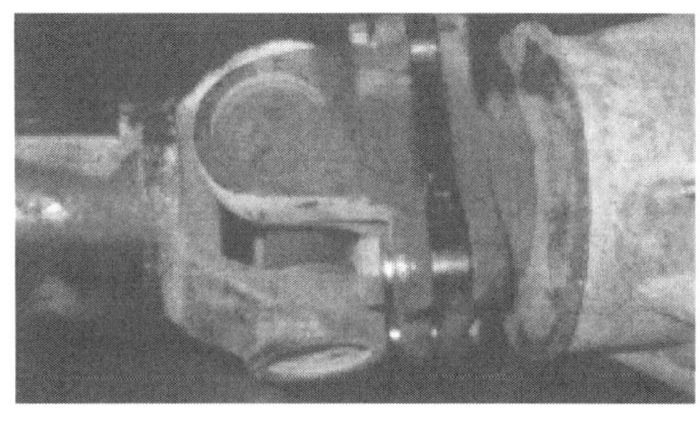

图 3.2.29 安装后万向节

06 如图 3.2.30 所示，拧紧后万向节螺母，套筒扳手和梅花扳手不能套上时使用呆扳手，但要注意用力的方向和位置，力矩为 75N • m（要根据实际车型查询相关的维修手册），不能用力过大，防止螺母损坏。

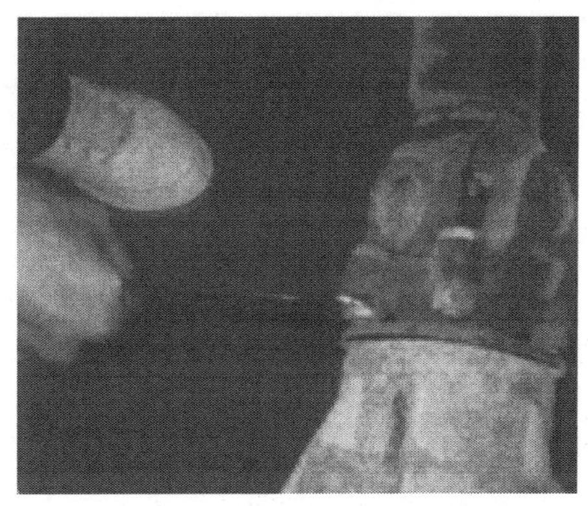

图 3.2.30　上紧螺栓

5. 万向传动装置传动轴的检修

（1）传动轴的检修

传动轴的主要损伤形式有弯曲、凹陷或裂纹等。主要检修以下几个方面：

01 传动轴轴管不得有裂纹及严重的凹瘪，则应更换传动轴。

02 检查传动轴轴管全长上的径向圆跳动，如图 3.2.31 所示，应符合表 3.1.1 的规定。

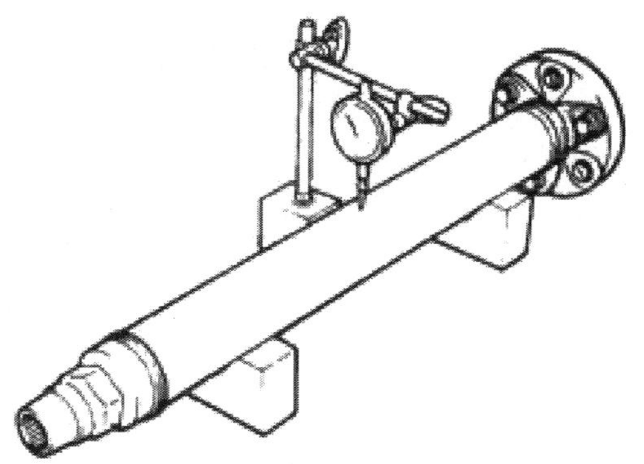

图 3.2.31　检查传动轴径向圆跳动

表 3.1.1　传动轴轴管的径向圆跳动公差　（单位：mm）

轴　长	小于 600	600～1000	大于 1000
径向圆跳动	0.6	0.8	1.0

轿车传动轴径向圆跳动应比表 3.1.1 的值相应减小 0.2mm。中间传动轴支承轴颈的径向圆跳动为 0.10mm。当传动轴轴管的径向圆跳动超过表 3.1.1 的规定时，应对传动轴进行校正或更换。

03 检查传动轴花键与滑动叉花键、突缘叉与所配合花键的间隙：轿车应不大于 0.15mm，其它类型的汽车应不大于 0.30mm，装配后应能滑动自如。若超差，则应更换传动轴或滑动叉。

（2）万向节叉、十字轴及轴承的检修

01 检查万向节叉和十字轴不得有裂纹，否则应更换。

02 检查滚针轴承的油封失效，滚针断裂、轴承内圈有疲劳剥落时，应换新。

03 检查十字轴颈表面，若有疲劳剥落，磨损沟槽或滚针压痕深度在 0.10mm 以上时，应换新。

04 检查十字轴与轴承的最小配合间隙应符合原厂规定。

05 按照图 3.2.32 所示方法检查十字轴轴承装入万向节叉后的松旷程度和轴向间隙。此间隙：剖分式轴承孔为 0.10～0.50mm；整体式轴承孔 0.02～0.25mm，轿车为 0～0.05mm。

（3）中间支承的检修

01 检查中间支承的橡胶垫环是否开裂、油封磨损是否过甚而失效、轴承松旷或内孔磨损是否严重，如图 3.2.33 所示，如果是，均应更换新的中间支承。

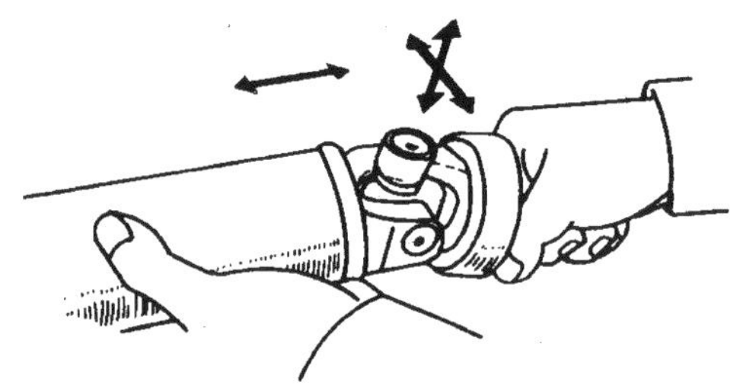

图 3.2.32　检查十字轴轴承

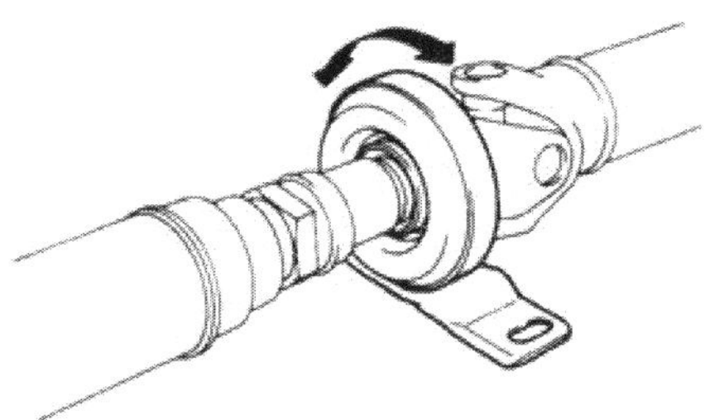

图 3.2.33　检查中间支承

02 检修中间支承轴承。中间支承轴承经使用磨损后，需及时检查和调整，以恢复其良好的技术状况。以解放 CA1092 型汽车为例，其传动系中间支承为双列圆锥滚子轴承，有两个内圈和一个外圈，两内圈中间有一个隔套，供调整轴向间隙用。

当磨损使中间支承轴向间隙超过 0.30mm 时，将引起中间支承发响和传动轴严重振动，导致各传动部件早期损坏。

调整方法：拆下凸缘和中间轴承，将调整隔板适当磨薄，传动轴承在不受轴向力的自由状态下，轴向间隙在 0.15～0.25mm 内，装配好后用 195～245N •m 的转矩拧紧凸缘螺母，保证轴承轴向间隙在 0.05mm 左右，即转动轴承外圈而无明显的轴向游隙为宜，最后从油嘴注入足够的润滑脂，以减小磨损。

（4）传动轴管焊接组合件的检修

传动轴管焊接组合件经修理后，原有的动平衡已不复存在。因此，传动轴管焊接组合件（包括滑动套）应重新进行动平衡试验，传动轴两端任一端的动不平衡量：轿车应不大于 10g • cm^2；其他车型应不大于维修手册中的规定。传动轴管焊接组合件的平衡可在轴管的两端加焊平衡片，每端最多不得多于 3 片。

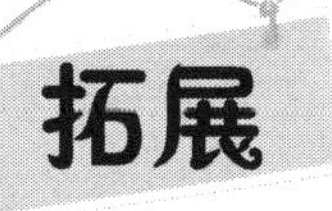

拓展　万向传动装置的故障诊断与排除

万向传动装置由于经常受汽车在复杂道路上行驶的影响，使传动轴在其角度和长度不断变化情况下传递转矩，因此常出现传动轴动不平衡、万向节与中间支撑松旷、发响等故障。

1. 汽车起步时有撞击声，行驶中有异响

（1）故障现象

汽车在起步时，有撞击声；在行驶中，当车速变换或高速挡低速行驶时，也有撞击声出现，整个行驶过程中几乎响声不断。

（2）原因分析

1）传动轴某一凸缘连接处有松动。

2）万向节轴颈和轴承磨损松旷。

3）中间轴承支架固定螺栓松动。

4）中间轴承内座圈松旷或减振橡胶损坏。

5）后钢板弹簧上的骑马螺栓松动。

（3）故障诊断

1）汽车行驶中突然改变速度时，总有一声金属敲击响，多数为个别凸缘或万向节轴承松旷。

2）制动减速时，传动轴出现沉重的金属撞击声，应检查后钢板弹簧上的骑马螺栓是否松动。

3）起步或行驶中，始终有明显异响并有振动感，则一般为中间轴承支架的固定螺栓严重松动或中间轴承损坏。

4）起步和变换车速时，撞击声明显，汽车低速行驶时比高速时异响明显，表明中间轴承内座圈配合松动。

5）停车后，目测和晃动传动轴各部，可验证以上诊断。

2. 起步时无异响，行驶中有异响

（1）故障现象

汽车起步时虽无异响，但当加速时异响出现，脱挡滑行时响声明显。

（2）原因分析

1）滑动叉安装错位，造成传动轴两端的万向节叉不再同一平面内。

2）中间轴承磨损松旷，润滑不良或轻度损伤。

3）支架歪斜，横梁铆钉松动，减振橡胶垫块失效。

4）万向节装配过紧，转动不灵活。

（3）故障诊断

1）低速行驶时出现清脆而有节奏的金属敲击声，脱挡滑行时响声清晰存在，多数为万向节轴承外圈压紧过甚，使之转动不灵活。这种故障往往发生在拆修之后。

2）提高车速后响声增大，脱挡滑行尤为明显，直到停车后消失。一般为中间轴承响，若响声混浊，沉闷而连续，说明轴承散架，可拆下传动轴挂挡运转，验证响声是否出自中间轴承。若响声是连续的，可旋松轴承盖螺栓。若响声消失，表明中间轴承安装偏斜。若仍有响声，则应检查轴承的润滑情况。若响声杂乱，时而出现不规则的撞击声，则应检查传动轴万向节叉的排列情况。

3）高速时传动轴有异响，脱挡滑行时也不消失，则应检查中间轴承座圈表面是否有损

伤以及支架的安装情况。

3. 行驶中发出周期性的响声，速度越高响声越大

（1）故障现象

在万向节和滑动叉技术状况良好时，汽车行驶中发出周期性的响声。速度越高响声越大，甚至伴随有车身振动，握转向盘的手感觉麻木。

（2）原因分析

1）传动轴上的平衡块脱落。

2）传动轴弯曲或传动轴管凹陷。

3）传动轴管与万向节叉焊接不正或传动轴未进行过动平衡试验和校准。

4）滑动叉安装错位，造成传动轴两端的万向节叉不在同一平面内，不满足等角速传动条件。

5）中间支撑吊架的固定螺栓松动或万向节凸缘盘连接螺栓松动，使传动轴偏斜。

（3）故障诊断与排除

01 检查传动轴管是否凹陷。

02 检查传动轴管上的平衡片是否脱落。

03 检查伸缩叉安装是否正确。

04 拆下传动轴进行动平衡试验，弯曲应校直。

05 检查中间支撑吊架的固定螺栓和万向节凸缘叉连接螺栓是否松动，若有松动，则异响由此引起。

4. 不同工况时，传动轴发出“吭”或“咣当”的响声

（1）故障现象

在汽车起步和突然改变车速时，传动装置发出“吭”的响声；在汽车缓行时，发出“咣当”的响声。

（2）原因分析

1）凸缘叉连接螺栓松动。

2）万向节主、从动部分游动角度加大。

3）万向节十字轴磨损严重。

4）万向节凸缘叉连接螺栓松动。

5）万向节轴承磨损松旷。

6）滑动叉磨损松旷。

（3）故障诊断与排除

01 用榔头轻轻敲击各万向节凸缘盘连接处，检查其松紧程度，太松旷则故障由连接螺栓松动引起。

02 检查万向节凸缘叉连接螺栓，若松动，则故障由此引起。

03 用两手分别握住万向节、滑动叉的主、从动部分检查游动角度。万向节游动角度太大，则异响由此引起；滑动叉游动角度太大，则异响由此引起。

5. 行驶中有异响，并伴随车身振抖

（1）故障现象

超过中速会出现异响，车速越高响声越大，达到一定车速时车身振抖。此时，若立即脱挡滑行，则振响更强烈，当降到中速时，振动稍降，但传动轴异响仍然存在。

（2）原因分析

1）传动轴弯曲或平衡片脱落。

2）中间轴承支架及橡胶垫环磨损松旷。

3）传动轴万向节滑动叉的花键配合松旷。

4）发动机前、后支架的固定螺栓松动。

5）发动机各部件不平衡。

（3）故障诊断及排除

1）周期性发响，应检查传动轴是否弯曲，平衡块有无脱落，万向节滑动叉花键配合是否松旷。

2）连续振响，应检查中间轴承支架及橡胶垫环是否径向间隙过大，若良好，可拆下轴承支架，检查中间轴承有无松旷和支架螺栓是否松动等。若传动轴总成良好，则应检查发动机固定是否牢固。

一、判断题

1. 刚性万向节是靠零件的铰链式联接来传递动力的，而挠性万向节则是靠弹性零件来传递动力的。（　　）

2. 对于十字轴式万向节来说，主、从动轴的交角越大，则传动效率越高。（　　）

3. 对于十字轴式万向节来说，主、从动轴之间只要存在交角，就存在摩擦损失。（　　）

4. 只有驱动轮采用独立悬架时，才有实现第一万向节两轴间的夹角等于第二万向节两轴间的夹角的可能。（　　）

5. 双联式万向节实际上是一套传动轴长度减缩至最小的双万向节等速传动装置。（　　）

二、选择题

1. 十字轴式刚性万向节的十字轴轴颈一般是（　　）。

A. 中空的　　B. 实心的　　C. 无所谓　　D. 以上均不正确

2. 十字轴式万向节的损坏是以（　　）的磨损为标志的。

A. 十字轴轴颈　　B. 滚针轴承　　C. 油封　　D. 万向节叉

3. 十字轴式不等速万向节，当主动轴转过一周时，从动轴转过（　　）。

A. 一周　　B. 小于一周　　C. 大于一周　　D. 不一定

4. 双十字轴式万向节实现准等速传动的前提条件之一是（　　）。（设 a_1 为第一万向节两轴间夹角，a_2为第二万向节两轴间的夹角。）

A．$a_1=a_2$　　B．$a_1>a_2$　　C．$a_1<a_2$　　D．a_1与a_2无关

5．下面万向节中属于等速万向节的是（　　）。

A．球笼式　　B．双联式　　C．球叉式　　D．三销轴式

6．为了提高传动轴的强度和刚度，传动轴一般做成（　　）。

A．空心的　　B．实心的

C．半空、半实的　　D．无所谓

7．主、从动轴具有最大交角的万向节是（　　）。

A．球笼式　　B．球叉式　　C．双联式　　D．三销轴式

三、简答题

1．什么是单个刚性十字轴万向节的不等速性？此不等速性会给汽车传动带来什么危害？怎样实现主、从动轴的等角速传动？

2．什么是准等速万向节？试举出两种准等速万向节。

项目 4 驱动桥的检修

◎ 项目情境

一款桑塔纳 2000GSi 型轿车，据车主反映该轿车最近驱动桥内出现异常响声，而且车速越高响声越大，到 4S 店进行检修后发现，驱动桥内齿轮磨损过甚，啮合间隙过大，必须对驱动桥总成进行拆卸检修。

◎ 项目目标

- 认识驱动桥的结构、作用及其组成。
- 理解主减速器、差速器的工作原理。
- 会对主减速器、差速器进行熟练拆装与检修。
- 会对驱动桥进行检修。

任务4.1 认识驱动桥

◎ 任务目标

1. 认识汽车驱动桥的功用、组成、类型。
2. 了解桑车2000型汽车主减速器、差速器的工作原理。

驱动桥处于动力传动系的末端，其基本功能是：①将万向传动装置传来的发动机转矩通过主减速器、差速器、半轴等传到驱动车轮，实现降速增大转矩；②通过主减速器圆锥齿轮副改变转矩的传递方向；③通过差速器实现两侧车轮差速作用，保证内、外侧车轮以不同转速转向；④通过桥壳体和车轮实现承载及传力矩作用。

1. 驱动桥的作用与组成

驱动桥由主减速器、差速器、半轴和桥壳等组成，如图4.1.1所示。

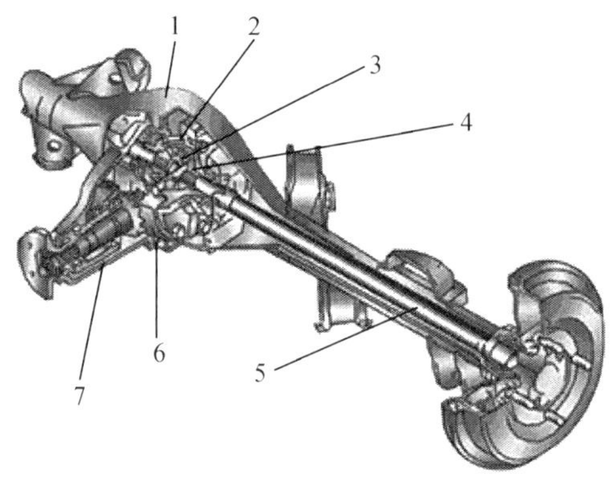

图4.1.1　驱动桥的组成

1-后桥壳；2-差速器壳；3-差速器行星齿轮；4-差速器半轴齿轮；5-半轴；6-主减速器从动齿轮齿圈；7-主减速器主动小齿轮

2. 驱动桥的类型与结构

驱动桥一般可分为非断开式和断开式驱动桥两种。

（1）非断开式驱动桥

非断开式驱动桥如图4.1.2所示，当车轮采用非独立悬架时，驱动桥采用非断开式。其特点是半轴套管与主减速器壳刚性连成一体，整个驱动桥通过弹性悬架与车架相连，行驶时左右驱动轮不能相互独立地跳动，整个车桥和车身会随着路面的凸凹变化而发生倾斜。这种结构多用于汽车的后桥上。

图4.1.2　非断开式驱动桥实物

（2）断开式驱动桥

断开式驱动桥采用独立悬架，如图 4.1.3 所示，其主减速器固定在车架上，驱动桥壳制成分段并用铰链连接，半轴也分段并用万向节连接。驱动桥两端分别用悬架与车架连接。这样，两侧的驱动轮可以彼此独立地相对于车架上下跳动，而车身不会随车轮跳动，提高了行驶的平顺性和通过性。

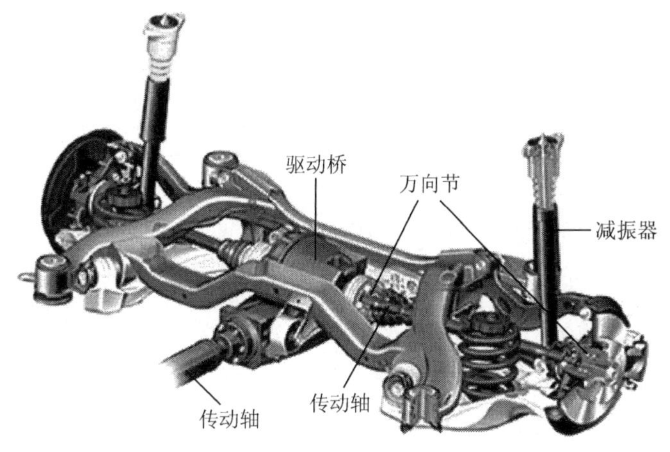

图 4.1.3 断开式驱动桥

3. 主减速器

主减速器的作用，一是改变动力传输的方向。变速器输出的是一个绕纵轴转动的力矩，而车轮必须绕车辆的横轴转动，而主减速器可以将实现这两种传动的变换。二是减速增扭。发动机的输出功率是一定的，当通过主减速器将传动速度降下来以后，能获得比较高的输出转矩，从而得到较大的驱动力。此外，汽车主减速器还有改变动力输出方向、实现左右车轮差速功能等。

（1）主减速器的功用与类型

主减速器的功用是将输出的转矩增大，转速降低，并将动力传递方向改变后（发动机横置的除外）传给差速器。

为满足不同的使用要求，主减速器的结构形式也有所不同，但都是由齿轮机构、支承调整装置和主减速器壳构成，其主要类型见表 4.1.1。

表 4.1.1 主减速器类型

分类方式	类　型
按参加减速传动的齿轮副数目分	单级式主减速器
	双级式主减速器（若将双级式主减速器的第二级齿轮传动设置在两侧驱动轮处，称为轮边主减速器）
按主减速器传动速比个数分	单速式主减速器（只有一个固定的传动比）
	双速式主减速器（有两个传动比供驾驶员选择）
按齿轮副结构型式分	圆柱齿轮式（又可分为定轴轮系式和行星轮系式）主减速器
	圆锥齿轮式主减速器（又可分为螺旋锥齿轮式和双曲面锥齿轮式）

（2）单级主减速器的工作特性与结构

单级主减速器具有结构简单、质量和体积小、传动效率高的特点，且动力性能满足中型以下货车及轿车的要求。因此，单级主减速器在这些车型上得以普遍采用。

图 4.1.4 所示为桑塔纳轿车的单级主减速器。因采用发动机纵向前置前轮驱动，整个传动系都集中布置在汽车前部，因此其主减速器装于变速器壳体内，没有专门的主减速器壳体。变速器输出轴即为主减速器主动轴，动力由变速器直接传递给主减速器，省去了变速器到主减速器之间的万向传动装置。主减速器主要由主动锥齿轮、从动锥齿轮、差速器、半轴、壳体等组成。

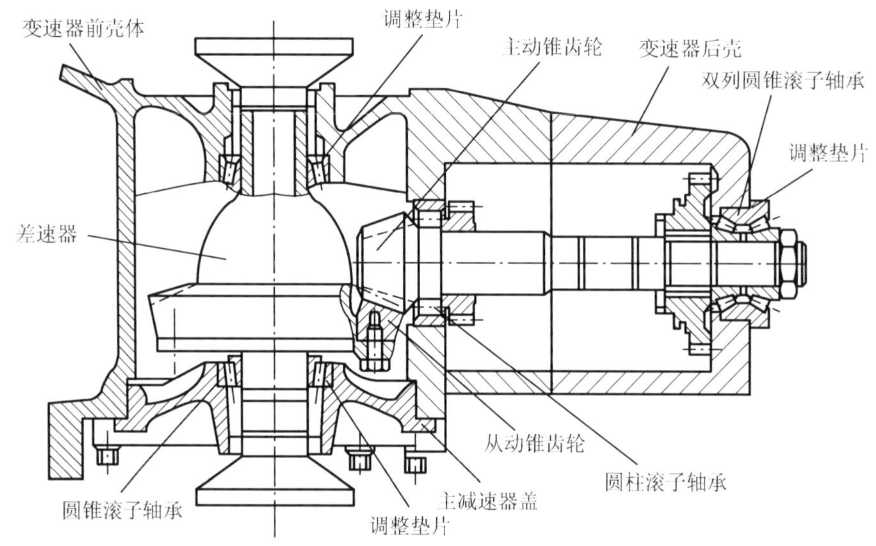

图 4.1.4　单级主减速器

4. 差速器

（1）差速器的功用与类型

差速器的功用是将主减速器传来的动力传给左、右两半轴，并在必要时允许左、右半轴以不同转速旋转，以满足两侧驱动轮差速的需要。

差速器按其用途可分为轮间差速器和轴间差速器。轮间差速器装在同一驱动桥两侧驱动轮之间，而轴间差速器装在各驱动桥之间。

无论是轮间差速器还是轴间差速器，按其工作特性均可分为普通差速器和防滑差速器两大类。

（2）普通齿轮式差速器的构造与工作特性

普通齿轮式差速器有锥齿轮式和圆柱齿轮式两种。由于锥齿轮式差速器结构简单、紧凑，工作平稳，因此目前应用最为广泛。差速器工作时，行星齿轮绕行星齿轮轴的旋转称为行星齿轮的自转。差速器不工作时，行星齿轮绕半轴轴线的旋转称为行星齿轮的公转。汽车直线行驶时，主减速器的从动锥齿轮驱动差速器壳旋转，差速器差驱动行星齿轮轴旋转，行星齿轮轴驱动行星齿轮公转，半轴齿轮在行星齿轮的夹持下同速同向旋转，此时，行星齿轮只公转，不自转，左右车轮和转速等于从动锥齿轮的转速。汽车转弯时，行星齿轮在公转的同时，产生了自转，即绕行星齿轮轴的旋转，造成一侧半轴齿轮转速的增加，而另一侧半轴齿轮的转速降低，两侧车轮以不同的转速旋转，此时一侧车轮增加的转速等于另一侧车轮减少的转速。

图 4.1.5 为行星锥齿轮差速器。它由 4 个行星锥齿轮、1 个十字形行星锥齿轮轴（简称十字轴）、两个半轴锥齿轮、差速器壳以及垫片等组成。

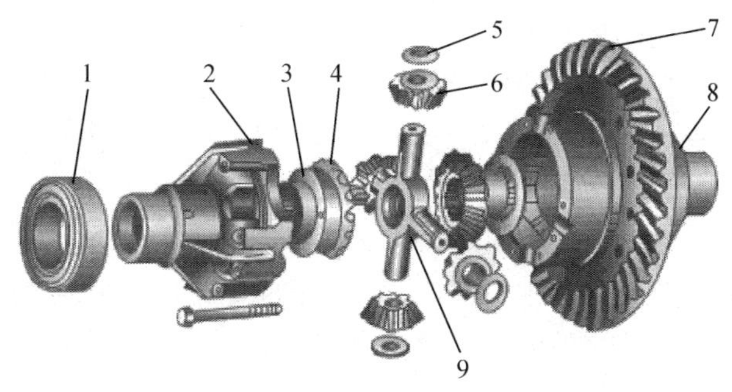

图 4.1.5　典型的差速器结构图

1-轴承；2、8-差速器壳；3、5-调整垫片；4-半轴齿轮；6-行星齿轮；7-从动锥齿轮；9-行星齿轮轴

差速器的工作特性主要包括运动特性和转矩特性两个方面。

1）差速器的运动特性。差速器无论差速与否，都具有两半轴齿轮转速之和始终等于差速器壳转速的两倍，而与行星齿轮自转速度无关的特性，如图 4.1.6 所示。

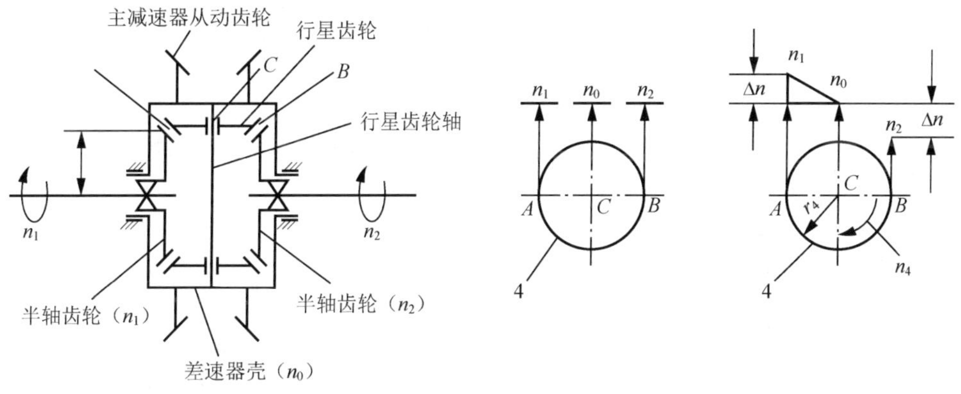

图 4.1.6　差速器的运动特性

2）差速器的转矩特性。无论差速器差速与否，行星锥齿轮差速器都具有转矩等量分配的特性，如图 4.1.7 所示。

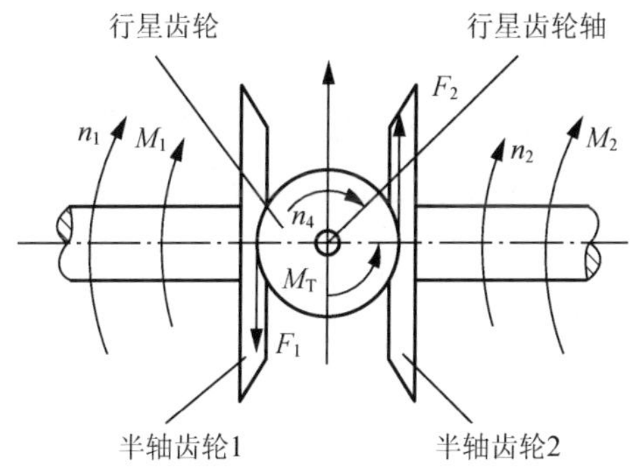

图 4.1.7　差速器的转矩特性

5. 半轴与桥壳

（1）半轴

半轴是差速器与驱动轮之间传递动力的实心轴。其内端与差速器的半轴齿轮相连，外端与驱动轮轮毂相接，半轴与轮毂在桥壳上的支承型式决定了半轴的受力情况，现代汽车常采用全浮式半轴支承（受转矩，不受弯矩）和半浮式半轴支承（受转矩，外端受弯矩）两种型式。

（2）桥壳

驱动桥桥壳具有支承并保护主减速器、差速器和半轴，固定左右驱动轮轴向位置，支承车架和车身，承受车轮传来的各种路面反力等作用。驱动桥桥壳可分为整体式、分段式两种，如图 4.1.8 和图 4.1.9 所示。

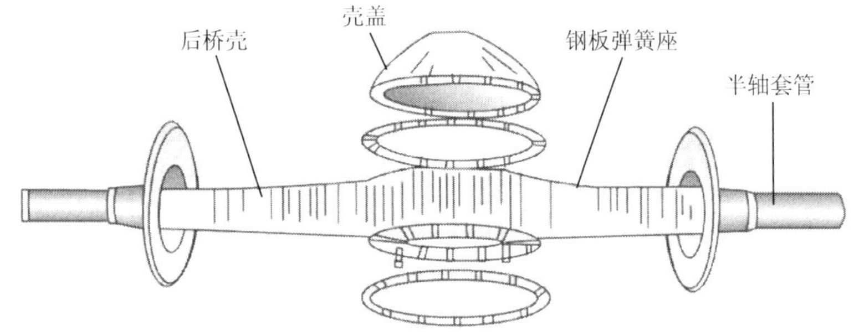

图 4.1.8　整体式驱动桥

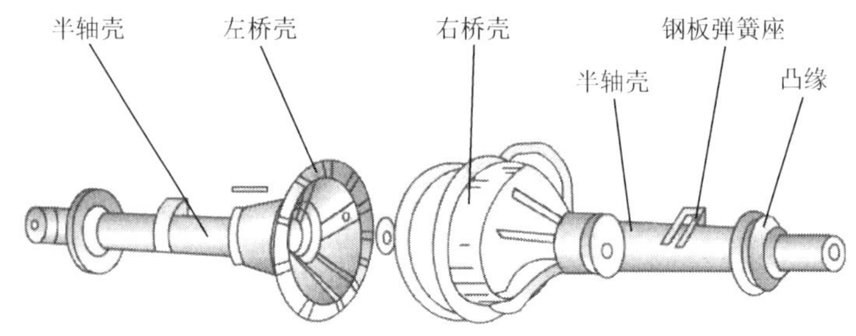

图 4.1.9　分段式驱动桥

任务 4.2　主减速器与差速器的拆装与检修

◎ 任务目标

1. 会认识主减速器、差速器总成零件名称。
2. 掌握汽车主减速器、差速器的拆装方法及步骤。
3. 掌握汽车主减速器、差速器的检修方法。

工作场景：理实一体化教室。

设备器材：桑塔纳轿车前驱动桥、常用工具一套、锤子、桑塔纳轿车专用工具、扭力扳手和抹布等。

技术要求:：①主、从动锥齿轮啮合间隙 0.15～0.40mm；②啮合印痕：位置在齿的中偏小端，离小端 2～7mm，齿高方向的接触痕迹应不小开有效齿高的 50%，一般应离齿顶 0.8～1.6mm。

注意事项：①操作前明确操作方法，做到按计划进行，不盲目操作；②注意观察主减速器和差速器的动力传输路径和方向；③加注差速器油时，使轮胎与地面保持接触，以确保指示正确的差速器油位；④拆卸差速器之前，在行星齿轮上做好配合标记，以避免重新安装之后产生噪声和振动。

1. 拆卸主减速器

桑塔纳 2000 系列轿车变速器为两轴式，其输出轴上的锥齿轮即为主减速器的主动锥齿轮。主减速器和差速器的分解如图 4.2.1 所示。主、从动锥齿轮总成的拆卸步骤如下：

01 拆卸变速器，将其固定在支架上。拆下轴承支座和后盖。

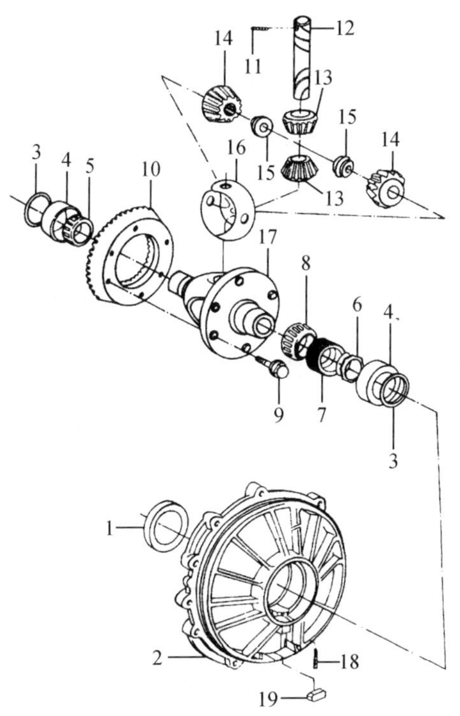

图 4.2.1 主减速器和差速器分解图

1-密封圈；2-主减速器盖；3-从动锥齿轮的调整垫片（S1 和 S2）；4-轴承外圈；5-差速器轴承；6-锁紧套筒；7-车速表主动齿轮；8-差速器轴承；9-螺栓（拧紧力矩 70N • m）；10-从动锥齿轮；11-夹紧销；12-行星齿轮轴；13-行星齿轮；14-半轴齿轮；15-螺纹管；16-复合式止推垫片；17-差速器壳；18-磁铁固定销；19-磁铁

02 取下车速里程表的传感器，如图 4.2.2 所示。

03 锁住传动轴（半轴），拆下紧固螺栓，如图 4.2.3 所示。取下传动轴。

04 取下车速里程表的主动齿轮导向器和齿轮。

05 拆下主减速器盖，如图 4.2.4 所示。从变速器壳体上取下差速器。

06 用铝质的夹具将差速器壳固定在台虎钳上，拆下从动齿轮的紧固螺栓。从动锥齿轮的紧固螺栓是自动锁紧的，一经拆卸就必须更换。

07 取下从动锥齿轮，如图 4.2.5 所示。

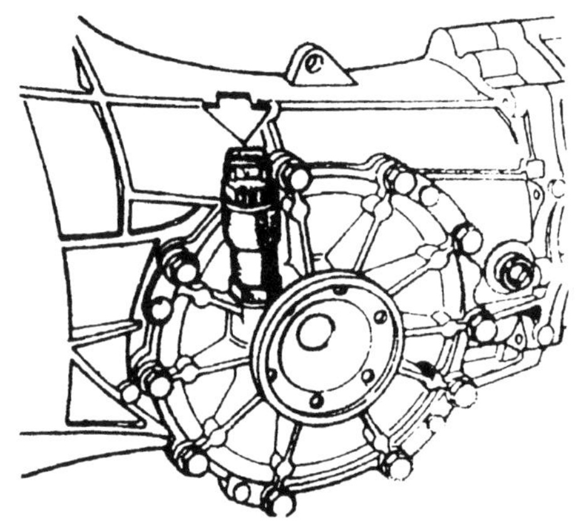

图 4.2.2　取下车速里程表传感器

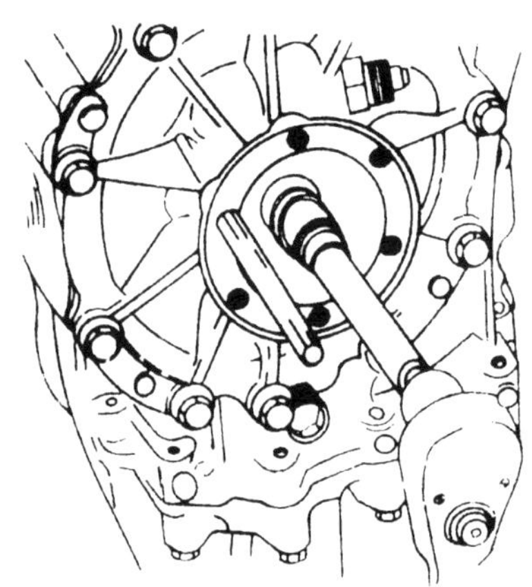

图 4.2.3　拆卸紧固螺栓

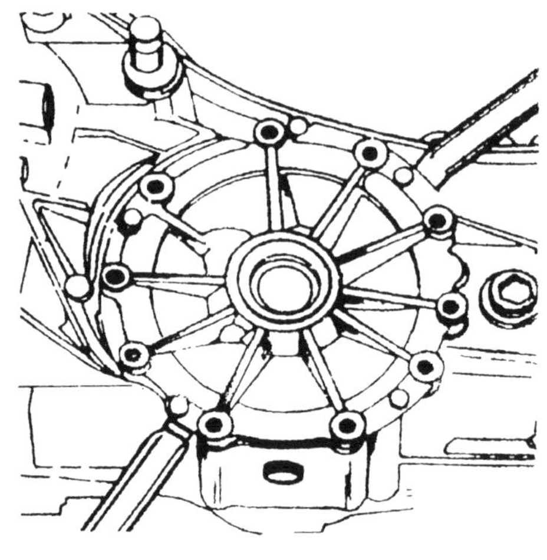

图 4.2.4　拆下主减速器盖

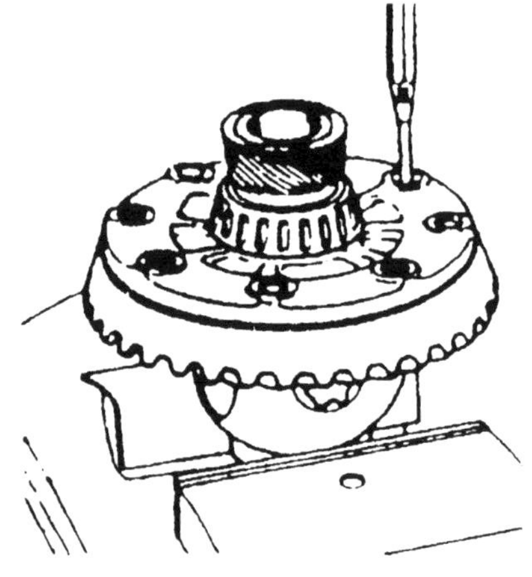

图 4.2.5　拆卸从动锥齿轮

2. 安装主减速器

01 在变速器输出轴上装上所有齿轮、轴承及同步器，计算输出轴的调整垫片的厚度。

02 如图 4.2.6 所示，用 120℃的温度给从动锥齿轮加热，并将其装在差速器壳上，安装时用两个螺纹销做导向。

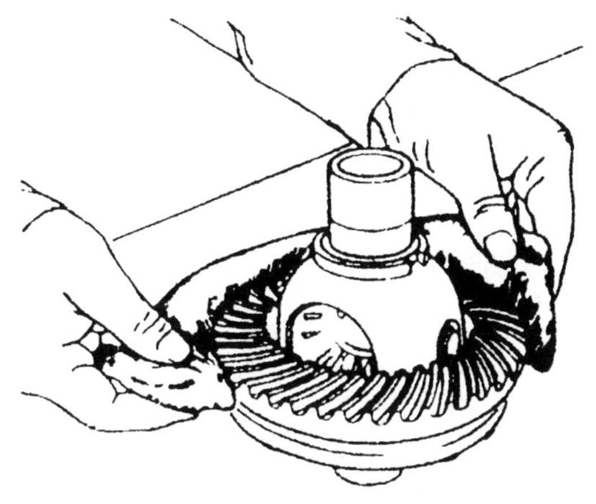

图 4.2.6　安装从动锥齿轮

03 装上新的从动锥齿轮螺栓，并用 70N・m 的力矩交替旋紧。

04 计算从动齿轮调整垫片的厚度。把计算好的垫片装在适当的位置上。

05 将轴承支座装在变速器壳体上，并用新的衬垫。装上变速器后盖。

06 将差速器装在变速器壳体上。将主减速器盖装在壳体上，用 25N・m 的力矩旋紧螺栓。

07 装上车速里程表的主动齿轮和导向器。装上车速里程表的传感器。

08 装上半轴凸缘中的一个，用錾子将它锁住，装上螺栓，用 20N・m 的力矩把它旋紧。装另一个半轴凸缘。

09 加注齿轮油并装上变速器。

3. 拆装差速器

（1）半轴齿轮和行星齿轮的拆卸

拆卸变速器，拆下差速器，拆下从动锥齿轮。拆下行星齿轮轴的止动销，如图 4.2.7 所示。取下行星齿轮轴，再取下行星齿轮和半轴齿轮。

图 4.2.7　拆下行星齿轮轴的止动销

（2）半轴齿轮和行星齿轮的安装

01 在安装之前，检查复合式止推垫片有否损坏，如需要应进行更换。

02 通过半轴凸缘将半轴齿轮固定在差速器壳上，如图 4.2.8 所示。

03 将行星齿轮放在适当的位置上，接着转动半轴凸缘使行星齿轮进入差速器壳，如图 4.2.9 所示。

04 装上行星齿轮轴，如图 4.2.10 所示。在行星齿轮轴装上止动销。

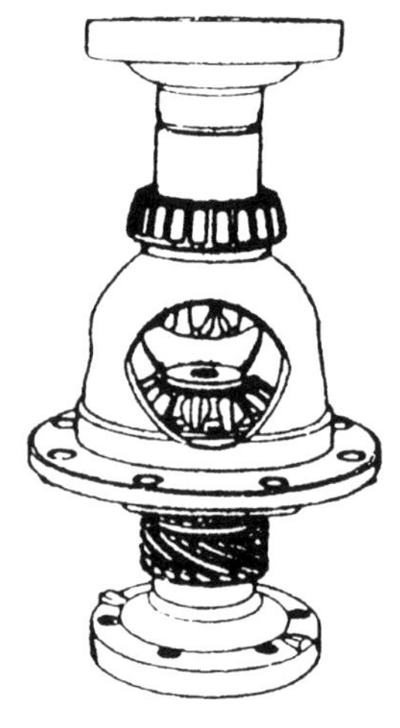

图 4.2.8　安装半轴齿轮

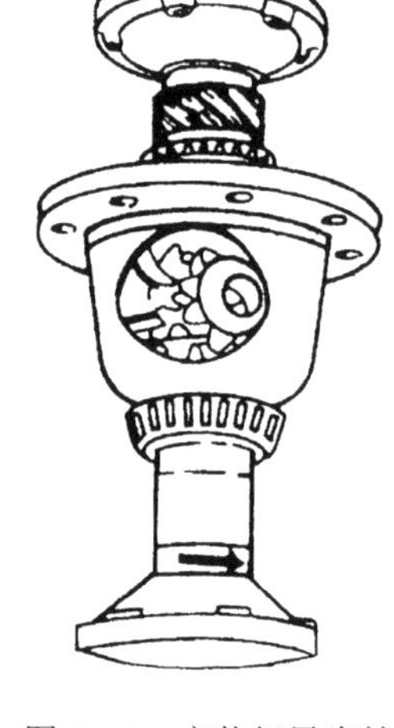

图 4.2.9　安装行星齿轮

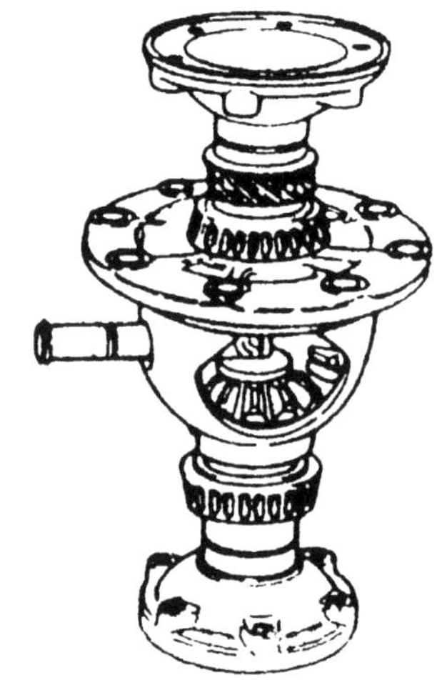

图 4.2.10　安装行星齿轮轴

05 取下差速器半轴凸缘。用 120℃的温度加热，将从动锥齿轮装在差速器壳上。将差速器装在变速器壳体内。装上半轴凸缘。装上变速器。

（3）差速器壳的拆卸

01 拆卸变速器，拆下差速器。拆下差速器轴承（与从动锥齿轮相对的一边），如图 4.2.11 所示。

02 拆下差速器另一边轴承，如图 4.2.12 所示。同时取下车速表主动齿轮和锁紧套筒。

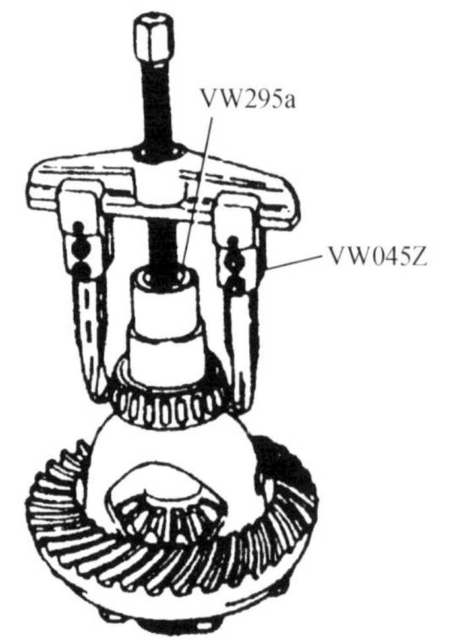

图 4.2.11　拆下差速器轴承（与从动锥齿轮相对的一边）

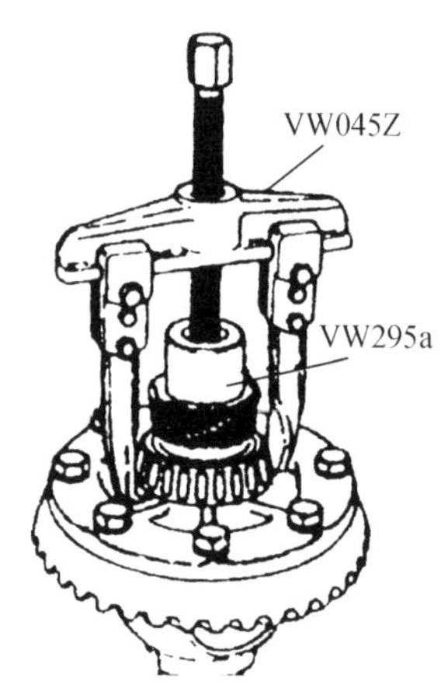

图 4.2.12　拆下另一边差速器轴承

03 拆下变速器侧面的密封圈，如图 4.2.13 所示。

04 从主减速器盖上拆下差速器轴承的外圈和调整垫片 S1，如图 4.2.14 所示。

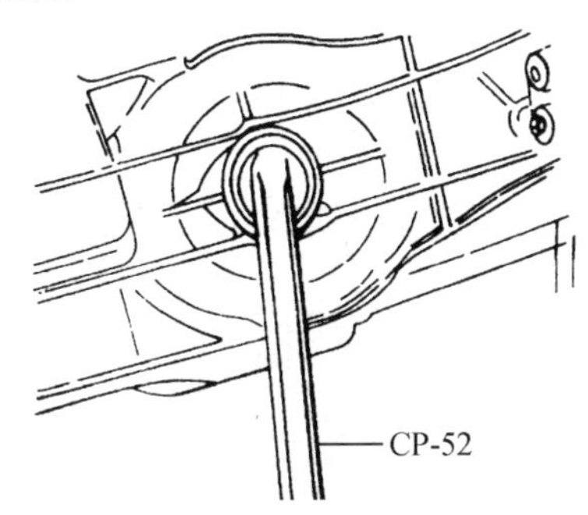

图 4.2.13 拆下密封圈

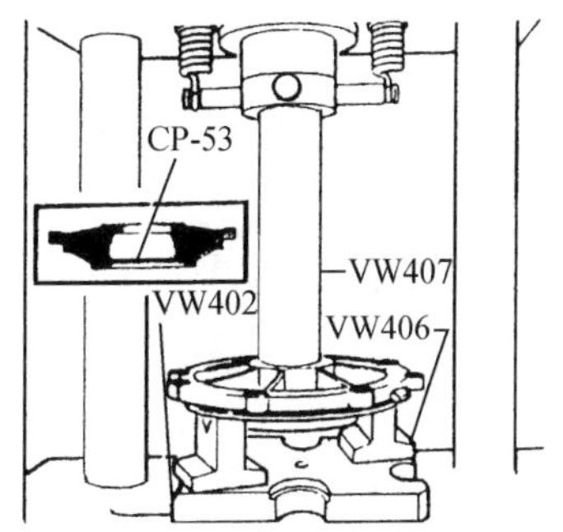

图 4.2.14 拆下差速器轴承外圈和调整垫片

05 从变速器壳体上拆下差速器轴承的外圈和调整垫片 S2，如图 4.2.15 所示。当差速器轴承在更换时，外圈需一起更换，同时必须计算出从动齿轮的调整垫片 S1 和 S2 的厚度。

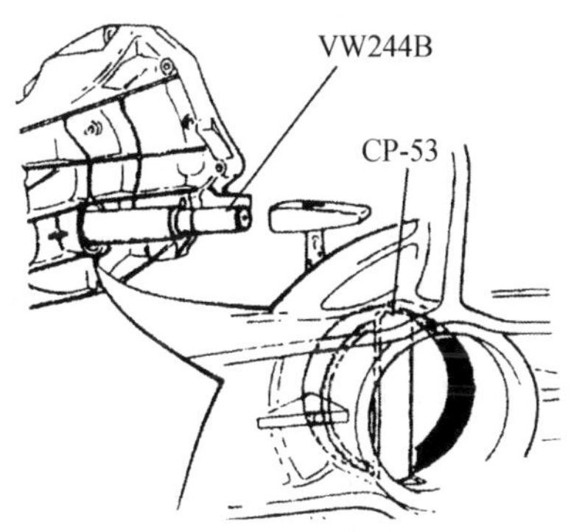

图 4.2.15 拆下另一边差速器轴承外圈和调整垫片

（4）差速器壳的安装

01 计算从动锥齿轮调整垫片 S1 和 S2 的厚度。装上调整垫片 S2 和差速器轴承外圈，如图 4.2.16 所示。

02 装上调整垫片 S1 和轴承外圈，如图 4.2.17 所示。

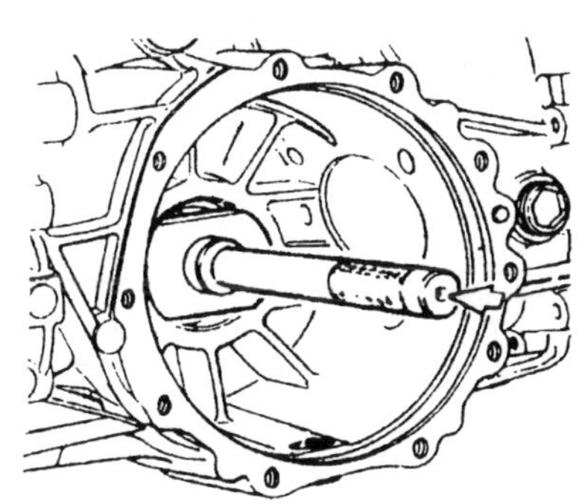

图 4.2.16 安装调整垫片 S2 和差速器轴承外圈

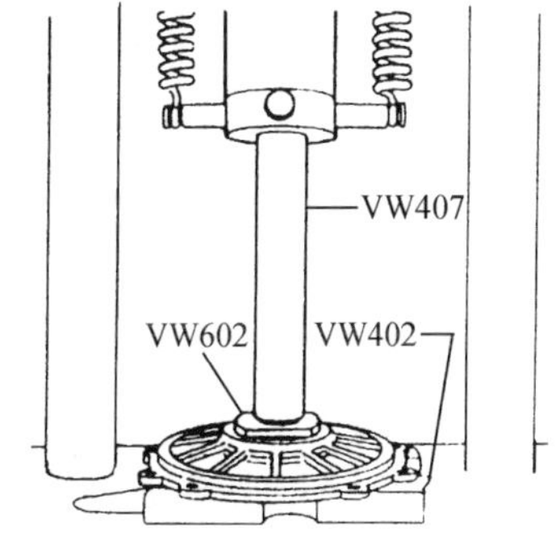

图 4.2.17 安装调整垫片 S1 差速器轴承外圈

03 装上变速器的侧面密封圈。用 120℃的温度加热差速器轴承（与从动齿轮相对一面）并装在差速器壳上。将差速器轴承压到位，如图 4.2.18 所示。

04 用 120℃的温度加热差速器另一轴承，并装在差速器罩壳上。将轴承压到位，如图 4.2.18 所示。

05 装上车速里程表主动齿轮和锁紧套筒，使 x=1.8mm（VW433a 只能支撑在锁紧套筒上，以免齿轮受损），如图 4.2.19 所示。

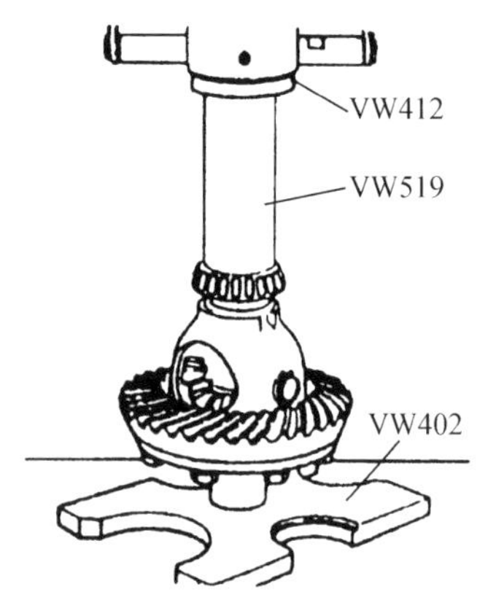

图 4.2.18　压入轴承

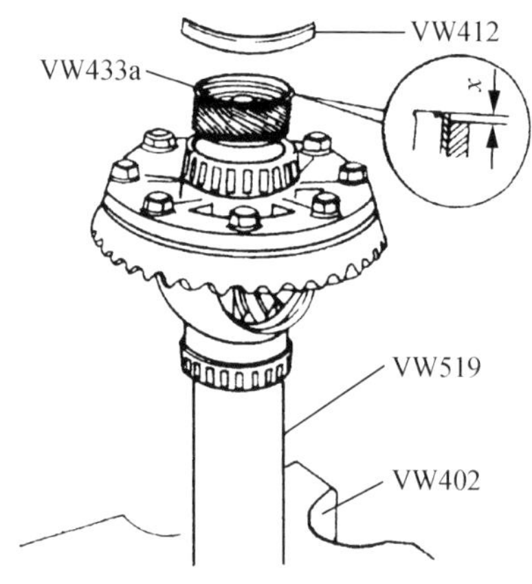

图 4.2.19　安装里程表主动齿轮

06 用适当的变速器油润滑差速器轴承。将差速器装入变速器壳体内，装上主减速器盖。拆下变速器后盖和轴承支座。将专用工具 VW521/4 和 VW521/8，同扭力扳手一起装在差速器上，如图 4.2.20 所示。

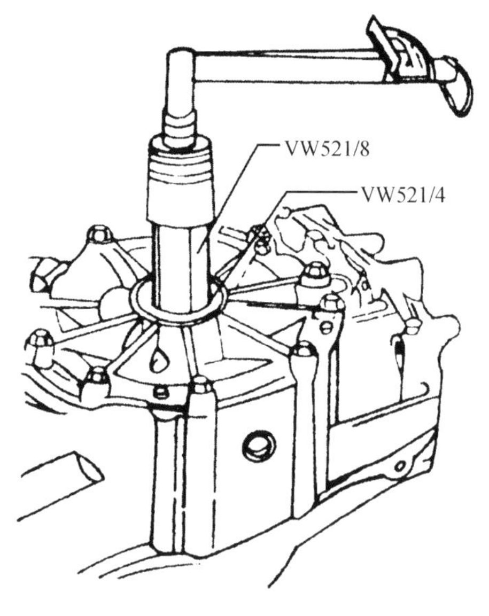

图 4.2.20　安装专用工具

07 通过扭力扳手，转动差速器，检查摩擦力矩，对新的轴承来说最小应为 2.5N • m（要检查摩擦力矩，必须将差速器轴承用适当的变速器油润滑过）。

08 调整从动锥齿轮。装上变速器后盖和轴承支座。装上半轴凸缘并给变速器加油。装上变速器。

4. 主减速器及差速器的调整与检修

（1）主减速器的检查与调整

01 主减速器的检查。

① 主减速器的检查（图 4.2.21），有无裂纹，螺纹损伤不得多于 2 牙。主从动锥齿轮不许有裂纹，不得有明显斑点，损伤脱落，主动锥齿轮花键与槽配合间隙不得大于 0.2mm。

图 4.2.21 主减速器的检查

② 从动齿轮轴承预紧度的检测，用经验检查，即用手转动从动锥齿轮，应该转动自如，且轴向推动无间隙。也可用弹簧称钩在从动锥齿轮紧固螺栓上测量，切向拉力应为 11.3～25.9N。

③ 主减速器啮合间隙的检测方法：用磁性百分表固定在减速器壳的凸缘上，百分表的触头应垂直于从动锥齿轮牙齿大端的凸面，用手把住主动锥齿轮，然后轻轻往复摆转从动锥齿轮，观查百分表指针摆动的读数。正确的主、从动锥齿轮啮合间隙 0.15～0.40mm，如图 4.2.21 所示。

④ 主从动圆锥齿轮啮合印痕：一般检查方法是采有两面涂色法，可在从动齿轮 3～5 个齿的工作面上正反两面均匀涂上一层红丹粉，然后转动主动锥齿轮。正转工作时逆转工作时正常印痕（其位置在齿的中偏小端，离小端 2～7mm，齿高方向的接触痕迹应不小开有效齿高的 50%，一般应离齿顶 0.8～1.6mm）。

02 主减速器的调整。

主减速调整的一般顺序：主从动圆锥齿轮轴承预紧度的调整（含差速器轴承预紧度的调整），主从动圆锥齿轮啮合印痕，最后啮合间隙的调整。

① 主从动圆锥齿轮轴承预紧度的调整：通过调整两轴承间的垫片来调整。调整前先检查从动锥齿轮背面的端面圆跳动不得超过 0.05mm，最大极限值为 0.1mm。慢慢拧动两端的调整螺母，调整差速器轴承的预紧度。用手转动从动锥齿轮，应该转动自如，且轴向推动无间隙或用弹簧称检查并符合标准。原则：如轴承预紧度过紧两端的调整螺母往外拧。如轴承预紧度过松，两端的调整螺母往里拧。

② 螺旋锥型主从动圆锥齿轮啮合印痕调整：主动圆锥齿轮轴向位移通过改变轴承座与减速器外壳端面之间间隙垫片厚度来调整，从动圆锥齿轮轴向位移在不改变减速器壳左右轴承盖下的垫片总厚度情况下，通过把垫片从一边移到另外一边来调。调整口决：大进从，

小出从，顶进主，根出主。若两齿轮的啮合印痕偏向于大端齿面，啮合间隙的调整方法是：先调整被动齿轮的位置，使其更接近于主动齿轮，再调整主动齿轮的位置，以获得最佳啮合印痕；若两齿轮的啮合印痕偏向于小端齿面，啮合间隙的调整方法是：先调整被动齿轮的位置，使其远离主动齿轮，再调整主动齿轮的位置，以获得最佳啮合印痕；若两齿轮的啮合印痕过于接近齿顶，啮合间隙的调整方法是：先调整主动齿轮的位置，使其更接近于被动齿轮，再调整被动齿轮的位置，以获得最佳啮合印痕；若两齿轮的啮合印痕过于接近齿根，啮合间隙的调整方法是：先调整主动齿轮的位置，使其远离被动齿轮，再调整被动齿轮的位置，以获得最佳啮合印痕。

③ 啮合间隙的检查：

a．将塞尺插入啮合着的主从动锥齿轮间测量齿隙。

b．不解体检查，可有百分表触针抵在主动锥齿轮凸缘上转动量出。

c．用百分表角针抵在从动锥齿轮的轮齿边缘上测量。

d．啮合间隙为要符合技术手册数值。

小贴士

啮合间隙调整与啮合印痕调整配合进行，进行调整时，不能改变预紧度，所以两边调整垫片总厚度不能改变，当发生矛盾时，就以啮合印痕为主。

（2）差速器的检修

01 检测主减速器主、从动圆锥齿轮有无无裂纹及明显的剥落现象，齿端缺损是否超过齿长的 1/10 或齿高的 1/5。如果是，则应成对更换主、从动圆锥齿轮。

02 检查行星齿轮和半轴齿轮是否有裂纹，齿面疲劳剥落面积是否大于 15%，齿厚磨损量是否大于 0.20mm。如果是，则应予更换。

03 检查行星齿轮轴轴颈与行星齿轮内孔的配合间隙，如果大于 0.40mm，则与差速器壳承孔的配合松动，应予更换行星齿轮轴。

04 检查行星齿轮与差速器壳的间隙、半轴齿轮与差速器壳的间隙。行星齿轮与差速器壳间隙为 0.15～0.25mm，半轴齿轮与差速器壳的间隙为 0.20～0.40mm，如果大应更换球形止推垫片总成。

05 检查差速器支承轴承是否出现疲劳剥落及烧蚀，轴承外圈与壳体配合是否松动；里程表齿轮及从动圆锥齿轮是否磨损严重。如果是，均应更换新件。

06 检查差速器壳体是否出现裂纹，差速器壳凸缘端面的跳动量是否大于 0.30mm，轴承是否磨损松旷。如果是，均应更换新件。

思考与练习

一、填空题

1．驱动桥由________、________、________和________等组成。其功用是将万向传动装置传来的发动机转矩传递给驱动车轮，实现降速以增大转矩。

2．驱动桥的类型有________驱动桥和________驱动桥两种。

3．齿轮啮合的正确印迹应位于________，并占齿面宽度的________以上。

4．两侧的输出转矩相等的差速器，称为________，也称________。

5．半轴是在________与________之间传递动力的实心轴。

6．变速器的锁止装置有________、________和________。

7．驱动桥按结构形式可分为________驱动桥、________驱动桥和________驱动桥。

二、选择题

1．单级主减速器中，从动锥齿轮两侧的圆锥滚子轴承预紧度的调整应在齿轮啮合调整（　　）。

A．之前进行　　B．之后进行　　C．同时进行　　D．之前、之后进行都可

2．设对称式锥齿轮差速器壳的转速为 n_0，左、右两侧半轴齿轮的转速分别为 n_1 和 n_2，则有（　　）。

A．$n_1+n_2=n_0$　　B．$n_1+n_2=2n_0$　　C．$n_1+n_2=n_0/2$　　D．$n_1=n_2=n_0$

3．设对称式锥齿轮差速器壳所得到转矩为 M_0，左右两半轴的转矩分别为 M_1、M_2，则有（　　）。

A．$M_1=M_2=M_0$　　B．$M_1=M_2=2M_0$

C．$M_1=M_2=M_0/2$　　D．$M_1+M_2=2M_0$

4．全浮半轴承受（　　）的作用。

A．转矩　　B．弯矩　　C．反力　　D．A、B、C

三、简答题

1．驱动桥的功用是什么？每个功用主要由驱动桥的哪个部分实现和承担？

2．主减速器的功用是什么？

3．差速器有几种类型？各起何作用？

项目5 车架与车桥的检修

◎ 项目情境

我们都知道，汽车的组成主要包括四大部分：发动机、底盘、车身和电器设备。但是在许多新型轿车上面为什么观察不到车架的结构？

通过本项目的学习，了解到轿车的车架是无梁式车架，轿车是以车身作为车架，汽车所有的部件都固定在车身上面，所有的力也都由车身来承受。我们传统的车架观念来自于货车的边梁式车架，而轿车的车身与货车的车身有很大的区别。所以在轿车上面我们找不到车架。

◎ 项目目标

- 认识汽车行驶系的基本组成、功用及分类。
- 掌握车桥的作用、类型与转向桥的结构组成。
- 能够查阅各车型维修手册，并能按维修手册要求检修车架与车桥。

任务 5.1　认识车架与车桥

◎ 任务目标

1. 掌握汽车行驶系统的组成、作用及类型。
2. 掌握汽车车架与车桥的组成、作用及类型。

1. 行驶系统的组成及作用

（1）行驶系统的组成

汽车行驶系主要由车架、车桥、悬架和车轮等组成，如图 5.1.1 所示。车架是全车的装配基体，将整个汽车连接成一整体；车轮安装在车桥上，支承着车桥与汽车；悬架把车架与车桥连接在一起，减少汽车在行驶中受到的各种冲击与振动。

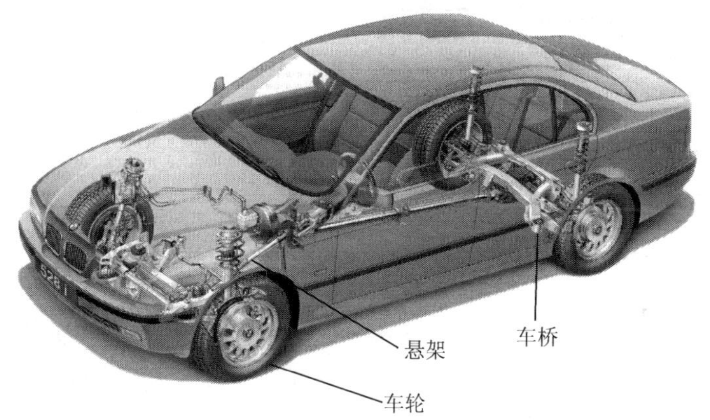

图 5.1.1　汽车行驶系

（2）行驶系统的作用

行驶系统主要具有如下作用：①接受传动系的动力，通过驱动轮与路面的附着力产生牵引力，使汽车正常行驶；②支承汽车的总质量；③缓和不平路面对车身造成的冲击，衰减汽车行驶中的振动，保持行驶的平顺性；④与转向系配合，保证汽车操纵稳定性。

（3）行驶系统的类型

行驶系按其结构形式不同分为轮式、半履带式、全履带式和车轮履带式等几种。若行驶系中直接与路面接触的部分是车轮，则称为轮式行驶系；若行驶系中直接与路面接触的部分是履带，则称为履带式行驶系。

2. 车架的作用及类型

车架也称大梁。汽车的基体，一般由两根纵梁和几根横梁组成，经由悬挂装置、前桥、后桥支承在车轮上。具有足够的强度和刚度以承受汽车的载荷和从车轮传来的冲击。

（1）车架的作用

车架的作用是安装汽车的各总成和部件，并使它们保持正确的相对位置，并承受来自车上和地面的各种静、动载荷。

（2）车架的类型与构造

汽车车架按其结构形式可分为边梁式、中梁式、综合式和无梁式车架。

1）边梁式车架。如图 5.1.2 所示，边梁式车架由两根位于两边的纵梁和若干根横梁组成，用铆接法或者焊接法将纵梁与横梁连接成坚固的刚性构架。

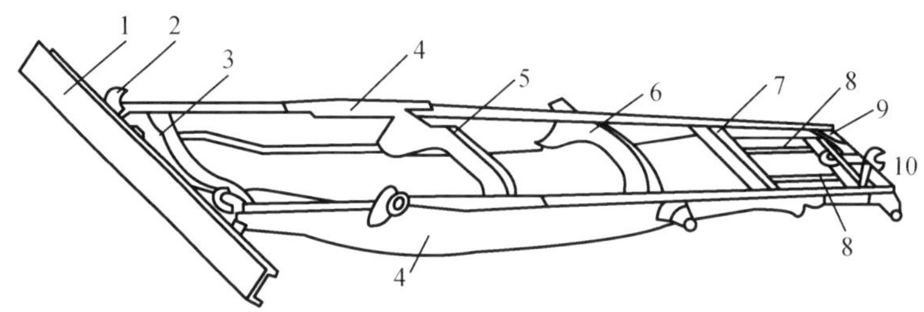

图 5.1.2　边梁式车架

1-保险杠；2-挂钩；3-前横梁；4-纵梁；5-第二横梁；6-第三横梁；7-第四横梁；8-备胎架；9-后横梁；10-拖钩

纵梁通常用低合金钢板冲压而成，断面形状一般为槽型，也有的做成 Z 形或箱形。根据汽车形式的不同和结构布置的要求，纵梁可以在水平面内或纵平面内做成弯曲的，以及等断面或非等断面的。

横梁不仅用来保证车架的扭转刚度和承受纵向载荷，而且还可以支撑汽车上的主要部件。采用边梁式车架有利于汽车的改装变形和发展多品种，因而广泛用在载货汽车、改装客车和特种车辆上。

2）中梁式车架。如图 5.1.3 所示，这种梁的特点是中部由一根大断面（圆形或矩形）的纵梁和副梁托架等组成。传动轴由中梁内孔通过。纵梁的前端做成叉形支架，用来安装发动机。主减速器壳固定在中梁的尾端，形成断开式驱动桥。

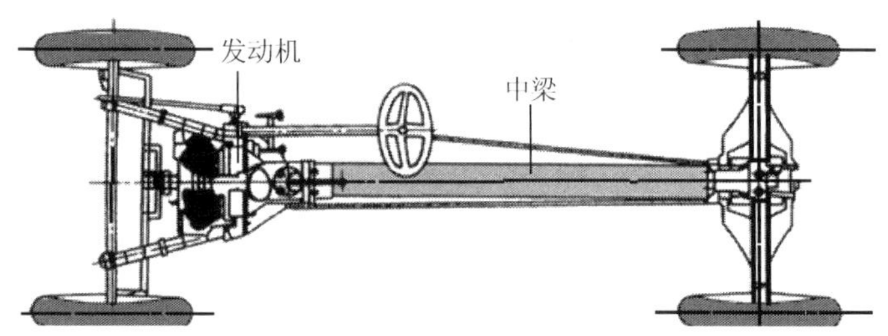

图 5.1.3　中梁式车架

这种车架质量轻、重心低、刚度和强度较大、行驶稳定性好，而且车轮运动空间足够大，前轮转向角大，便于采用独立悬架系统，适用于闭式传动轴。但这种车架制造工艺复杂，精度要求高，维护不便。另外，横梁是悬臂梁，弯矩大，易在根部处损坏。

3）综合式车架。综合式车架是综合边梁式车架和中梁式车架的结构特点形成的，如图 5.1.4 所示。纵梁前后段类似边梁式结构，用以安装发动机；中部采用中梁式结构，传动轴从中梁管内通过。

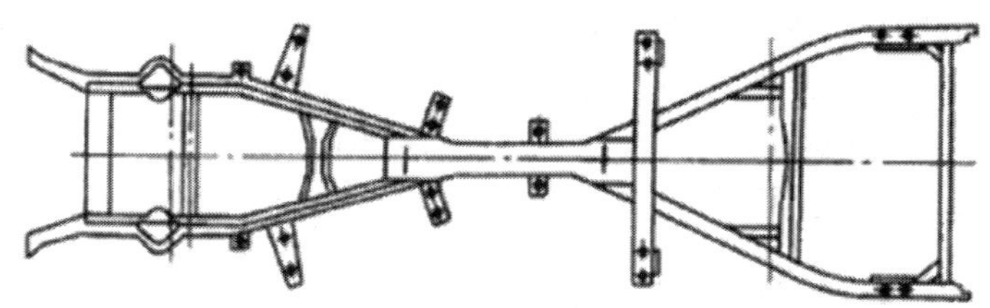

图 5.1.4　综合式车架

4）无梁式车架（承载式车身）。许多轿车和公共汽车没有单独的车架，而以车身代替车架，主要部件连接在车身称为承载式车身，如图 5.1.5 所示。这种结构的车身底板用纵梁和横梁进行加固，车身刚度较好，质量较轻，但制造要求高。

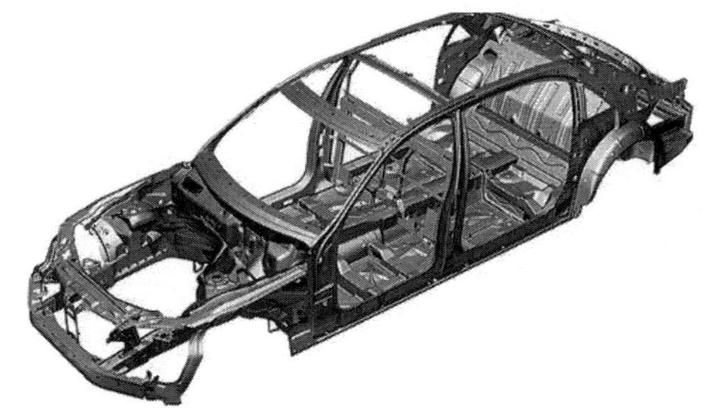

图 5.1.5　无梁式车架

3. 车桥的作用及结构形式

（1）车桥的作用

车桥通过悬架与车架（或承载式车身）相连，两端安装车轮，其功用是传递车架（或承载式车身）与车轮之间各方向作用力。

（2）车桥的结构形式

车桥的结构形式与悬架结构及传动系的布置形式有关。①按悬架结构不同，车桥分为整体式和断开式两种类型。整体式车桥的中部是刚性实心或空心梁，与非独立悬架配用；断开式车桥为活动关节式结构，与独立悬架配用。②按车桥上车轮的作用不同，车桥分为转向桥、驱动桥、转向驱动桥和支持桥 4 种类型。其中转向桥和支持桥都属于从动桥。

（3）转向桥

在后轮驱动的汽车中，前桥不仅用于承载，而且兼起转向作用，称为转向桥；后桥不仅用于承载，而且兼起驱动的作用，称为驱动桥。越野汽车和前轮驱动汽车的前桥，除了承载和转向的作用外，还兼起驱动作用，所以称为转向驱动桥。只起支承作用的车桥称为支持桥。支持桥除不能转向外，其他功能和结构与转向桥相同。

转向桥能使装在前端的左右车轮偏转一定的角度来实现转向，还能承受垂直载荷和由道路、制动等力产生的纵向力和侧向力及这些力所形成的力矩。因此，转向桥必须有足够的强度和刚度；车轮转向过程中相对运动部件之间摩擦力应该尽可能小；并且保证汽车转向轻便和方向的稳定性。

转向桥主要由前轴、转向节、主销和轮毂等部分组成，如图 5.1.6 所示。

1）前轴。前轴是转向桥的主体，其断面形状一般采用工字形或管状，用以提高前轴的抗弯强度，同时减轻自重。为提高抗扭强度，前轴两端加粗并呈拳形，主销插入拳形通孔内，将前轴与转向节连接。在主销孔内侧装有楔形锁销，用以固定主销。前轮可随转向节绕主销偏转，从而实现汽车转向。

2）转向节。转向节是用中碳合金钢锻造而成的叉形部件。

3）主销。主销的作用是铰接前轴与转向节，使转向节绕着主销摆动，以实现车轮转向。

4）轮毂。轮毂用以安装车轮，轮毂通过两个轮毂轴承安装在转向节外端的轴颈上，轴承的预紧度可用调整螺母进行调整。

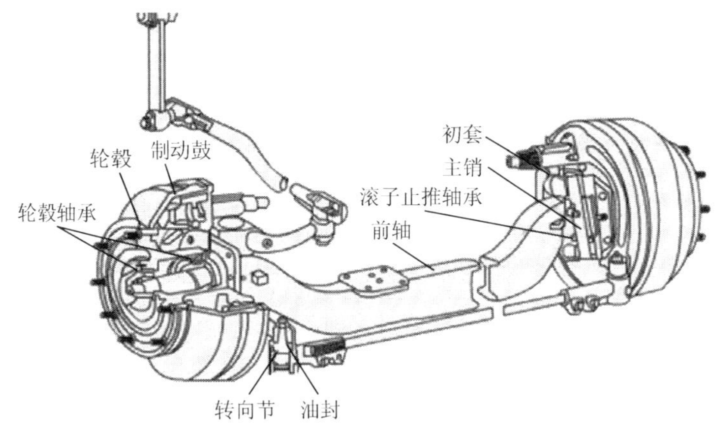

图 5.1.6　东风 EQ1092 型汽车转向桥结构图

5）转向驱动桥。图 5.1.7 所示为整体式转向驱动桥。转向驱动桥有一般驱动桥具有的主减速器、差速器和半轴等，也具有一般转向桥所具有的转向节和主销等。为了满足既能转向又能驱动的需要，所以与车轮相连的半轴必须分成两段：与差速器相连的内半轴和与轮毂相连的外半轴，两者之间用等速万向节连接。另外，主销也同样分制成上下两段，固定在万向节的球形支座上，转向节轴制成中空，以便外半轴从中穿过。该结构广泛应用于全轮驱动的越野汽车上和部分轿车上，既满足了转向的需要，又实现了转向节的传递转矩功能。

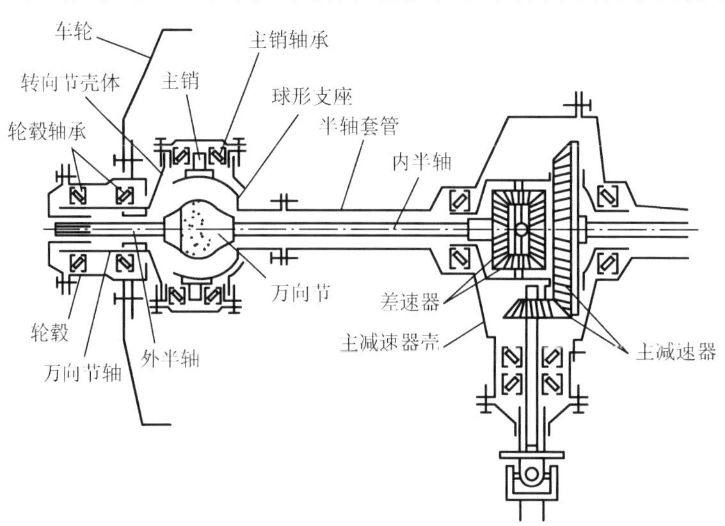

图 5.1.7　整体式转向驱动桥结构示意图

图 5.1.8 所示为桑塔纳轿车的前桥总成，采用断开式独立悬架转向驱动桥。车桥上端通过左、右悬架与承载式车身相连，下端通过左、右下摇臂与固定在车身上的副车架相连。悬架车轮轴承壳与下摇臂之间通过可移动球形接头连接，从而使前轮固定；并通过下摇臂上的长孔可调整车轮外倾角度。为了减小车辆转弯时的倾斜度，在副车架与下摇臂之间装有横向稳定杆。

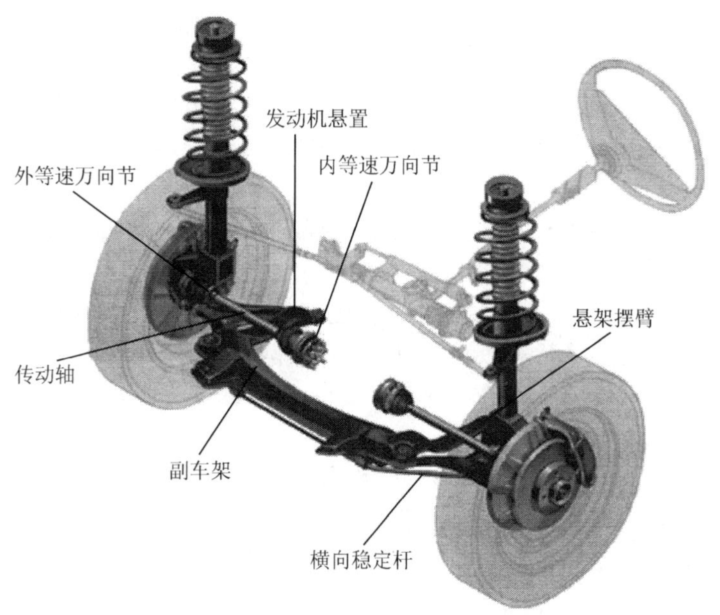

图 5.1.8　上海桑塔纳轿车的前桥总成

任务5.2 汽车车架与车桥的检修

◎ 任务目标

1. 了解汽车车架与前轴的损伤与变形形式。
2. 掌握汽车车架与前轴的检修方法。

工作场景：理实一体化教室。

设备器材：桑塔纳轿车车架与车桥、常用工具一套、锤子、桑塔纳轿车专用工具、扭力扳手和抹布等。

技术要求：一般纵梁平面直线度允许误差为 1000mm，长度不大于 3mm。

注意事项：①操作前明确操作方法，做到按计划进行，不盲目操作；②在检修作业之前，测量仪器精度达到要求。

1. 了解车架的损伤形式及其影响

由于结构和使用方面的原因，车架往往会出现变形、裂纹和锈蚀等失效形式。

车架承受各总成的质量和自身质量，容易在车架最大弯曲应力处产生弯曲变形；汽车在不平道路上行驶时，某一个车轮被抬起或下陷，与其他车轮不在同一平面上，从而使车架连带车身一起歪斜，引起车架的扭转变形。车架变形会使汽车各总成之间的相互位置发生变化，还将引起轮胎不正常磨损，操纵稳定性变差，制动效能变坏和油耗增加。

汽车行驶过程中，由于路面不平产生的附加动载荷作用，使车架纵梁、横梁及他们的连接处，常常因弯曲应力和应力集中而引发疲劳裂纹或断裂。车架在使用过程中若发生断裂，后果十分严重。

恶劣的工作环境往往使汽车车架锈蚀，这会在很大程度上降低车架的疲劳强度，引起早期失效。还有路面不平产生的冲击振动使螺栓、铆钉等联接件松动等。

如果车架出现上述变形、断裂、锈蚀和铆接松动等现象，就会破坏各总成的正确安装位置，不仅降低汽车的使用寿命，还会影响汽车正常行驶。

2. 车架的检修

车架通常在汽车大修时进行总成修理，修理前应清除锈层，然后从外观上寻找车架是否产生严重的弯曲和扭转变形，是否有开裂、脱焊、锈蚀及铆接松动现象。对肉眼不易直接看到的裂纹，可用水将车架清洗干净后再涂上滑石粉，用锤子敲打查出裂纹。

轿车车架检修的先进设备已经与车身的整形合并，兼容车架和车身的两种检修功能，由电脑控制。但国内多数企业仍采用对角线法及常规的拉、压器具检修车架，按照检验、校正、重铆及断裂修理的基本顺序进行。这里以边梁式车架为例介绍车架的检修。

（1）车架变形的检修

车架若产生较大的弯曲和扭斜变形，用肉眼可以看出；变形较小时，常采用专用的地盘校正器检查或拉线法配以90° 角尺、钢直尺等量具来检验。

1）车架扭斜的检修。车架扭斜通常通过测量对角线法加以判别，如图5.2.1所示。

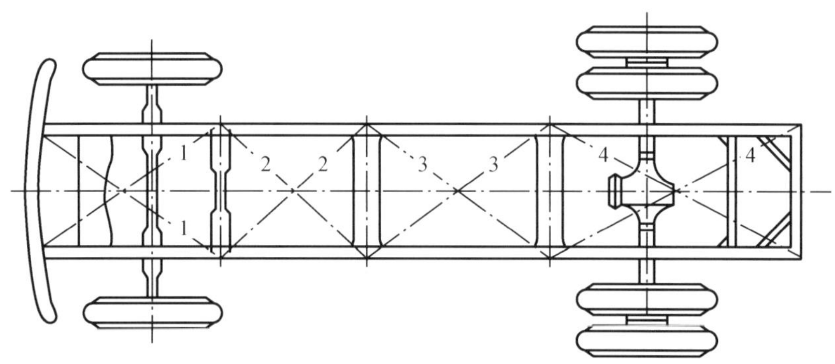

图5.2.1　车架扭斜的检查

选择车架上平面较大的平整部位作为基准平面，在钢板弹簧固定支架销承孔轴线与车架侧面左右等距离的对称点，引出四个在基准面上的投影点，测出四点间对角线的长度差即可。车架各段对角线 1—1、2—2、3—3、4—4 的长度差允许不超过 5mm。

2）车架弯曲的检修。一般纵梁平面直线度允许误差为 1000mm 长度上不大于 3mm。经过检测，若发现车架各项形位误差超过允许值，则应进行校正。当车架总成情况良好，只是局部产生不大的变形时，可用移动式液压机或专用工具进行冷校。若冷校不能修复时，可局部加热，但温度不宜超过 700℃，校正后要缓慢冷却。对变形较大的，可采用局部加热法校正。如果变形较严重，可拆散校正后重新焊接或铆合，或做报废处理。

小贴士

近年来，轿车的车体校正装置可以在不解体的情况下，通过测量车体上规定点的三维坐标值与标准值进行比较，找出车体的变形，然后用附带的拉、压装置进行校正。

（2）车架裂纹的焊修

车架出现裂纹时，应根据裂纹的长短及所在部位的不同，采用不同的方法进行修复。

1）短裂纹的焊修。裂纹较短且受力不大的部位，可直接进行焊接修复。焊前应在裂纹的两端钻止裂孔，并沿裂缝开 V 形坡口。

2）长裂纹的焊修。若裂纹较长但未扩展到整个端面，且在受力不大的部位，应先将裂纹按技术要求焊好并修平，然后再用三角形覆板进行加强，如图 5.2.2 所示。也可以按椭圆形、三角形、菱形或矩形将车架纵梁裂纹部位切除，并按照相通的形状和尺寸制成覆板，嵌入切除部位，用焊条电弧焊将正反面焊牢。

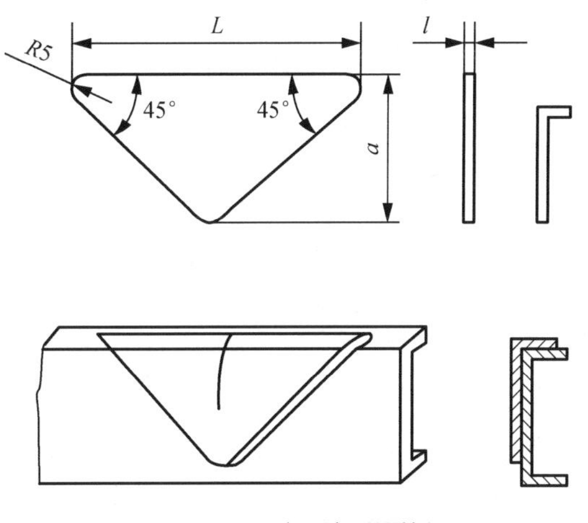

图 5.2.2　三角形加强覆板

当裂纹已扩展到整个断面，或虽未达到整个断面但在受力较大的部位时，应先对裂纹进行焊接，然后用三角形或槽形覆板对纵梁翼面及覆面同时进行加强（覆板两端应做成逐渐减小的斜角形），如图 5.2.3 所示。

焊修时应注意：①选用碱性的低氢焊条；②采用大电流的直流电源；③采用多层多道焊，以获得很好的效果，同时用锤击减少应力；④可适当降低焊速，以防止产生淬硬组织，配合大电流又可提高生产效率；⑤在环境温度低于 0℃条件下，焊接接头周围应预热至 100℃。

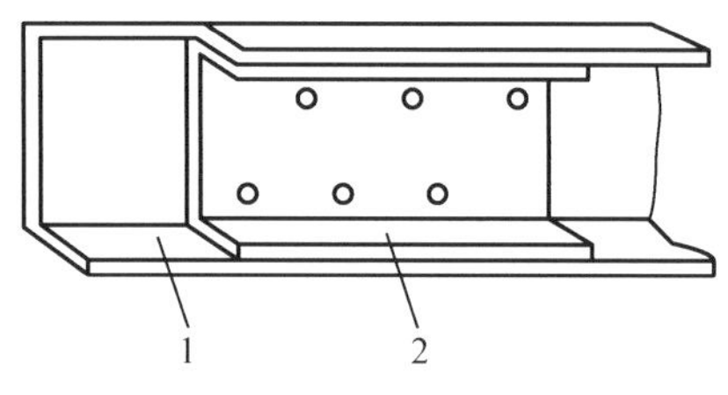

图 5.2.3　槽形覆板

1-纵梁；2-加强覆板

（3）车架的重铆

车架的铆钉是否松动，可用锤子锤击车架纵、横梁连接铆钉进行敲击检查，听响声来判断。如有松动、错头、歪斜、钉头龟裂或锈蚀严重的铆钉均应去掉，重新铆接；否则，将影响车架的刚度和弹性。车架修理时应拆掉松动的铆钉，重铆新铆钉。

车架铆接可采用冷铆和热铆。冷铆铆接质量高，但需要施加较大的铆合力；热铆是先将铆钉加热到樱红色（1000～1100℃），然后利用铆枪或手偶那个锤击铆合，其铆合力较小，应用较多。拆旧铆钉时，一般用稍小于铆钉孔径的钻头钻除或铲除旧铆钉，不可用气焊枪切割，以免扩大铆钉孔。如果铆钉孔尺寸变大、失圆变形，应进行扩孔，并选配加大直径的铆钉。一般孔径应比铆钉直径大 1mm，铆钉尾部露出长度为直径的 1.5～1.7 倍。具体要求如下：

1）直接将旧铆钉孔的直径扩大 0.5～1mm，更换加大的新铆钉。

2）铆钉长度：

$$L=1.1\sum\delta+1.4d$$

式中：L ——铆钉的长度；

$\sum\delta$ ——板料总厚度；

d ——铆钉的直径。

3）铆接质量：铆接头的飞边不 3mm；铆接头与板料缝隙不大于 0.10mm；钢板弹簧座、拖车钩支座等铆成后，允许与板料局部有缝隙，但不得大于 0.3mm。

3. 前轴的检修

前轴的耗损包括主销孔、钢板弹簧座与定位孔的磨损，前轴变形与裂纹。

（1）前轴磨损检修

前轴磨损的检修主要是对钢板弹簧座和主销承孔的检修。若钢板弹簧座平面磨损大于 2mm，定位孔磨损大于 1mm，则堆焊后加工修复或更换新件。主销承孔磨损后，其承孔与主销的配合间隙：轿车不大于 0.10mm，货车不大于 0.20mm；磨损超过极限后，可采用镶套法修复或更换新件。

（2）前轴变形的检修

大型的检验校正设备是光把式液压检验校正机。检验时，把光筒固定在前轴主销孔内，先把前轴固定在校正机上，再校正好光筒的安装角度。此时，光影投射到光把上，以光影对于光把的位置度误差判断前轴的变形量。校正机上有相当于公共平面和辅助平面的定位要素，由液压夹把前轴夹紧，校正由另外的液压机械手完成。这种设备把检验与校正并为一个工序进行，生产效率高，校正质量好，缺点是投资大。小型企业多用角尺检验法检验前轴变形，如图 5.2.4 所示。

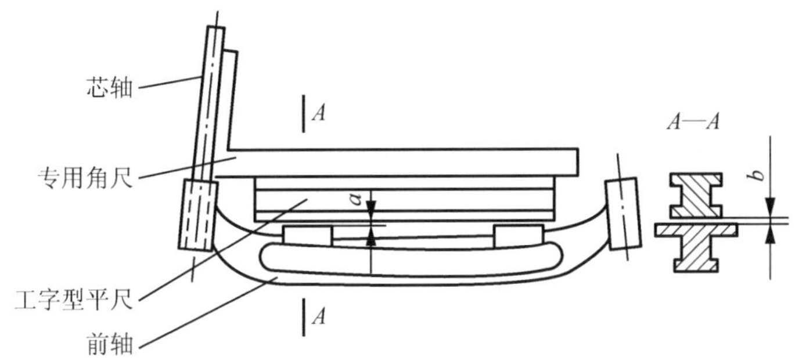

图 5.2.4　角尺检验法

前轴变形校正必须在钢板弹簧座和定位孔、主销孔磨损修复后进行，以便减少检验、校正的积累误差，提高生产效率。采用冷压校正法为佳，但冷压校正一次将使前轴疲劳强度降低 10%左右，除合力选择冷压校正工艺参数外，前轴的冷压校正次数不宜超过 3 次。另外，现代汽车前轴已不允许在自由锻造加热炉中局部加热后锤击校正，这种校正工艺会把前轴由调质状态改变成正火状态，使前轴的强度大大降低。

一、判断题

1．车架的功用是安装汽车总成或部件。（　　）
2．转向驱动桥也是变速驱动桥。（　　）
3．一般载货汽车的前桥是转向桥，后桥是驱动桥。（　　）
4．后桥壳必须密封，以避免漏油、漏气。（　　）
5．汽车在行驶过程中，其前后轮的垂直载荷是随车速的变化而变化的。（　　）
6．综合式车架由两根位于两边的纵梁和若干根横梁组成。（　　）
7．载货汽车一般用边梁式车架。（　　）
8．车桥通过悬架与车架相连接，其两端安装车轮。（　　）

二、单选题

1．汽车直线行驶时，对转向系的一个很重要的要求是（　　）。

A．转向盘摆动　　B．驾驶员随时修正方向
C．车轮能自动回正

2．采用断开式车桥，发动机总成的位置可以降低和前移，使汽车重心下降，提高了汽车行驶的（　　）。

A．动力性　　B．通过性　　C．平顺性

三、多选题

1．车桥根据悬架结构不同分为（　　）。

A．转向桥　　B．支持桥　　C．前桥　　D．后桥

2．车架的作用是（　　）。

A．汽车的安装基础，发动机、变速器、传动和操纵机构、车身等总成和部件都安装在车架上

B．改变转矩的传递方向

C．防止传动系过载

D．除承受静载荷外，还要承受汽车行驶时各种总成传来的力和力矩

3．转向桥主要由（　　）等部件组成。

A．前轴　　B．转向节和主销　　C．转向车轮　　D．轮

4．驱动桥的功用是（　　）。

A．将万向传动装置传来的动力传给驱动轮，并实现降速增矩

B．改变转矩的传递方向

C．使左右驱动车轮以不同的转速旋转

D．减少振动，缓和冲击，保证汽车平顺行驶

项目6 四轮定位检测与调整

◎ 项目情境

一辆桑塔纳2000GSi型轿车，高速行驶时车辆会自动的向一侧跑偏，直线行驶稳定性差，方向不易把控。检查车轮时，发现车轮花纹有偏磨损，基本判断故障可能存在于车轮定位问题。请你对四轮定位进行检测与维修。

◎ 项目目标

- 理解四轮定位参数。
- 能正确使用四轮定位设备对车辆进行四轮定位检测。
- 能够查阅各车型维修手册，并能正确判断汽车四轮定位参数。

任务6.1 认识汽车四轮定位

◎ 任务目标

1. 理解四轮定位主销后倾（角）、主销内倾（角）、前轮外倾（角）和前轮前束等参数定义。

2. 了解汽车前轮定位的作用。

汽车车速不断提高，急加速、急减速、急转向、急制动等动作的出现，汽车后轮在行驶过程中受到的冲击和汽车的载荷，这些都将影响到汽车后轮的运行轨迹。为了保证汽车直线行驶的稳定性、转向的轻便、转向轮回正性能良好，以及减少轮胎和机件的磨损、增加汽车行驶的安全性，汽车四轮定位的技术参数逐步受到驾驶员的重视，同时也为汽车自动驾驶技术的发展提供了有利的条件。

1. 汽车四轮定位的概念

汽车四轮定位汽车的转向车轮、转向节和前轴三者之间的安装具有一定的相对位置，这种具有一定相对位置的安装叫做转向车轮定位，也称前轮定位。前轮定位包括主销后倾（角）、主销内倾（角）、前轮外倾（角）和前轮前束四个内容。这是对两个转向前轮而言，对两个后轮来说也同样存在与后轴之间安装的相对位置，称后轮定位。后轮定位包括车轮外倾（角）和逐个后轮前束。这样前轮定位和后轮定位总起来说叫四轮定位。

2. 前轮定位作用

转向轮、转向节和前轴或下摆臂三者之间装配要具有一定的相对位置，这种具有一定相对位置的装配关系叫做前轮定位。

前轮定位的作用有以下几项：

1）保证汽车直线行驶的稳定性。在水平面上驾驶员双手离开转向盘后，汽车仍能直线向前行驶。遇到小坑，小包以及拱形路面时能保持直线行驶。在承载后车轮能垂直于路面，能扼制转向轮的摆振。在高速行驶中没有转向发飘现象。

2）在外力使车轮偏转或驾驶员转向后，能保证转向盘自动回正。

3）使转向轻便。

4）减少转向轮和转向机构的磨损，最大限度地延长轮胎的使用寿命。

3. 前轮定位参数

（1）主销后倾角

在汽车纵向垂直平面内主销轴线与通过前轮中心垂线的夹角叫主销或倾角如图 6.1.1 所示。向垂线后面倾斜的角度称为正后倾角，向前倾斜的角度称为负后倾角。

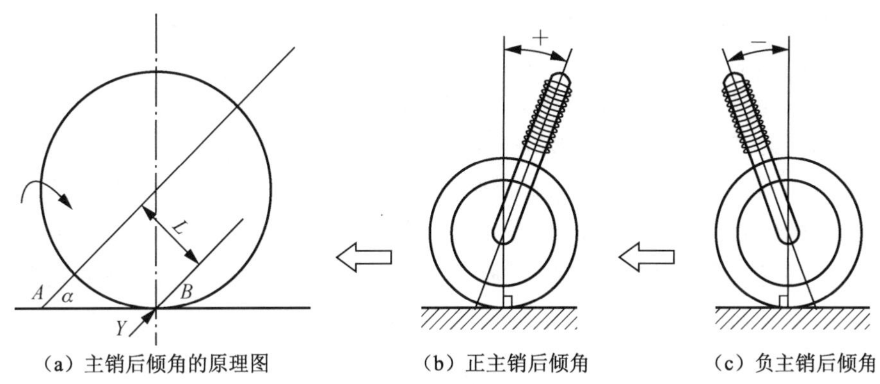

图 6.1.1　主销后倾角

主销后倾角的作用：

1）保证汽车直线行驶的稳定性。按照国内传统的汽车理论，主销后倾角越大，行驶中产生的离心力就大，防止车轮发生偏转的反向推力就越大，所以主销后倾角越大，汽车直线行驶的稳定性就越好。但是主销后倾角越大，汽车转向时所有克服的反向推力就越大，转向就越重，所以主销后倾角不能超过 3°。

2）适当加大主销后倾角是帮助车轮回正的有效方法。转向轮发生偏转时，主销后倾角帮助转向轮自动回正到中间位置。

（2）主销内倾角

在汽车横向平面内主销轴线与铅垂线的夹角即为主销内倾角，如图 6.1.2 所示。

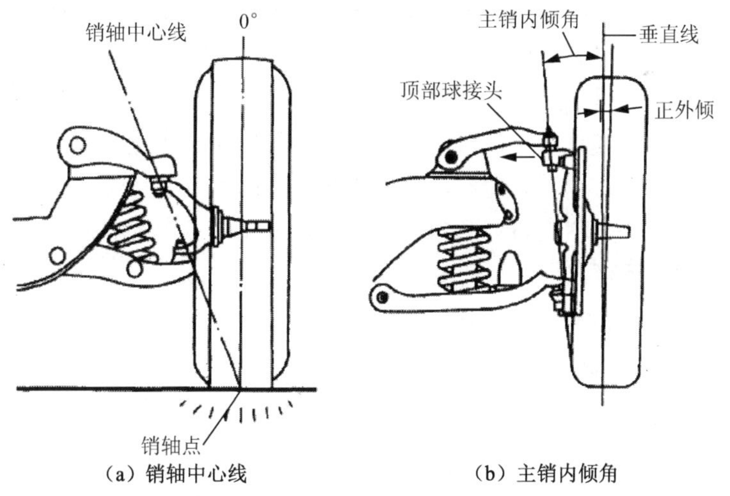

图 6.1.2　主销内倾角

主销内倾角有以下两个作用：

1）帮助转向轮自动回正。前轮是围绕着主销旋转的，而主销是向内倾斜的。

主销内倾使转向节距地面高度降低，距地面更近，重力作用使车辆高度被降低，转向轮在转向时沿着倾斜的主销作弧线运动，就和门围绕歪斜的门轴做弧线运动一样，随着转向角和主销内侧倾角加大，轮胎外侧逐步加大对路面的压力。汽车在松软的路面上转向时，主销内倾角越大，转向角越大，转向轮外侧就压入地下越多，在松软的路面上转弯时前轮的外侧部分陷入地下才可能实现转向。汽车在柏油、水泥路面上行驶时，地面比轮胎更为坚硬，轮胎不可能陷入地下。于是在地面反作用力下，转向轮连同它所承载的汽车前部都要抬起一个相应的高度，才能使它实现转向。

2）使转向轻便。由于前轴重心在主销的轴线上，主销内倾角使主销轴线延长线与路面的交点，和车轮中心地面的交点距离减小，力臂的减小使转向变轻了。主销轴线的延长线距车轮的中心线过近容易使转向发飘。所以传统的后轮驱动汽车主销轴线的延长线大都设计在距车轮中心线 40～60mm 处。而 20 世纪 70 年代以后开发的前轮驱动汽车由于技术上改进，主销内倾角越大，行驶稳定性也很好。

（3）前轮前束

前轮前束是从汽车正上方向下看，由轮胎的中心与汽车的纵向线之间的夹角为前束角，如图 6.1.3 所示。

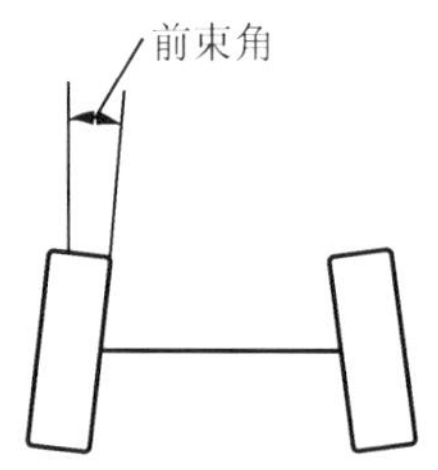

图 6.1.3　前束角

前束的作用是消除由于外倾角所产生的轮胎侧滑。

当正前束太大时，轮胎外侧磨损会有正外倾角太大所形成的磨损状态，胎纹磨损形式为羽毛状。当用手从内侧向外侧抚摸，胎纹外缘有锐利的刺手感觉。当负前束太大时，轮胎内侧会有负外倾角太大所形成的磨损形态，胎纹磨损形式为羽毛状。当用手从外侧向内侧抚摸，胎纹外缘有锐利的刺手感觉。

（4）前轮外倾角

从汽车的前方看轮胎的几何中心线与地面的铅垂线的夹角，称为外倾角。轮胎的上缘偏向内侧（靠近发动机）或偏向外侧（偏离发动机），如图 6.1.4 所示。

当轮胎中心线与铅垂线重合时，称为零外倾角，其作用是防止轮胎不均匀的磨损。当轮胎中心线在铅垂线外侧时的夹角称为正外倾角，其作用主要是减低作用于转向节上的负载、防止车轮滑落、防止由于载荷而产生不需要的外倾角及减小转向操纵力。当轮胎中心线在铅垂线内侧时的夹角称为负外倾角，其作用是可使内外侧滚动半径近似相等，使轮胎的内外侧磨损均匀，还可以提高车身的横向稳定性。

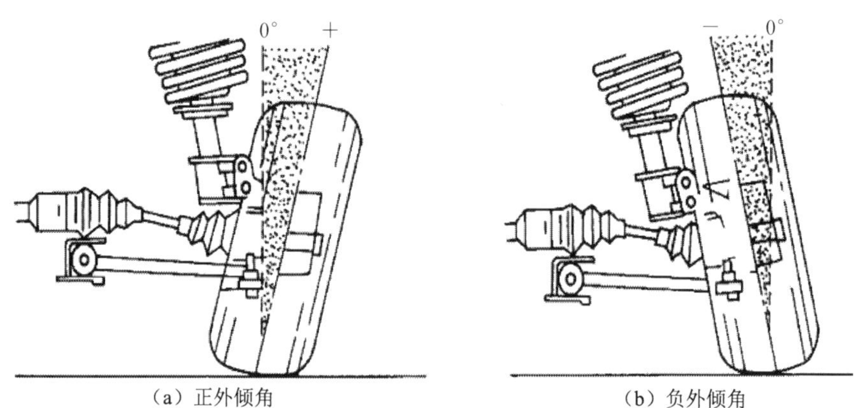

图 6.1.4　前轮外倾角

任务6.2 汽车四轮定位检测与调整

◎ 任务目标

1. 会对汽车四轮定位参数进行检测。
2. 会判断汽车四轮定位参数的检测结果。

工作场景：理实一体化教室。

设备器材：宝来轿车、举升机、百斯巴特电脑四轮定位仪。

技术要求：①电脑四轮定位仪属于精密仪器，要求有专人管理使用；②本机器使用交流 210～230V，50Hz 电源。电压过低或过高，可能造成机器不稳定甚至毁，最好使用稳压器或 UPS。

注意事项：①传感器放置，每月须充放电 1 次，对电池进行激活，否则影响电池容量，缩短电池使用寿命；②建议传感器充满电（拔掉充电线）30min 再进行测量工作，以保证测量稳定；③传感器蓄电池充满电后，如放电时间低于 2.5h 应立即更换；④内置精密传感元件，切勿震动及撞击、滑落，避免由此而造成传感元件的损坏。

四轮定位仪是专门用来测量车轮定位参数的设备。四轮定位仪可检测的项目包括：前轮前束值/角（前轮前束角/前张角）、前轮外倾角、主销后倾角、主销内倾、后轮前束值/角（后轮前束角/前张角）、后轮外倾角、车辆轮距、车辆轴距、转向 20° 时的前张角、推力角和左右轴距差等。下面就以百斯巴特电脑四轮定位仪为例说明检测步骤，现场布置环境如图 6.2.1 所示。

图 6.2.1　四轮定位检测环境布置

1. 检查前的准备——车辆的检查

01 按照举升机操作规范，使用举升机主机举升车辆至合适高度，如图 6.2.2 所示。

02 检查车辆的外观与高度，如图 6.2.3 所示。

图 6.2.2　举升机举升车辆

图 6.2.3　检查车辆的外观与高度

03 使用钢直尺测量车后轮中心的离地间隙，如图 6.2.4 所示。

04 使用钢直尺测量悬架 1 号下臂衬套固定螺栓中心的离地间隙，如图 6.2.5 所示。

图 6.2.4　测量车后轮中心的离地间隙

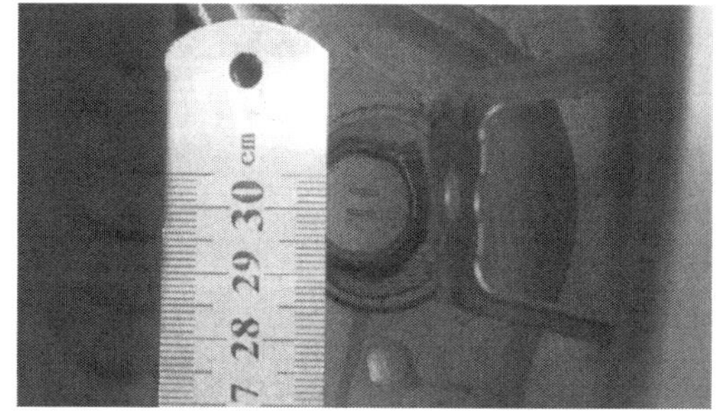

图 6.2.5　测量固定螺栓中心的离地间隙

05 使用钢直尺测量前轮中心的离地间隙，如图 6.2.6 所示。

06 使用钢直尺测量后牵引臂衬套固定螺栓中心的离地间隙，如图 6.2.7 所示。

图 6.2.6　测量车前轮中心的离地间隙

图 6.2.7　后牵引臂衬套固定螺栓中心的离地间隙

07 依次检查轮胎外观是否完好、气压是否正常，如图 6.2.8 所示。

08 检查转向盘自由行程是否小于 100mm，如图 6.2.9 所示。

图 6.2.8　检查轮胎外观

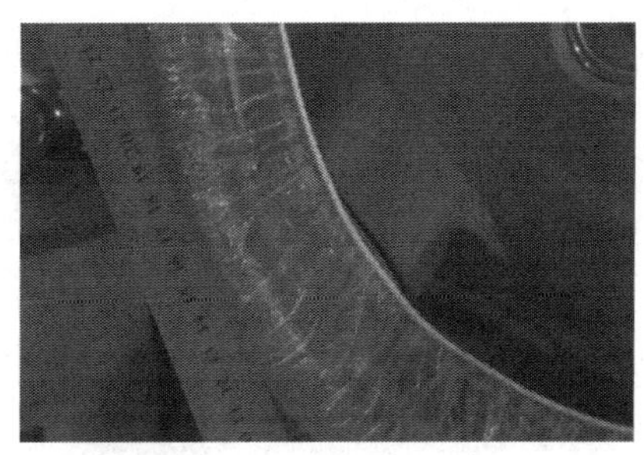

图 6.2.9　检查转向盘自由行程

2. 检查前的准备——车轮摆动检查

（1）举升车辆

01 将车辆前轮正确停放在转角盘中间位置。

02 把垫块放置在举升机的规定位置，如图 6.2.10 所示。

03 按下举升机上升按钮举升车辆至车轮离开转角盘 20cm 左右，如图 6.2.11 所示。

图 6.2.10　垫块放置在举升机的规定位置

图 6.2.11　垫块放置在举升机的规定位置

（2）检查轮胎与轮辋的跳动度

01 按照维修手册规定，选用百分表、磁性表座，如图 6.2.12 所示。

02 组装百分表，如图 6.2.13 所示。

图 6.2.12　垫块放置在举升机的规定位置

图 6.2.13　垫块放置在举升机的规定位置

03 安装磁性表座，将百分表测量轴抵靠在轮辋外缘处，并使其有约 2mm 的压缩量，如图 6.2.14 所示。

04 旋转轮胎一圈，读取端面跳动度。轮胎端面跳动标准：1.4mm 或更小，如图 6.2.15 所示。

图 6.2.14　百分表测量轴抵靠在轮辋外缘处

图 6.2.15　读取端面跳动度

05 安装磁性表座，将百分表测量轴抵靠在胎冠中心，并使其有约为 3mm 的压缩量，如图 6.2.16 所示。

06 轮辋的径向跳动标准：0.75mm 或更小，如图 6.2.17 所示。

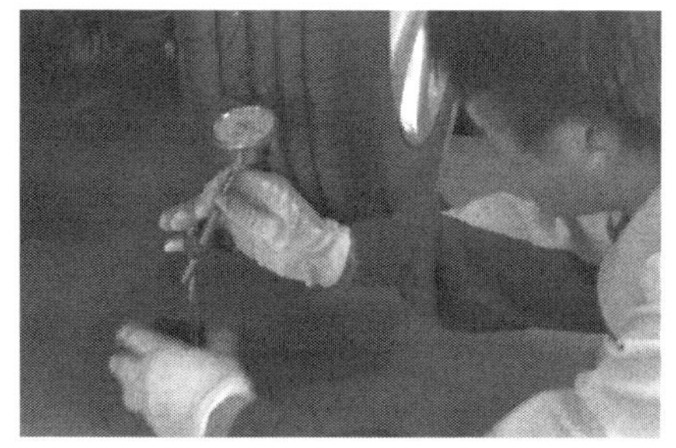

图 6.2.16　安装磁性表座

图 6.2.17　查看轮辋的径向跳动的值

小贴士

检查百分表吸盘是否存在吸力，以免测量时至百分表移动。

3. 检查前的准备——底盘连接件的检查

01 按下“上升”键，将举升机主机升至合适高度位置并锁上安全锁，如图 6.2.18 所示。

02 检查横拉杆球头是否松动，横拉杆有无弯曲、损坏和松旷，如图 6.2.19 所示。

图 6.2.18　调整适合高度锁上安全锁

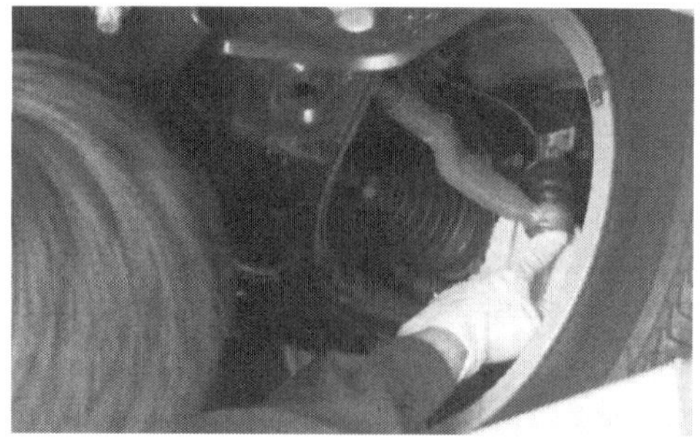

图 6.2.19　检查横拉杆球头

03 检查转向节是否松旷和损坏，如图 6.2.20 所示。

04 检查转向节与减震器的固定螺栓是否牢固，如图 6.2.21 所示。

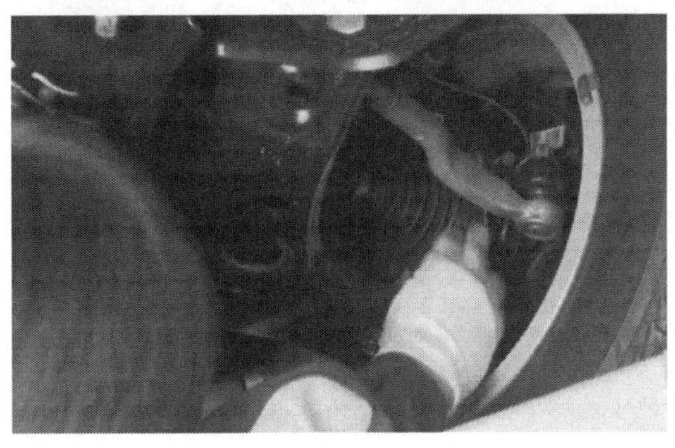

图 6.2.20　检查转向节

图 6.2.21　检查转向节与减震器的固定螺栓

05 检查滑杆上部是否损坏和松旷，如图 6.2.22 所示。

06 检查前稳定杆有无变形或松旷，如图 6.2.23 所示。

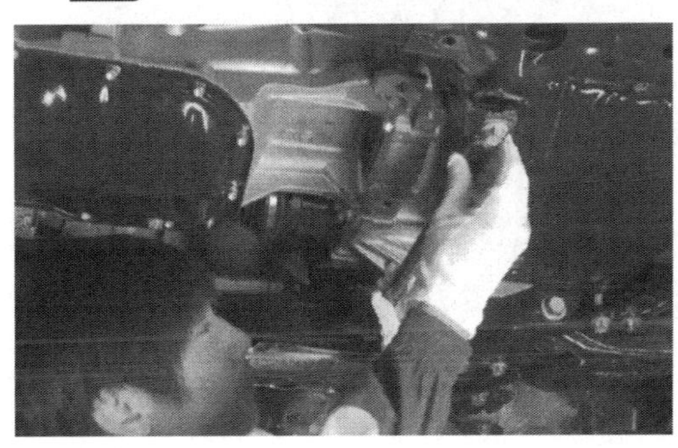

图 6.2.22　检查滑杆上部

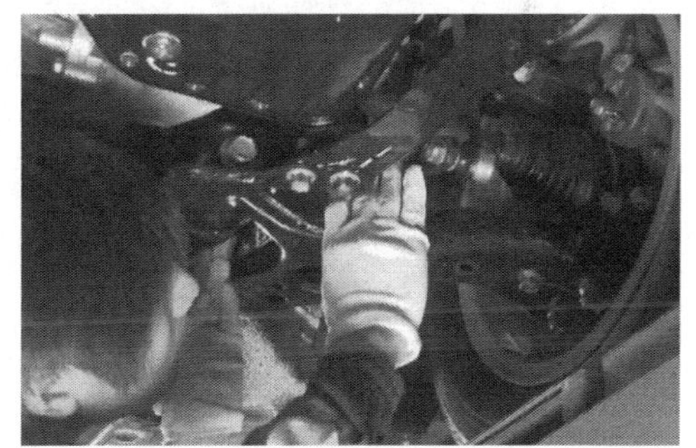

图 6.2.23　检查前稳定杆

07 检查稳定杆连杆有无弯曲或损坏，如图 6.2.24 所示。

08 检查下悬架臂是否损坏，如图 6.2.25 所示。

图 6.2.24　检查稳定杆连杆

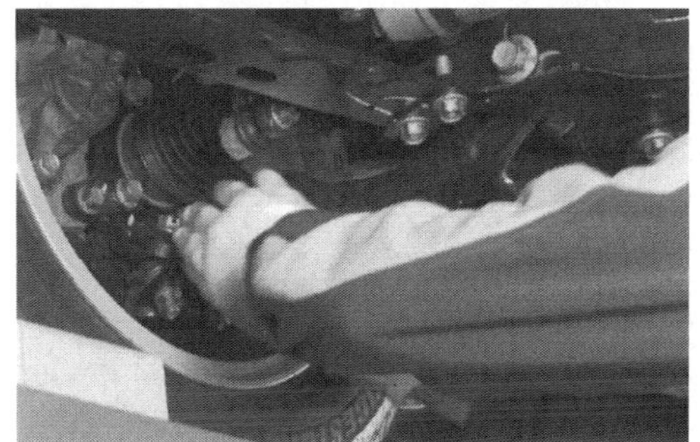

图 6.2.25　检查下悬架臂

09 检查后梁支架有无弯曲或损坏，如图 6.2.26 所示。

10 检查后悬架壁是否变形、损坏，如图 6.2.27 所示。

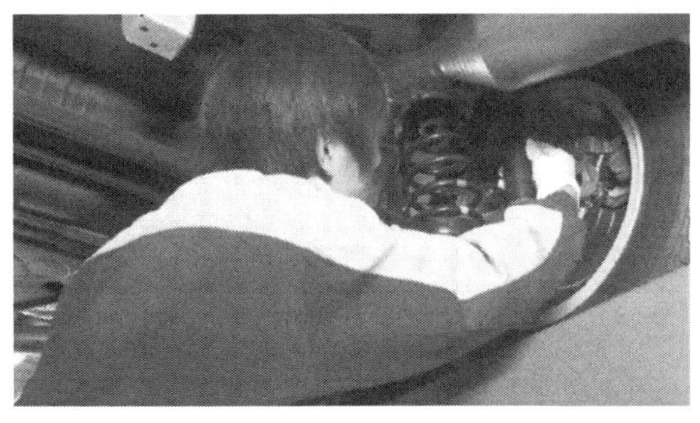

图 6.2.26　检查后梁支架

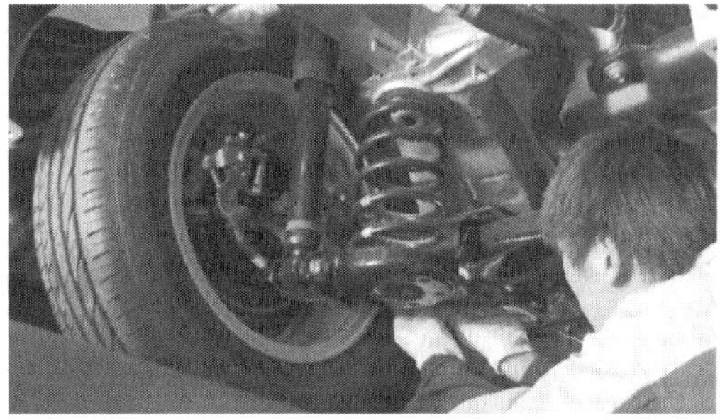

图 6.2.27　检查后悬架壁

11 检查托臂后桥是否变形、损坏，如图 6.2.28 所示。

图 6.2.28　检查托臂后桥

4. 四轮定位仪操作

（1）四轮定位仪操作电脑页面的设置

01 启动电脑，进入定位系统界面，如图 6.2.29 所示。

02 建立车辆信息档案，如图 6.2.30 所示。

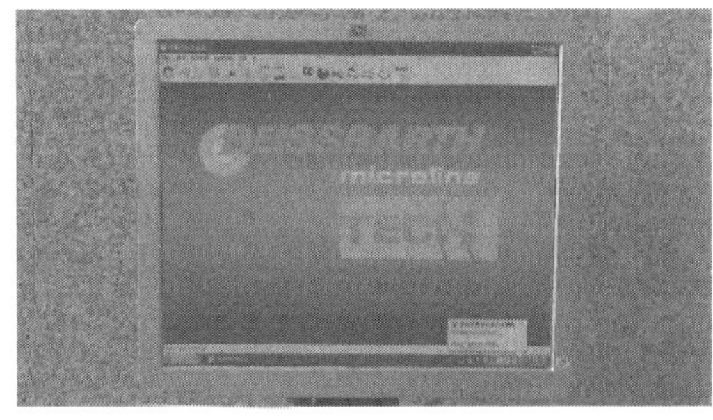

图 6.2.29　启动电脑

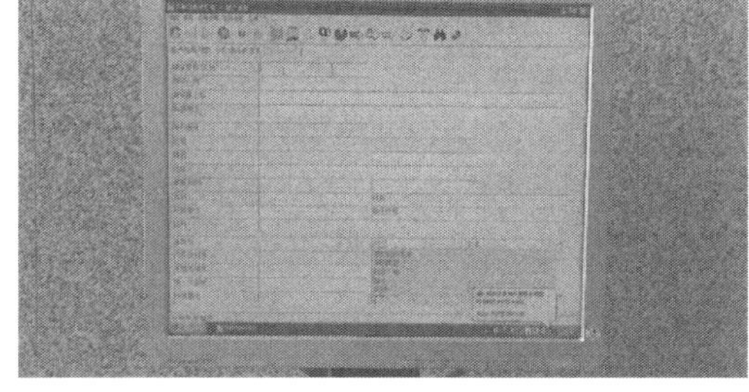

图 6.2.30　建立信息档案

03 选择车型数据，如图 6.2.31 所示。

04 输入车辆状况，如图 6.2.32 所示。

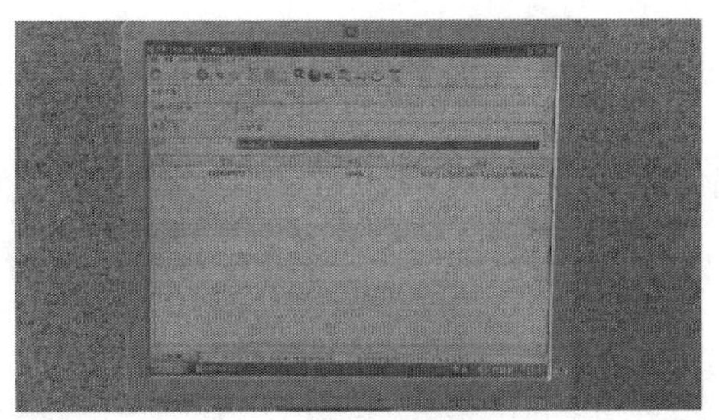

图 6.2.31　选择车型

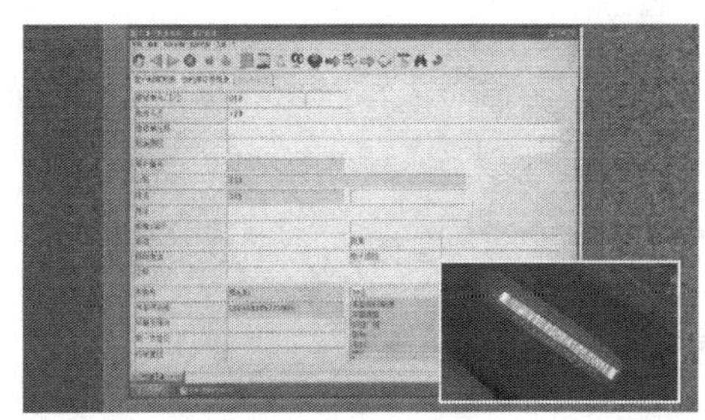

图 6.2.32　输入车辆状况

05 将举升机下降至最低锁止位置，如图 6.2.33 所示。

图 6.2.33　举升机下降

（2）安装四轮定位仪夹具、传感器和连接电缆

01 先按上升按钮，举升机解锁后按下下降按钮，将举升机下降至最低锁止位置，如图 6.2.34 所示。

02 在定位仪界面点击“下一步”操作，进入夹具安装界面，如图 6.2.35 所示。

图 6.2.34　举升机下降至最低锁止位置

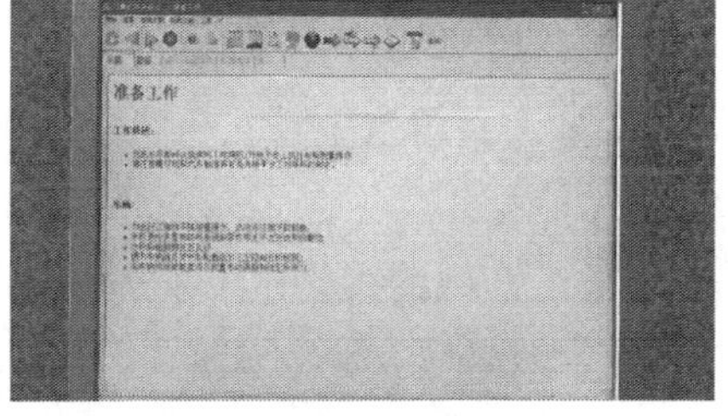

图 6.2.35　进入夹具安装界面

03 依次正确安装车轮卡具，如图 6.2.36 所示。

04 检查四轮卡具安装是否正常，如图 6.2.37 所示。

图 6.2.36　安装车轮卡具

图 6.2.37　检查四轮卡具安装

05 依次取下四个车轮夹具的加力杆，如图 6.2.38 所示。

06 水平取出传感器，如图 6.2.39 所示。

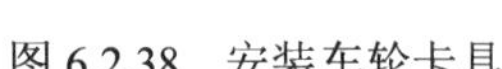
图 6.2.38 安装车轮卡具

图 6.2.39 取出传感器

07 将传感器安装头水平对正夹具中心槽孔，水平插入，按照此操作方法依次安装四个传感器，如图 6.2.40 所示。

08 调水平，使水平气泡至中央处并锁紧，如图 6.2.41 所示。

图 6.2.40 安装传感器

图 6.2.41 调水平

09 连接传感器电缆，如图 6.2.42 所示。

10 将传感器电缆对准传感器上方槽孔与电缆上的标记，电缆的另一端与仪器相连接，安装 4 个车轮的传感器电缆头，如图 6.2.43 所示。

图 6.2.42 连接传感器电缆

图 6.2.43 传感器与仪器相连接

11 当电缆全部连接完成后，启动传感器，如图 6.2.44 所示。

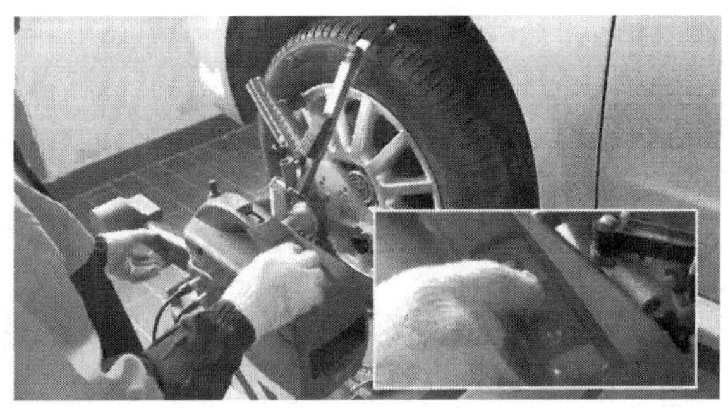

图 6.2.44 启动传感器

（3）偏位补偿

01 放置两侧车轮挡块，如图 6.2.45 所示。

02 将变速箱变速杆置于空挡，并释放驻车制动器，如图 6.2.46 所示。

图 6.2.45 放置两侧车轮挡块

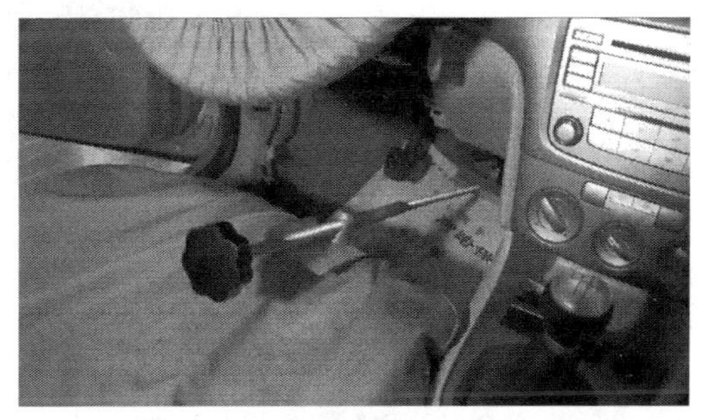

图 6.2.46 换挡杆至于空挡

03 按下举升机上升按钮举升车辆至车轮离开转角盘 10cm 左右。如图 6.2.47 所示。

04 按设备要求进行四轮偏位补偿，如图 6.2.48 所示。

图 6.2.47 调整车辆

图 6.2.48 进行四轮偏位补偿

05 完成 4 个车轮偏位补偿值计算，如图 6.2.49 所示。

06 补偿结束后，拔出转角盘和后滑板的固定销，如图 6.2.50 所示。

图 6.2.49　偏位补偿值计算

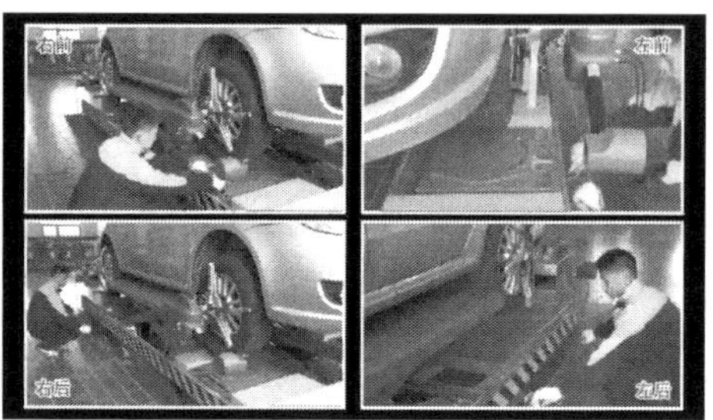

图 6.2.50　拔出转角盘和后滑板的固定销

07 将举升机下降至最低锁止位置，如图 6.2.51 所示。

图 6.2.51　降至最低锁止位置

（4）车轮定位监测

01 移开两后轮挡块，如图 6.2.52 所示。

02 检查两后轮是否落在后滑板上正确位置，如图 6.2.53 所示。

图 6.2.52　移开两后轮挡块

图 6.2.53　检查两后轮是否落在后滑板上正确位置

03 检查两前轮中心是否落在转角盘中心，如图 6.2.54 所示。

04 插入制动锁是否安装到位，如图 6.2.55 所示。

图 6.2.54　检查两前轮中心是否落在转角盘中心

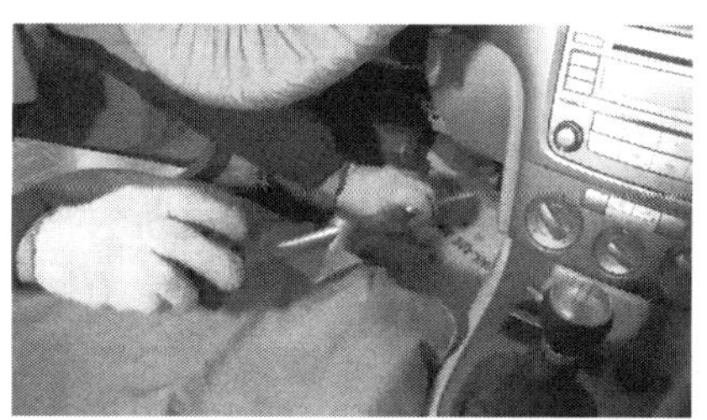

图 6.2.55　检查插入制动锁是否安装到位

（5）检查监测报告判断是否进行定位调整

分析检测数据与标准数据，红色数据为不合格数据，绿色数据为合格数据；如数据显示不合格，则进入定位调整操作，如图 6.2.56 所示。

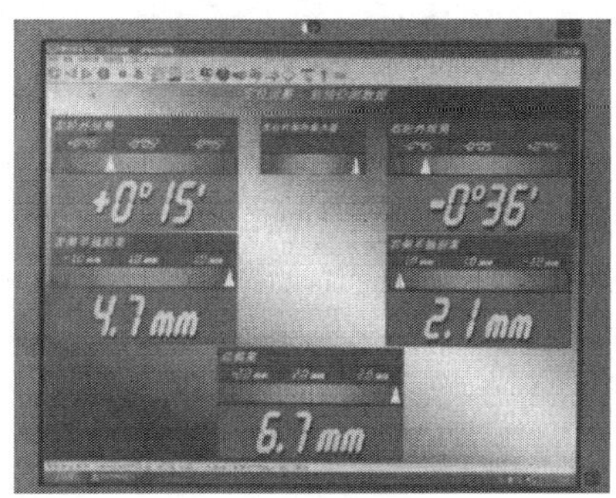

图 6.2.56　检测报告

（6）定位调整

由于车辆底盘结构是整体，调整车轮定位师必须考虑其整体性，注意各车轮定位角度的关联性，在进行定位调整时要做到先调后轮再调前轮。

选择“调整”功能，出现调整画面：将画面切换到前轮（后轮）调整：进入到总前束调整，点击进入放大调整画面：升起车辆：最后按屏幕显示，把各参数调到最佳值。调整完毕，锁紧固定螺母。降下车辆，进行“调整后检测”，打印调整结果。取下测量头、测量头夹具，清点工具。

5．最终检查

经过四轮定位检测与调整后，进行车辆路试，检验维修质量，验证车辆行驶跑偏故障是否已经排除，并进行车辆最终检查。

一、判断题

1．主销后倾角一定都是正值。　　（　　）

2．车轮外倾角一定大于零。　　（　　）

3．前轮前束可以调整，通常通过调整横拉杆长度实现。　　（　　）

4．主销后倾角度变大，转向操纵力增加。　　（　　）

5．转向横拉杆体两端螺纹的旋向一般均为右旋。　　（　　）

二、选择题

1．前轮前束是为了消除（　　）带来的不良后果。

A．车轮外倾　　B．主销后倾　　C．主销内倾

2．转向轮定位指的是（　　）。

A．转向节与转向轮之间安装时，二者保持一定的相对位置

B．转向节与前轴之间安装时，二者保持一定的相对位置

C．转向节、转向轮、前轴与车架之间安装时，保持一定的相对位置

3．车轮前束是为了调整（　　）所带来的。

A．主销后倾角　　B．主销内倾角　　C．车轮外倾角

4．在车轮定位之前，下列可以不用检查的是（　　）。

A．轮胎压力　　B．轮胎平衡

C．轮胎状况　　D．车轮轴承调整

5．如果车轮的前束调整不当，容易引起车胎的磨损特征是（　　）。

A．轮胎单侧胎肩磨损严重

B．车胎胎冠表面有羽状横纹

C．车胎两侧胎肩都磨损严重

项目7 车轮与轮胎的检修

>>>>

◎ 项目情境

2010 年 5 月，某市吴某申诉，称他的新款帕萨特轿车在第一次保养时就发现前轮磨损严重，4S 店维修人员说只要将轮子调整一下即可；一段时间后，吴某将车子开到 4S 店做第二次保养，结果发现前轮的磨损程度又大大加重了。吴某认为这是 4S 店工作人员不负责任、技术不过关造成的损失，要求 4S 店赔偿新轮胎，但对方拒绝……

◎ 项目目标

- 了解轮胎动不平衡的危害。
- 会对轮胎进行拆装与检修。
- 掌握轮胎动平衡机的测量方法。
- 掌握轮胎异常磨损的常见形式与原因。
- 能正确进行对轮胎的检查和车轮换位。

任务 7.1 车轮与轮胎基础知识

◎ 任务目标

1. 认识车轮的构造及类型。
2. 掌握轮胎的功用及组成，会识别轮胎规格。

车轮与轮胎是汽车行驶系中的重要部件，位于汽车车身与路面之间。其主要功用是：支承汽车和装载的质量；传递汽车与路面之间的各种力和力矩；缓冲车轮受路面颠簸时所引起的振动；保持汽车的行驶方向等。

1. 车轮的构造与类型

车轮是由轮毂、轮辋和轮辐组成。车轮总成如图 7.1.1 所示。

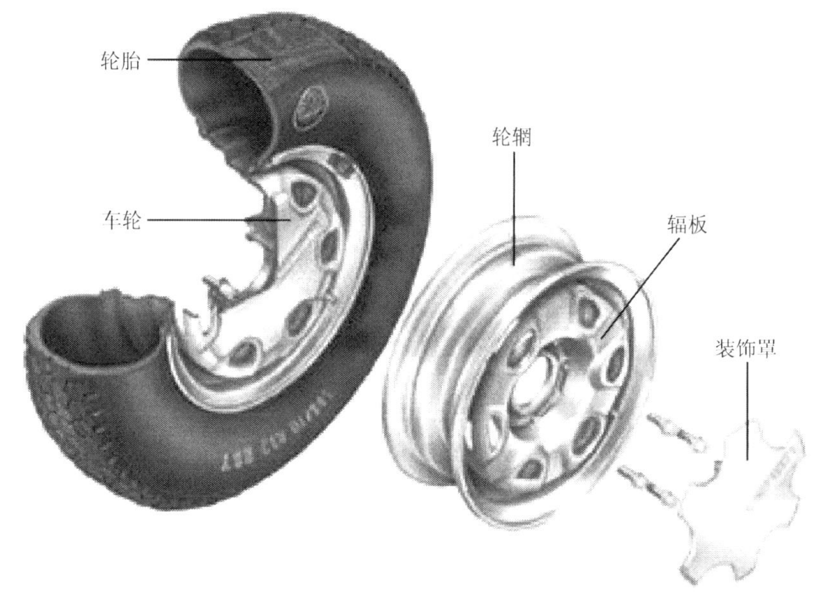

图 7.1.1 车轮总成

按照轮辐的构造，车轮可分为辐板式和辐条式两种主要形式。

目前，普通轿车和轻、中型载货汽车广泛采用辐板式车轮。辐板式车轮如图 7.1.2 所示，由挡圈、嵌入轮胎的轮辋、安装在车轴上的辐板和气门嘴出口等组成；辐条式车轮如图 7.1.3 所示，是用辐条将轮辋和轮盘连接成一体。辐条可以用铸造件或钢丝制造。铸造辐条常常用于装载质量大的重型汽车上，而钢丝辐条主要用于极少数追求独特的车辆。

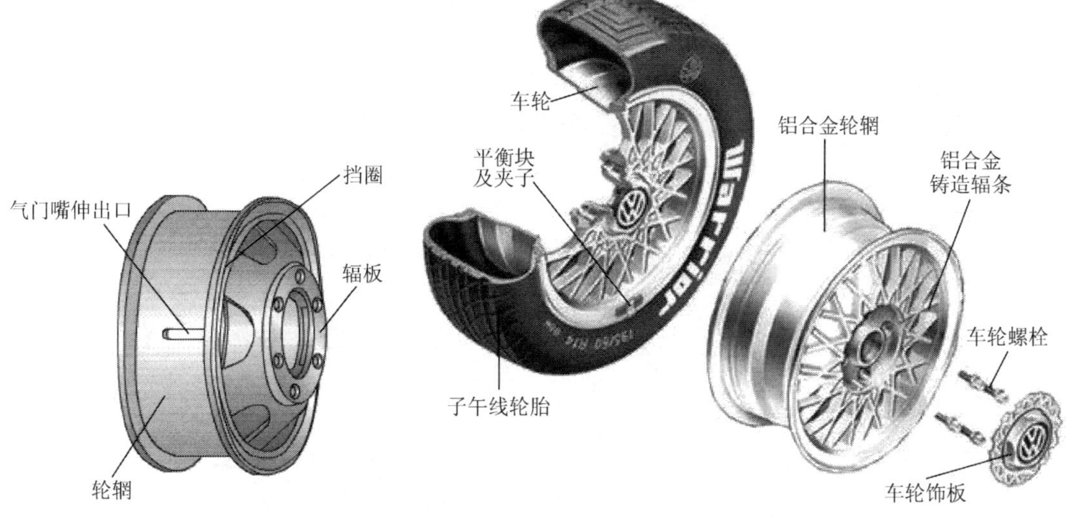

图 7.1.2　辐板式车轮　　　　图 7.1.3　辐条式车轮

2. 轮辋

轮辋用来安装和固定轮胎，当轮胎装入与其规格不同的轮辋时，就会使轮胎变形，影响轮胎的性能。因此，不同规格的轮胎，应该配用相应规格的标准轮辋。

（1）国产轮辋规格

国产轮辋规格按国家标准用轮辋名义宽度、轮缘高度代号、轮辋结构形式代号、轮辋名义直径和轮辋轮廓类型代号来表示。

轮辋名义宽度和轮辋名义直径均用数字表示，单位为英寸（以毫米表示时，要求轮胎与轮辋的单位一致）。

轮辋高度代号用一个或几个拉丁字母表示，如 C、D、E、F 等。

轮辋结构形式代号，用符号“×”表示一件式轮辋；用“—”表示多件式轮辋。

轮辋轮廓类型代号用字母表示，DC 为深槽轮辋，WDC 为深槽宽轮辋，SDC 为半深槽宽轮辋，FB 为平底轮辋，WFB 为平底宽轮辋，TB 为全斜底轮辋，DT 为对开式轮辋。

（2）常用轮辋的形式

轮辋按结构形式不同，分为深槽轮辋、平底轮辋和对开式轮辋，如图 7.1.4 所示。

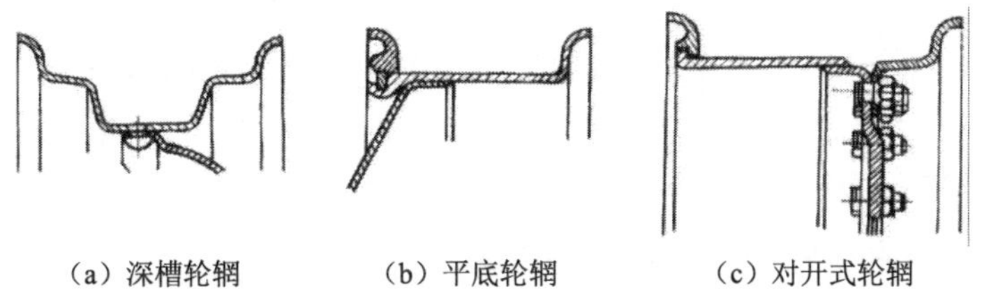

（a）深槽轮辋　　（b）平底轮辋　　（c）对开式轮辋

图 7.1.4　轮辋断面形式

3. 轮胎

（1）轮胎的功用与组成

功用：支承汽车及货物的总质量；保证车轮和路面的附着性，以提高汽车的牵引性、制动性和通过性；与汽车悬架一同减少汽车行驶中所受到的冲击，并衰减由此而产生的振动，以保证汽车有良好的乘坐舒适性和平顺性。

组成：普通充气轮胎由外胎、内胎和垫带组成，如图 7.1.5 所示。

外胎是轮胎的主体，按轮胎的部位，它由胎面（包括胎冠和胎肩）、胎侧、胎体（包括缓冲层和帘布层）和胎圈等四部分组成，如图 7.1.6 所示。

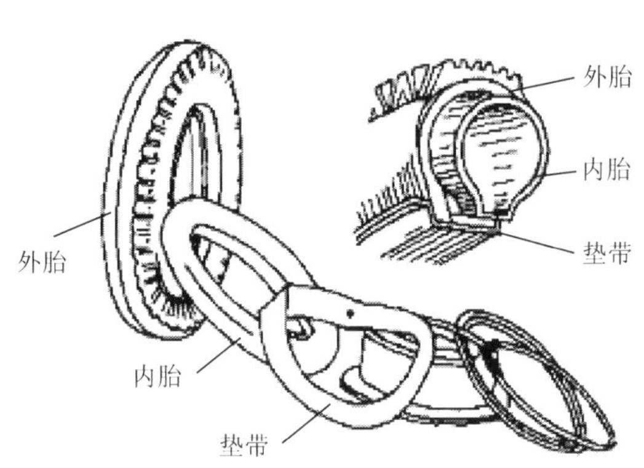

图 7.1.5　轮胎的组成

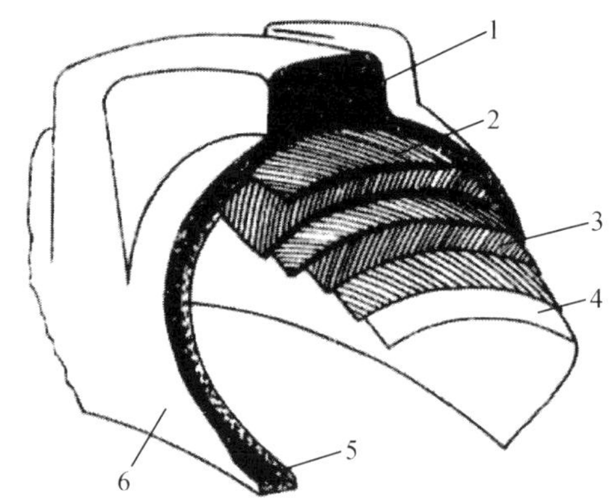

图 7.1.6　外胎结构

1-胎面；2-缓冲层；3-帘布层；4-胶层；5-钢丝圈；6-胎侧

胎冠也称行驶面，它与路面接触，直接承受冲击和磨损，并与路面间产生很大的附着力，故胎冠应具有较高的强度、刚度、弹性和耐磨性。为增加轮胎的附着力，避免轮胎纵横向打滑，以及良好的排水性能，胎冠制有各种花纹，如图 7.1.7 所示，主要有普通花纹（包括纵向折线花纹和横向花纹）、组合花纹、越野花纹等。

（a）普通花纹

（b）组合花纹

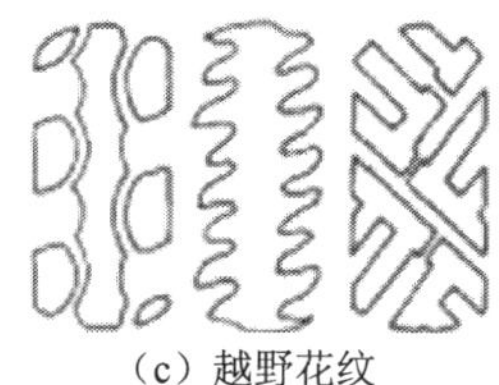

（c）越野花纹

图 7.1.7　胎冠花纹

（2）轮胎的种类及规格

1）轮胎的种类。按胎体结构不同，轮胎可分为充气轮胎和实心轮胎。现代汽车绝大多数采用充气轮胎。

按轮胎内空气压力的大小，充气轮胎分为高压胎（0.5～0.7MPa）、低压胎（0.15～0.45MPa）和超低压胎（0.15MPa 以下）三种。低压胎弹性好，断面宽，接地面积大，壁薄散热好，从而可提高汽车行驶的平顺性、稳定性，同时可提高轮胎的使用寿命，所以汽车上广泛使用低压胎。

按保持空气方法的不同，充气轮胎分为有内胎轮胎和无内胎轮胎两种。

无内胎轮胎就是没有内胎和垫带，充入轮胎的气体直接压入无内胎轮胎中，要求轮胎与轮辋之间有很好的密封性，其结构如图 7.1.8 所示。

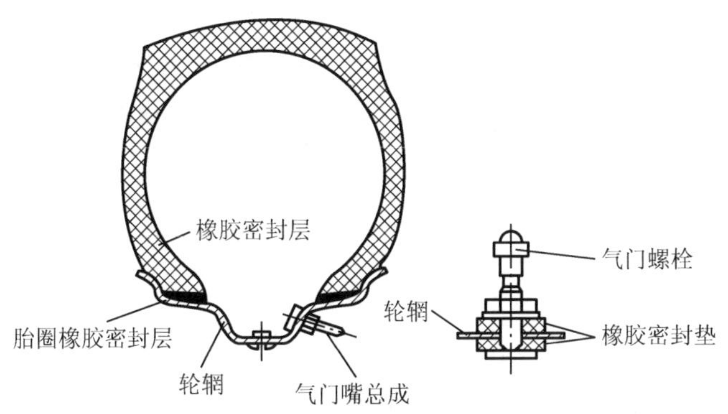

图 7.1.8　无内胎轮胎

无内胎轮胎的优点是结构简单，质量较小，穿孔时压力不会急剧下降，仍然能继续安全行驶。缺点是轮胎爆破失效时，途中修理比较困难。无内胎轮胎近年来应用非常广泛，轿车几乎均使用无内胎轮胎。

按胎体帘线粘接方式的不同，充气轮胎分为普通斜交轮胎、子午线轮胎。

帘布层和缓冲层各相邻层帘线交叉，且与胎面中心线呈小于 90° 排列的充气轮胎为普通斜交轮胎，常称普通斜交轮胎，如图 7.1.9（a）所示。子午线轮胎采用钢丝或纤维植物制成的帘布层，其帘线与胎面中心的夹角接近 90°，并从一侧胎边穿过胎面到另一侧胎边，帘线在轮胎上的分布好像地球的子午线，所以称为子午线轮胎，如图 7.1.9（b）所示。与普通斜交轮胎相比，子午线轮胎质量轻，轮胎弹性大，减振性能好，具有良好的附着性能，滚动阻力小，承载能力大，行驶中胎温低，胎面耐穿刺，轮胎使用寿命长。其缺点是轮胎成本高，胎侧变形大容易产生裂口，并且侧向稳定性差。

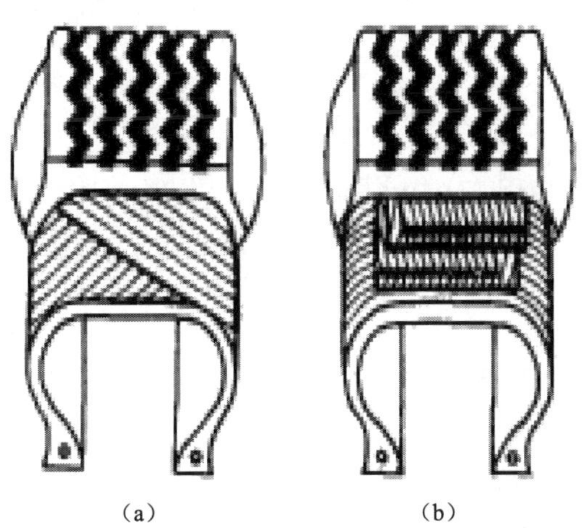

图 7.1.9　普通斜交轮胎与子午线轮胎

2）轮胎的规格。轮胎尺寸标注如图 7.1.10 所示。D 为外胎直径，d 为轮辋直径，B 为断面宽度，H 为断面高度。

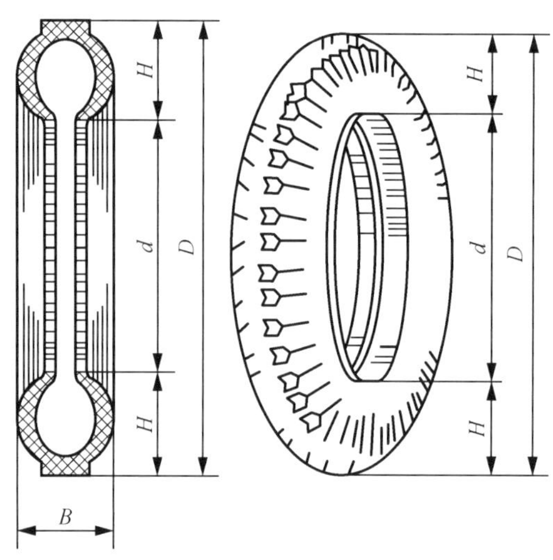

图 7.1.10　轮胎的尺寸标注

普通斜交轮胎的规格：用 *B-d* 表示，载重汽车普通斜交轮胎和轿车普通斜交轮胎的尺寸 *B* 和 *d* 均用英寸（in）为单位，例如，9.00-20 表示轮胎宽度为 9in，轮胎内径为 20in 的斜交轮胎。

国产子午线轮胎规格：用 *B* R *d* 表示，其中 R 代表子午线轮胎，国产轿车子午线轮胎断面宽 *B* 已全部改用公制单位 mm；载货汽车轮胎断面宽 *B* 有英制单位（in）和米制单位两种。而轮辋直径 *d* 的单位仍为 in。

随着轮胎的扁平化，仅用断面宽度 *B* 和轮辋直径 *d* 已不能完全表示轮胎的规格。即在断面宽度 *B* 相同的情况下，断面高度 *H* 随不同扁平率而变化。轮胎按其扁平率——高宽比 *H*/*B* 划分系列，目前国产轿车子午线轮胎有 80、75、70、65、60 等五个系列，数字分别表示断面高 *H* 是断面宽 *B* 的 80%、75%、70%、65%和 60%。显然，数字越小，胎越矮，即轮胎越扁平。

上海桑塔纳 2000GSi 装用子午线轮胎规格含义如下：

例如：195/60 R 14 85 H。

195：轮胎宽度 195mm。货车子午线轮胎的宽度一般用英寸（in）为单位。

60：扁平比为 60%。

R：子午线轮胎，即“Radial”的首字母。

14：轮胎内径 14in。

85：荷重等级，即最大载荷质量。荷重等级为 85 的轮胎的最大载荷质量为 515kg。

H：速度等级，表明轮胎能行驶的最高车速。H 的最高车速为 210km/h。

字母 A 至 Z 代表轮胎从 4.8km/h 到 300km/h 的认证速度等级。常用速度等级：Q，160km/h；R，170km/h；S，180km/h；T，190km/h；H，210km/h；V，240km/h；W，270km/h；Y，300km/h；Z，ZR 速度高于 240km/h。

载货汽车普通断面子午线无内胎轮胎规格用 *B* R *d* 表示。有些子午线轮胎，在规格中加“TL”标志，“TL”表示无内胎轮胎。

轮胎的拆检与换位

◎ 任务目标

1. 会拆卸和安装轮胎。
2. 会检修轮胎及轮胎换位。

工作场景：理实一体化教室。

设备器材：轿车自带千斤顶、剪式举升器、套筒、扭力扳手、接长杆等。

技术要求：①应经常检查轮胎气压，按标准为轮胎充气，充气误差不得超过±10.5%；②按“6S”要求完成操作，并掌握车轮与轮胎的检修事项。

注意事项：①选择正确的拆检工具，方法得当，不野蛮操作；②基于安全考虑，轮胎应成对调换，不可单个调换，花纹深的轮胎应安装在驱动轮；③紧固轮胎螺母时，必须按照对角顺序进行紧固。

1. 拆卸车轮

01 停车，拉起驻车制动。铁质轮胎应先拆卸轮胎装饰罩（用手拉住轮胎装饰罩，用力向外拉便可拆下），如图 7.2.1 所示。某些轮胎需要拆卸装饰盖板才能拆卸螺母，如图 7.2.2 所示，可用布包住一字旋具进行拆卸，拆卸过程中注意保护轮胎及装饰罩。

图 7.2.1　拆卸轮胎装饰罩

图 7.2.2　用布包住一字旋具拆卸

02 使用扭力扳手获车辆自带轮胎扳手，旋松车轮螺母，如图 7.2.3 所示。

03 将千斤顶置于车底，以车身的裙边作为支撑点，举升汽车至车轮离地即可，如图 7.2.4 所示。

图 7.2.3　旋松车轮螺母

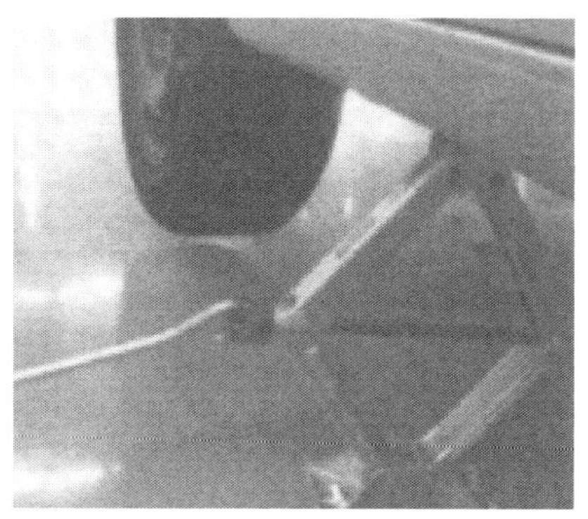

图 7.2.4　举升车身至轮胎离地

04 旋松并取下所有轮胎螺母，如图 7.2.5 所示。

05 取下原轮胎，更换上备胎，如图 7.2.6 所示。

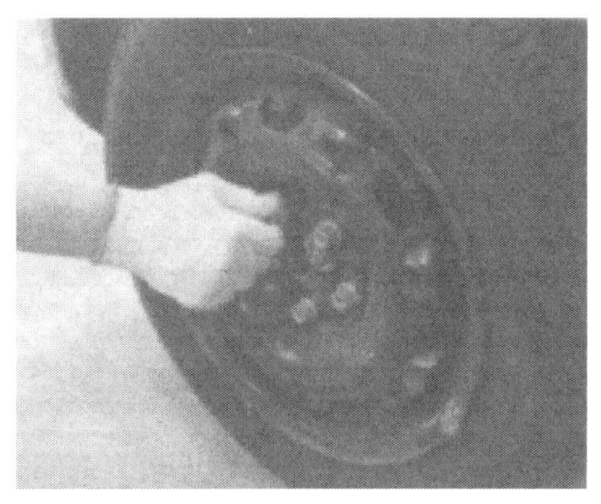

图 7.2.5　旋松并取下轮胎螺母

图 7.2.6　取下原轮胎更换上备胎

06 旋上车轮螺母，并进行预紧固，如图 7.2.7 所示。

07 降低举升器，将其撤出，如图 7.2.8 所示。

图 7.2.7　旋上车轮螺母并预紧

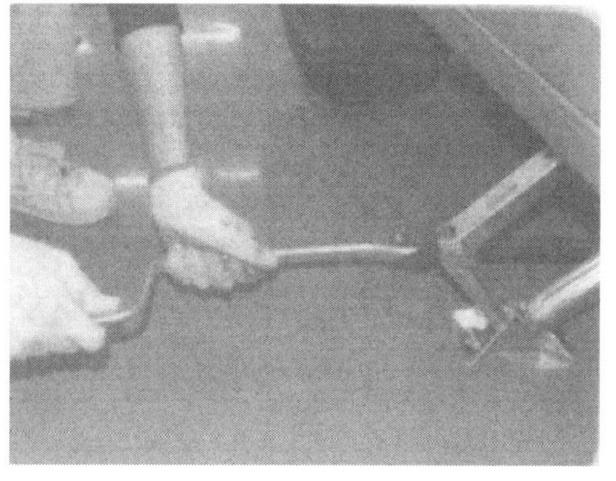

图 7.2.8　降低举升器并撤出

08 使用扭力扳手或轮胎扳手上紧车轮螺母，按对角线顺序分 2～3 次拧紧车轮螺母，最后一次要按规定力矩拧紧，如图 7.2.9 所示。

09 安装轮胎装饰罩时应对准气门芯位置，如图 7.2.10 所示。装饰罩可用手掌拍打安装。

图 7.2.9　用扭力扳手最终紧固

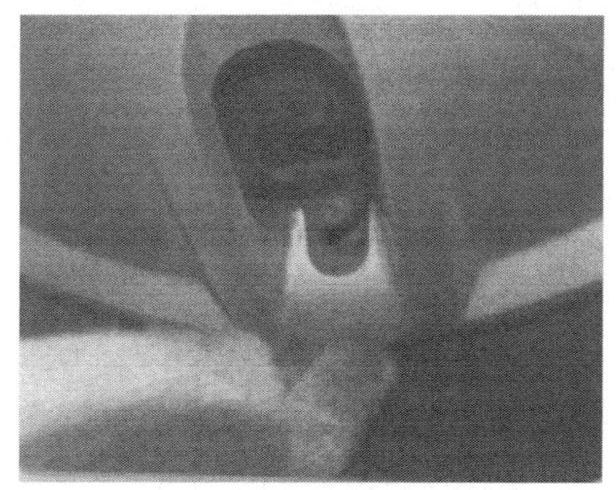

图 7.2.10　注意装饰罩位置

2. 车轮换位

01 用举升器举升车辆至车轮离地，如图 7.2.11 所示。

02 用风动扳手快速拆卸车轮螺母，如图 7.2.12 所示。拆下轮胎，并放到轮胎架上。

图 7.2.11　举升车辆

图 7.2.12　用风动扳手拆卸车轮螺母

03 将轮胎进行换位，换位方法如图 7.2.13 所示，并预紧车轮螺母，如图 7.2.14 所示。

04 按规定转矩和规定顺序紧固四个车轮的螺母，如图 7.2.15 所示。

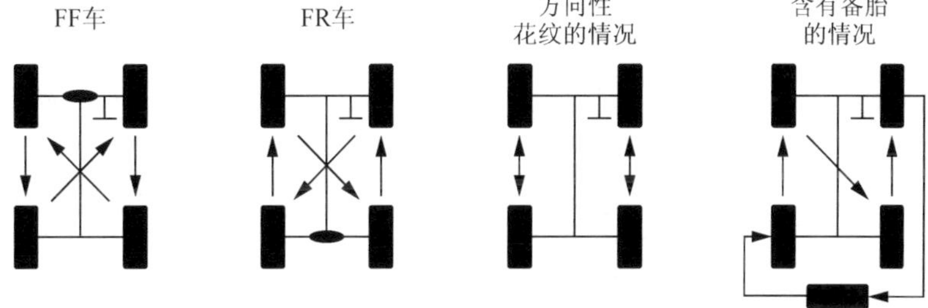

图 7.2.13　轮胎换位方法

图 7.2.14 将轮胎换位并预紧螺母

图 7.2.15 紧固车轮螺母

3. 车轮和轮胎的检修

（1）轮胎充气压力的检查

1）对任何型号轮胎所推荐的充气压力都经过仔细计算，以使车辆的舒适性、稳定性、转向性、胎面磨损、轮胎寿命和抗压能力均令人满意。

2）每月或长途行车前，都应在轮胎冷态下（停车 3h 以上或行驶 1.6km 以内时）检查胎压。应按轮胎标牌上的规定压力充压，轮胎标牌一般位于左车门的锁扣立柱上，如图 7.2.16 所示。

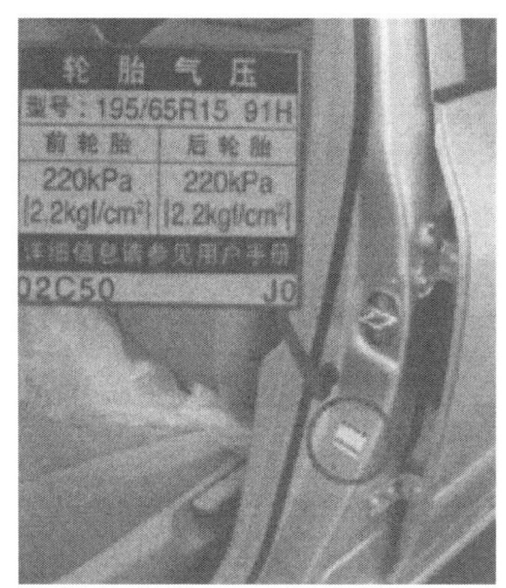

图 7.2.16 轮胎标牌位置

3）在行驶过程中因轮胎发热而使胎压增高到 28kPa 属于正常现象。行驶过后不允许放气或降低胎压。

小贴士

轮胎充气压力对汽车性能的影响

1. 胎压高于推荐值时，行驶舒适性差（悬架过硬），易造成轮胎压伤或胎体损坏，轮胎中心处胎面快速磨损。

2. 胎压低于推荐值时，车辆转弯轮胎会发出尖锐的声音，且转向沉重，轮胎花纹边缘磨损快且磨损不均，轮辋压伤或断裂，轮胎帘线断裂，轮胎温度高、操纵性差，油耗高。

3. 同轴轮胎气压不相等时，制动不平稳、转向侧偏、操纵性差，加速时会出现自动转向的现象。

（2）轮胎异常磨损的检查

引起轮胎异常磨损的现象有如下几种，一经发现，应尽快采取相关措施。

1）前悬架与车体连接的螺母松动，使车轮转动时发生摆动，导致轮胎异常磨损，应按规定力矩拧紧螺母。

2）车轮未进行动平衡测试，不平衡量过大，使车轮滚动时出现摆振，导致轮胎异常磨损。在车轮装车之前应进行动平衡测试，必要时更换车轮。

3）车轮轴承磨损、间隙过大，使车轮摆动，导致轮胎异常磨损。应检查车轮轴承的轴向间隙，若轴向间隙超过使用极限值，应更换车轮轴承。

4）前轮定位参数不准。汽车经过长期运行，前轮定位参数会发生变化，从而导致车轮异常磨损。应测量定位参数，当前轮前束不符合标准时，应调整至规定值，而主销内倾角、主销后倾角及车轮外倾角是不可调的，当测量值与规定值不符合时，应更换悬架组件。

5）轮胎气压不符合规定。每种型号的汽车轮胎气压都是经过计算确定的，轮胎气压过低或过高都会引起轮胎异响磨损。应经常检查轮胎气压，按标准为轮胎充气，充气误差不得超过±10.5%。

扒胎及车轮动平衡检测

◎ 任务目标

1. 会描述轮胎拆装机及动平衡检测仪的结构及工作原理。
2. 会正确使用轮胎拆装机及动平衡检测仪。

工作场景：理实一体化教室。

设备器材：轮胎拆装机、车轮、撬杆、车轮动平衡机和抹布等。

技术要求：按“6S”要求完成操作，并掌握扒胎及动平衡检测的规范操作流程。

注意事项：①操作前明确操作方法，不盲目操作机器，注意操作安全；②轮胎与轮辋必须配套使用，拆装时须用轮胎拆装机，不允许对轮辋进行敲击，也不能用撬杆去撬；③使用扒胎机之前，应先启动开关进行测试，然后再继续进行操作。

1. 轮胎拆装机的认识与操作

（1）轮胎拆装机结构认识

轮胎拆装机如图 7.3.1 所示，由分离铲、工作盘、升降杆、拆装器、立柱和机座等组成。其结构如图 7.3.2 所示。

图 7.3.1　轮胎拆装机

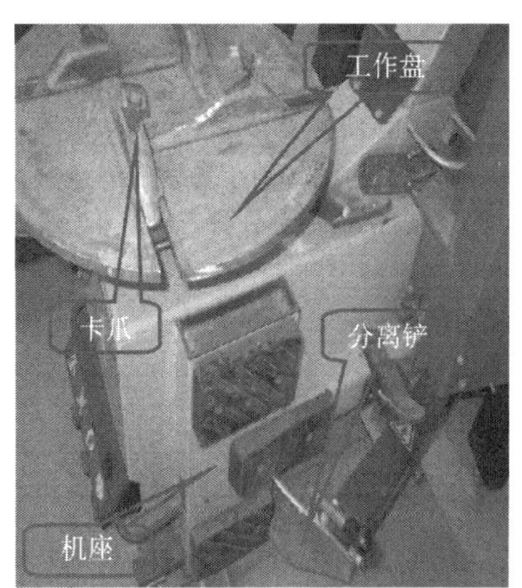

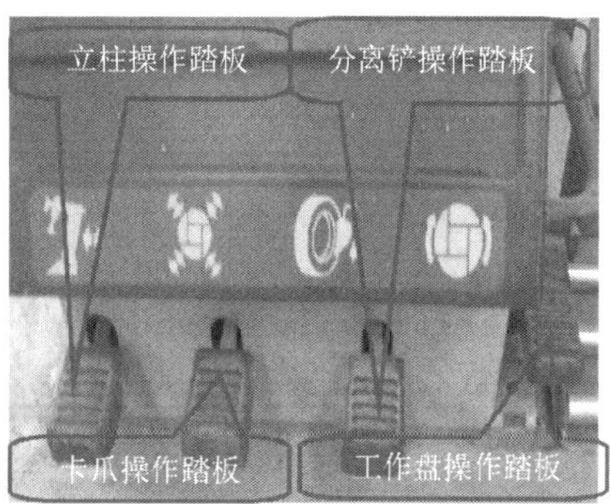

图 7.3.2　轮胎拆装机结构

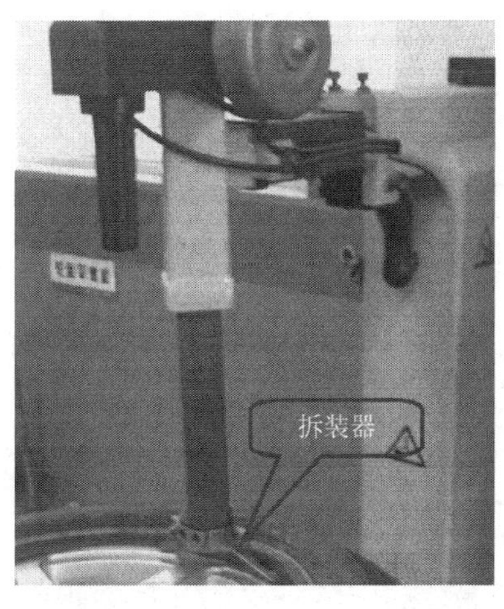

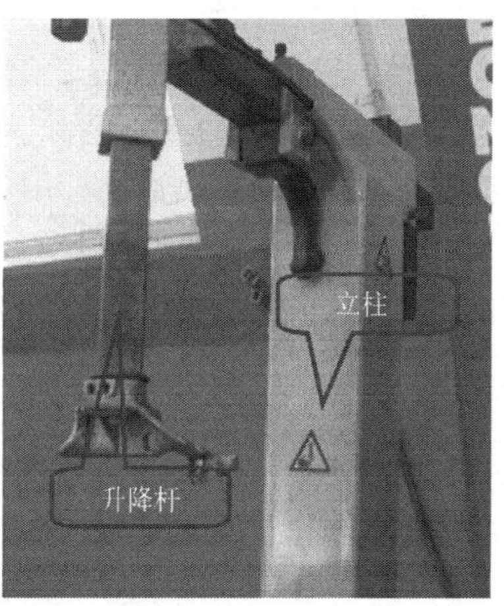

图 7.3.2　轮胎拆装机结构（续）

（2）轮胎拆装机操作前的检查和调试

01 检查拆装机的电源、气源、机械传动部分是否正常。

02 踩下和踩回撑夹踏板，检查转盘上夹爪能否张开和闭合。

03 踩下和松开风压铲踏板，检查风压铲能否动作和复位。

04 踩下和上抬正反转踏板，检查转盘能否顺时针转动和逆时针转动。

05 检查锁紧杠杆是否锁紧垂直轴。

（3）拆卸轮胎

拆卸轮胎的操作步骤如下：

01 对轮胎进行放气处理。

02 清除车轮上的杂物和平衡块，以免发生危险。

03 如图 7.3.3 所示，将轮胎垂直放在分离铲与机座橡胶垫之间，把分离铲移向轮胎，踩下分离铲踏板，分离铲在气体压力作用下使轮胎松动。注意：轮胎应垂直放置，防止分离铲损伤轮辋。

04 如图 7.3.4 所示，将轮胎放在扒胎机上，踩动中间踏板，夹紧车轮。注意：轮辋应正面朝上。

图 7.3.3　用分离铲将轮胎与轮辋分开

图 7.3.4　夹紧车轮

05 在轮辋边缘涂少许润滑剂。按下升降杆，使拆装器接触轮辋边缘。

06 如图 7.3.5 所示，以拆卸器的一端为支点，用杠杆撬起轮胎外缘，踩下工作盘旋转踏板，使工作盘和轮胎一起旋转，使轮胎上缘脱离轮辋。

07 如图 7.3.6 所示，抬高轮胎，用同样的方法把轮胎下边缘也拆下，使轮胎与轮辋彻底脱离。

图 7.3.5　撬起并扒离一侧轮胎

图 7.3.6　将另一侧轮胎撬起

（4）安装轮胎

轮胎的安装步骤如下：

01 轮辋放到工作盘上并卡紧。

02 在轮胎唇边涂少许润滑剂，将轮胎下缘一部分套装在轮辋上，踩下立柱操作踏板后按下升降杆，使升降杆靠近轮辋边缘，用手按住轮胎，踩下工作盘旋转踏板，转动轮胎，使轮胎下缘安装在轮辋上，如图 7.3.7 所示。

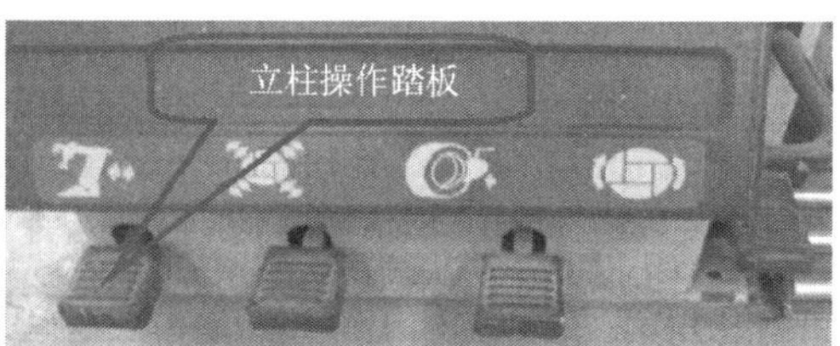

图 7.3.7　轮胎安装

03 用同样的方法把轮胎上缘也装到轮辋上。特别在装轮胎上边缘时，注意要边转边压，如图 7.3.8 所示。

04 安装完毕对轮胎进行动平衡。

图 7.3.8　专用工具压轮胎

2. 轮胎动平衡机的认识与操作

（1）轮胎动平衡机的认识

目前轮胎平衡机在市场上也有很多类型，主要分为卧式动平衡机、立式动平衡机。立式动平衡机是指被平衡转子轴线处于铅垂状态的一类动平衡机。卧式动平衡机是指被平衡转子轴线处于水平状态的一类动平衡机。轮胎动平衡用的是立式动平衡机，如图 7.3.9 所示。

图 7.3.9　轮胎动平衡机

轮胎动平衡机主要由平衡机主轴、车轮锁紧锥套、显示仪、轮胎防护罩、机箱等组成，如图 7.3.10 所示。

轮胎平衡块有两种，一种用于铝质辐板式车轮，一种用于钢质辐板式车轮。铝制车轮所用平衡块直接粘贴到轮辋内侧。钢质车轮所用平衡块卡在轮辋内、外边缘处。

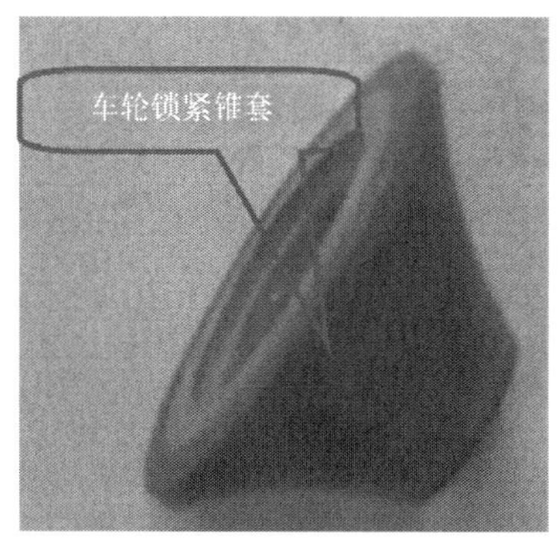

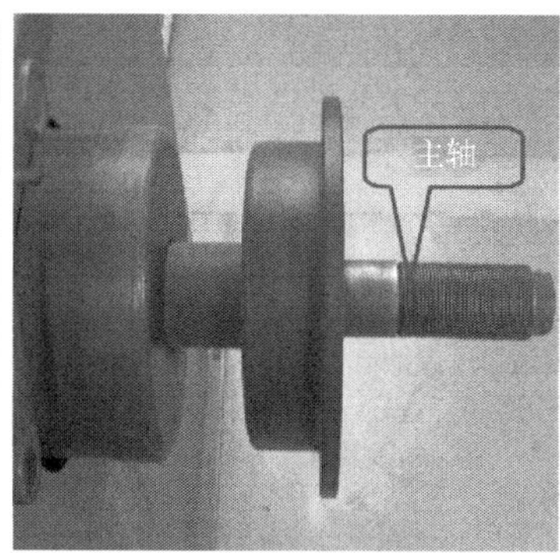

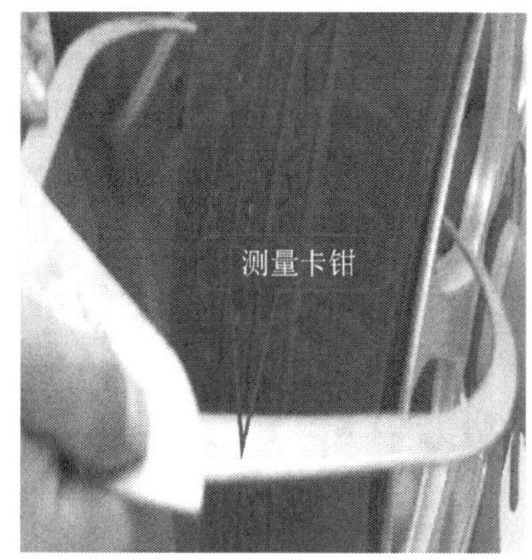

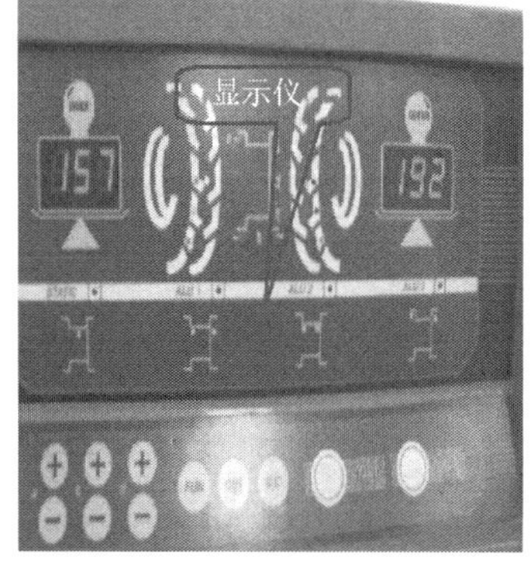

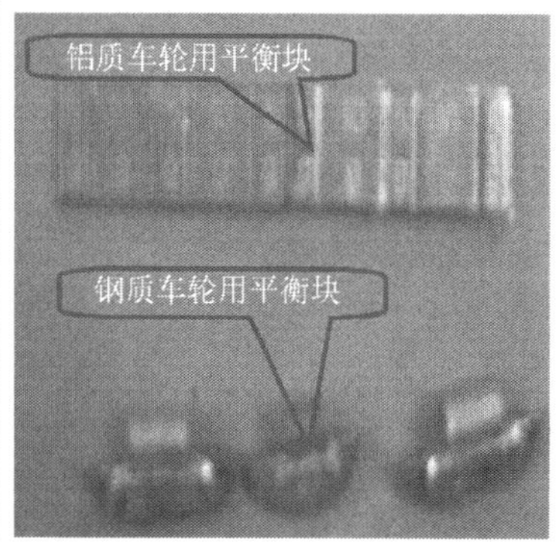

图 7.3.10　轮胎动平衡机的组成

小贴士

轮胎动平衡机使用注意事项

1. 操作前清除轮胎上的泥土、杂物等。
2. 取掉车轮轮辋上的旧平衡块。

3. BYD-F3 车型轮胎标准气压为 210kPa。

4. 清洁动平衡机的主轴和车轮总成锁紧锥套。

5. 接通电源，使主机预热。

6. 按下起动按钮，动平衡机主轴旋转后应在 15s 内自动制动。制动后，指示灯应显示合格标志，表示仪器正常。

（2）轮胎动平衡机的操作

现以轮胎规格 195/60 R15 铝质辐板式车轮为例，介绍轮胎动平衡机的操作。

01 确保轮胎气压在标准范围内。

02 将轮胎套装在动平衡仪主轴上，用锥套和专用车轮锁紧扳手将车轮固定在主轴上并锁紧，如图 7.3.11 所示。

图 7.3.11　固定车轮

03 用测量标尺测出动平衡机离车轮轮辋距离 a，如图 7.3.12 所示，铝合金轮辋 a=8.5in，钢轮轮辋 a=8.0in。

04 用测量卡钳测量轮辋宽度 b，如图 7.3.13 所示，铝轮辋 b=6.5in，钢轮 b=6.0in。

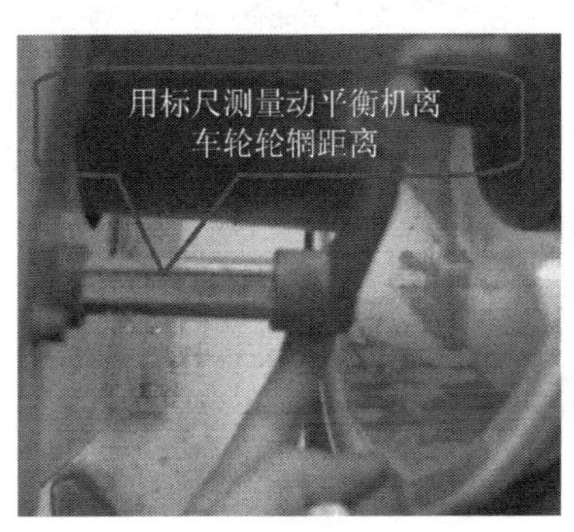

图 7.3.12　测量轮辋至机箱距离

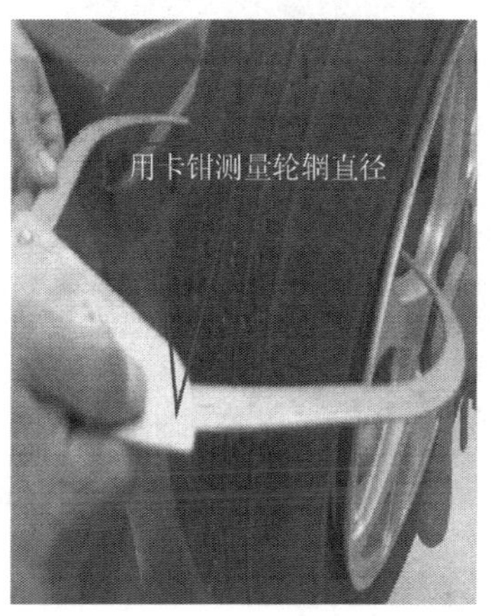

图 7.3.13　测量轮辋宽度

05 用卡尺测量轮辋直径 *d*，如图 7.3.14 所示，直径 *d*=15in。注意：轮胎规格、材质不同（钢轮和铝轮）所测量的数值也不相同；另外轮辋直径可以在轮胎规格上找出。

图 7.3.14　测量轮辋直径

06 在动平衡机上，依照图形指示，按“＋”“－”输入相应参数数值，盖下防护罩，按下起动按钮，如图 7.3.15 所示。

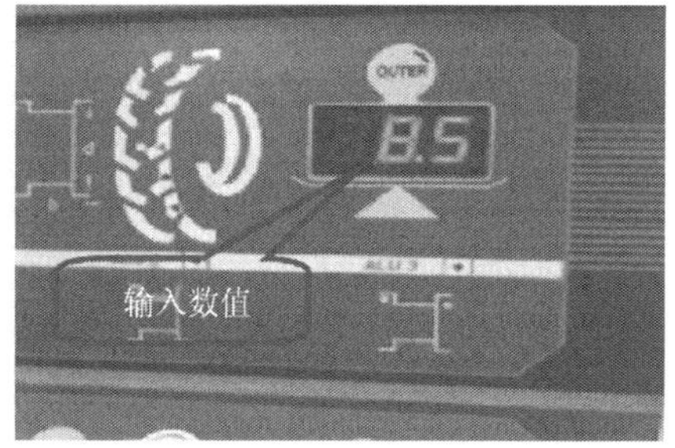

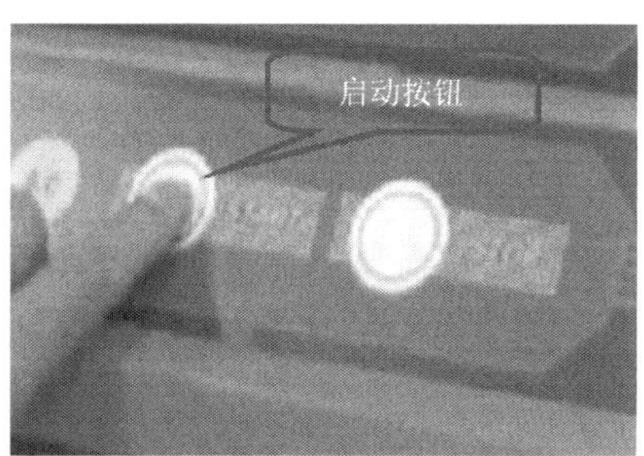

图 7.3.15　输入相应参数，按下启动按钮

07 轮胎开始转动，当动平衡机自动制动后，抬起防护罩，观察显示仪上显示数值，如图 7.3.16 所示。

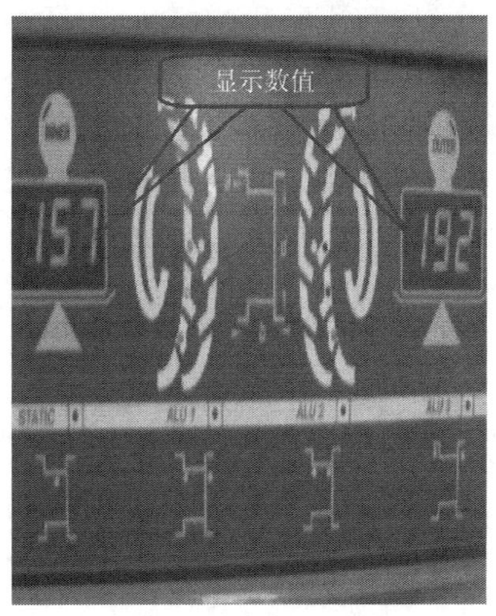

图 7.3.16　显示动不平衡量

08 用手转动轮胎，当显示仪上左侧红灯全部亮时停止转动，在轮辋内左侧贴上相应数值平衡块（显示仪左侧相对应显示数值），（即在箭头所指的正对位置，也就是 12:00 位置，靠近轮辋边缘处粘贴平衡块），如图 7.3.17 所示。

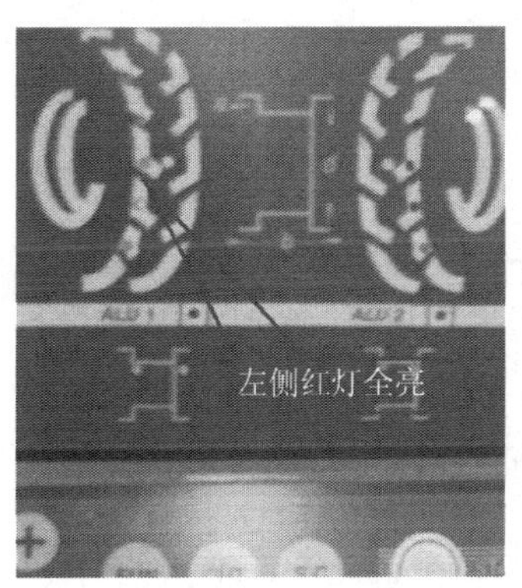

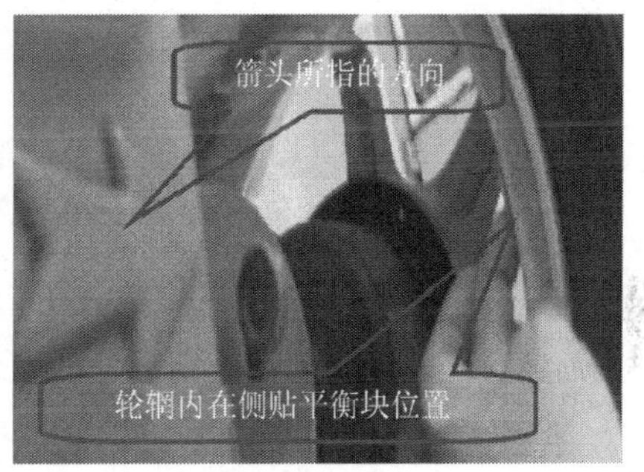

图 7.3.17　左侧灯全亮及安装平衡块位置

09 用手转动轮胎，当显示仪上右侧红灯全部亮时停止转动，在轮辋内右侧贴上相应数值的平衡块（即显示仪右侧相对应显示数值），如图 7.3.18 所示。

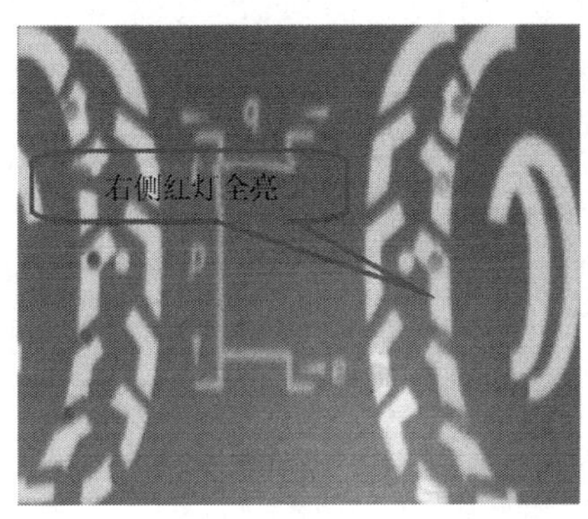

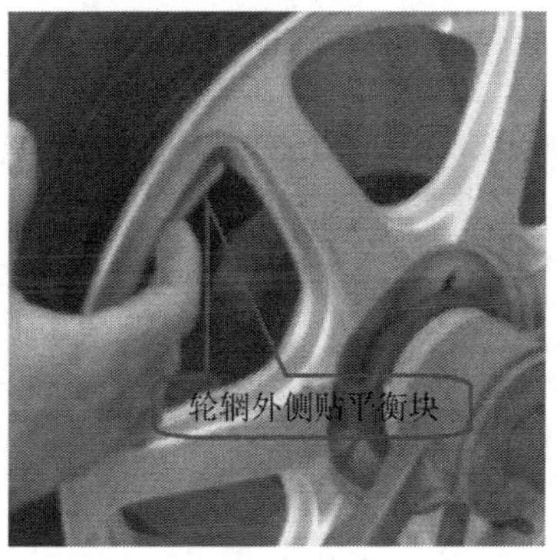

图 7.3.18　右侧灯全亮及安装平衡块位置

10 贴好平衡块后放下防护罩，按下启动按钮，再次测量，显示仪两边显示数值的误差在规定范围内（误差值在±5g 内），车轮即达到动平衡要求。轮胎动平衡操作完毕后，松开车轮锁紧扳手，拆除锥套，取下轮胎，切断电源，擦洗平衡机设备。

思考与练习

一、填空题

1．车轮由________、________及它们之间联接部分________组成。

2．按照轮辐的结构不同，车轮分为________车轮和________车轮两种。

3．4.50E×16（dc）型轮辋，表明该轮辋的名义直径是________，名义宽度为________，轮辋轮廓代号为________的________件式________轮辋。

4．轮胎必须具有适宜的________和________能力。同时在其直接与地面接触的胎面部分应具有以增强附着作用的。

5．汽车轮胎按胎体结构的不同分为________和实心轮胎，现代绝大多数汽车采用________。

6．汽车轮胎按胎内压力的大小，分为________、________、________三种，目前轿车、货车几乎全部采用________。

7．充气轮胎按胎体中帘线排列的方式的不同，分为________、________和________三种。

8．胎面是外胎最外的一层，可分为________、________和________三部分。

二、判断题

1．离车动平衡机可以校正“由于车轮和安装后因车轮轮毂的偏心引起的不平衡”和“由于车桥轮毂产生的不平衡”。（　　）

2．车轮不平衡可能引起汽车行驶时过分的振动。（　　）

3．桑塔纳轿车的前轮轮胎的气压应为4.5bar。（　　）

4．别克新世纪后轮轮胎的气压应为0.5bar。（　　）

5．当车辆在举升器上升起的位置测量轮胎压力是不规范的。（　　）

6．现代汽车一般使用高压胎。（　　）

7．桑塔纳轿车的车轮螺栓拧紧力矩为10N·m。（　　）

8．一般汽车轮胎螺栓的螺纹是：左边的左旋，右边的右旋。（　　）

9．子午线轮胎可以左右换位。（　　）

10．在良好的路面行驶时，越野轮胎比混合花纹轮胎耐磨。（　　）

三、选择题

1．在使用气动枪拆卸轮胎时（　　）。

A．应该选用专用的六角套筒　　B．应该选用普通的六角套筒

C．应该选用专用的十二角套筒　　D．管道内的气压应达到15bar以上

2．将车辆用两柱举升机举起，转动两个前车轮，目视检查防尘罩固定处是否牢靠、（　　），球头座处无磕碰、变形、裂纹。

A．有无老化　　B．裂纹　　C．破损或漏油　　D．其他选项全对

3．轮胎胎面磨损标记压在胎面花纹沟的底部，当轮胎表面出现指示带时（　　）。

A．仍可正常行驶一万千米　　B．仍可正常行驶

C．行驶5000千米是安全的　　D．应更换轮胎

4．甲说轮胎胎压不足会导致胎冠与地面接触面积增大，除了加速轮胎损耗外，由于滚动摩擦增加，也会导致油耗的上升；乙说轮胎胎压过大会导致胎冠与地面接触面积减小，不利于车辆的操控。以上的说法（　　）。

A．仅甲对　　B．仅乙对　　C．甲对乙错　　D．甲乙都对

5．对轮胎磨损影响最大的因素是（　　）。

A．主销后倾角　　B．推力角　　C．车轮前束　　D．转向轴线内倾角

6．在检查汽车的车轮螺栓时（　　）。

A．目测就能判断螺栓是否紧固　　B．应该用扭力扳手检查判断螺栓是否紧固

C．用脚踢就能判断螺栓是否紧固　　D．用手摸就能判断螺栓是否紧固

7．子午线轮胎换位一般要求（　　）。

A．前后换位　　B．左右换位　　C．对角换位　　D．任意换位

8．以下说法错误的是（　　）。

A．子午线轮胎换位一般要求前后换位

B．子午线轮胎要求换位不改变轮胎的旋转方向

C．一般要求子午线轮胎不能左右换位

D．子午线轮胎可以任意换位

9．在外胎结构中，起承受负荷作用的是（　　）。

A．胎面　　B．胎圈　　C．帘布层　　D．缓冲层

10．有内胎的充气轮胎由（　　）等组成。

A．内胎　　B．外胎　　C．轮辋　　D．垫带

四、简答题

1．轮辋的轮廓类型及代号有哪些？其结构形式又有几种？国产轮辋的规格代号是如何规定和表示的？

2．轮胎的作用是什么？什么是子午线轮胎？其特点是什么？

3．为什么轮胎的表面要有花纹？

4．轮胎表面的花纹常见的有哪几种？它们各有什么特点？各适用于哪类汽车？

项目 8 悬架系统的检修

◎ **项目情境**

一辆已经行驶超过 30 万千米的桑塔纳 2000 型轿车，出现方向不稳、跑偏故障，经路试检查发现，汽车在正常行驶时车辆向右侧跑偏，在不平的路面行驶时车辆颠簸严重并伴有异响。经 4S 的店检修发现右前悬架故障，需要进行拆卸检测。

◎ **项目目标**

- 认识悬架系统的结构、功用和组成。
- 正确描述悬架主要机件的工作原理。
- 正确描述悬架类型及其特点。
- 会对悬架系统主要零部件进行检修。

任务8.1　认识悬架系统

◎ 任务目标

1. 认识悬架系统的结构、功用和组成。
2. 了解悬架的分类及特点。

汽车悬架是车架（或车身）与车桥（或车轮）之间的弹性联结装置的统称。悬架可以弹性连接车桥和车架（或车身），缓和行驶中车辆受到的冲击力，保证货物完好和人员舒适。悬架可以衰减由于弹性系统引进的振动，使汽车行驶中保持稳定的姿势，改善操纵稳定性；悬架系统承担着传递垂直反力，纵向反力（牵引力和制动力）和侧向反力以及这些力所造成的力矩作用到车架（或车身）上，以保证汽车行驶平顺；当车轮相对车架跳动时，车轮运动轨迹要符合一定的要求，因此悬架还起使车轮按一定轨迹相对车身跳动的导向作用。

悬架结构形式和性能参数的选择合理与否，直接对汽车行驶平顺性、操纵稳定性和舒适性有很大的影响。由此可见悬架系统在现代汽车上是重要的总成之一。

1. 悬架的作用

悬架系统连接车身和车桥，具有以下功用：

1）对不平整路面所造成的汽车行驶中的各种颤动、摇摆和振动等，与轮胎一起，予以吸收和减缓，从而保障乘客和货物的安全，并提高驾驶稳定性。

2）将路面与车轮之间的摩擦所产生的驱动力和制动力，传输至底盘和车身。

3）支撑车桥上的车身，并使车身与车轮之间保持适当的几何关系。

2. 悬架的组成

悬架一般由弹性元件、导向装置、减振器和横向稳定器等组成，如图 8.1.1 所示。

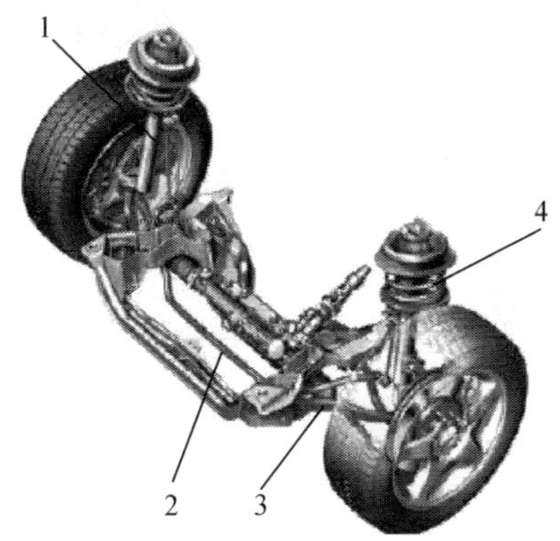

图 8.1.1　悬架组成

1-弹性元件；2-横向稳定器；3-导向装置；4-减振器

（1）弹性元件

弹性元件（图 8.1.2）用来承受并传递垂直载荷、缓和不平路面、紧急制动、加速和转弯引起的冲击或车身位置的变化。常见的弹性元件包括钢板弹簧、螺旋弹簧、扭杆弹簧、油气弹簧、空气弹簧和橡胶弹簧。

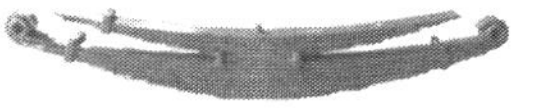

（a）钢板弹簧 　（b）螺旋弹簧 　（c）橡胶弹簧

（d）空气弹簧 　（e）油气弹簧

（f）扭杆弹簧

图 8.1.2　弹性元件

（2）减振器

减振器（图 8.1.3）用来衰减由于弹性系统引起的振动。减振器的类型有筒式减振器、阻力可调式减振器和充气式减振器。用于限制弹簧的自由振荡，提高乘坐舒适性。

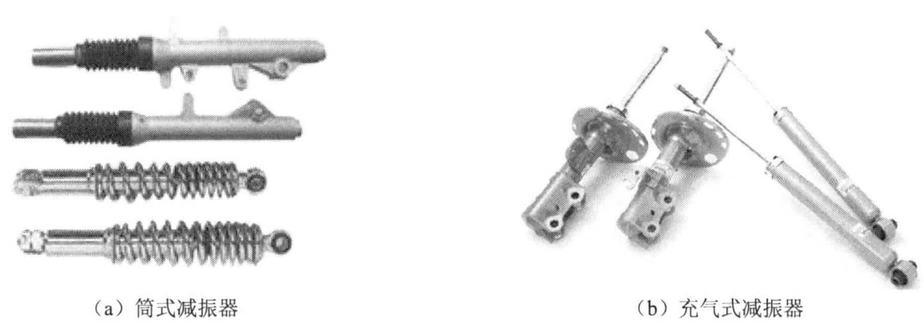

（a）筒式减振器　（b）充气式减振器

图 8.1.3　减振器

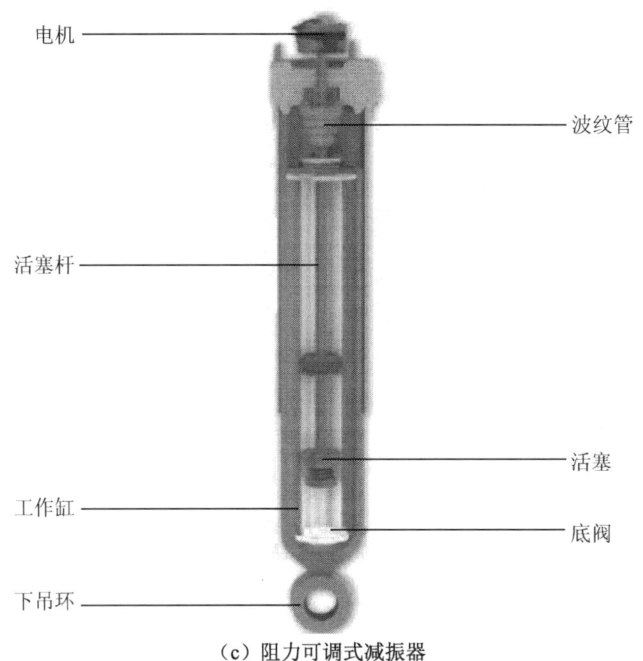

（c）阻力可调式减振器

图 8.1.3 减振器（续）

（3）横向稳定器

为防止车身在转向等情况下发生过大的横向倾斜，在悬架系统中加设有横向稳定杆，目的是提高侧倾刚度，使汽车具有不足转向特性，改善汽车的操纵稳定性和行驶平顺性。用于防止汽车横向摆动，如图 8.1.4 所示。

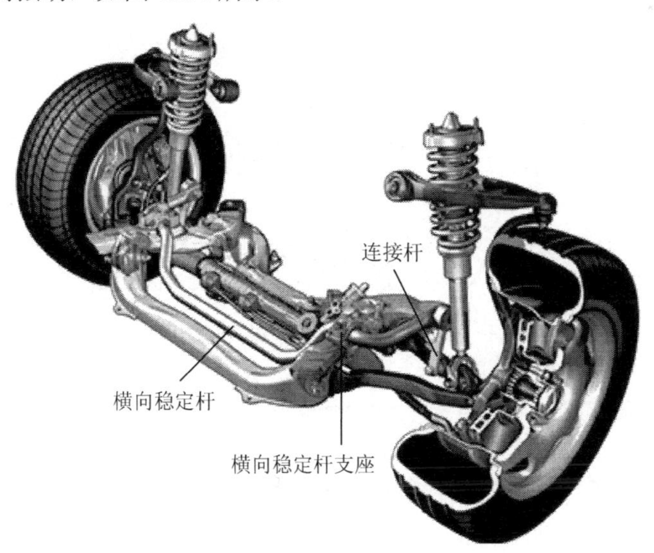

图 8.1.4 横向稳定器

（4）导向装置

导向装置（图 8.1.5）用来使车轮按一定运动轨迹相对车身运动，同时起传递力的作用。

通常导向装置由控制摆臂式杆件组成，有单杆式和连杆式。钢板弹簧作为弹性元件时，它本身兼导向作用，可不另设导向装置，用于使上述部件定位，并控制车轮的横向和纵向运动。

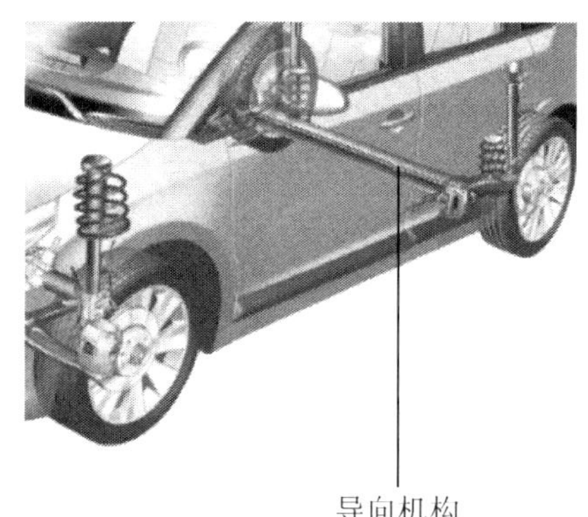

图 8.1.5　导向装置

3. 悬架的类型

（1）按照控制形式分类

按照控制形式分类，悬架可分为被动式悬架和主动式悬架两大类。

被动式悬架就是汽车姿态（状态）只能被动取决于路面、行驶状况和汽车的弹性元件、导向装置以及减振器这些机械零件。目前大多数汽车都采用被动式悬架。

主动悬架可以根据路面和行驶工况自动调整悬架的刚度和阻尼，从而使车辆能主动地控制垂直振动及其车身或车架的状态。该系统通常由传感器、控制单元和执行机构组成。目前在少数高级轿车上采用主动悬架，如奥迪 A.8L 全系，宝马 X5/X6、奔驰 S 级等。

（2）按悬架系统结构分类

按悬架系统结构分类，悬架可分为非独立悬架和独立悬架两大类。

非独立悬架（整体桥悬架或刚性悬架）因其结构简单，工作可靠，而被广泛应用于货车的前、后悬架。在轿车中，非独立悬架仅用于后桥。

非独立悬架的特点是两侧车轮安装在一个整体式车桥上，车轮连同车桥一起通过弹性元件悬架在车架或车身上，一侧车轮受到冲击时会直接影响到另一侧车轮。非独立悬架由于簧载质量比较大，特别是汽车高速行驶，悬架受到较大的冲击载荷时，汽车平顺性较差。

悬架的结构，特别是导向机构的结构，随所采用的弹性元件的不同而有差异，而且有时差别很大。采用螺旋弹簧或者气体弹簧时需要有较复杂的导向机构。而采用钢板弹簧时，由于钢板弹簧本身可兼起导向机构的作用，并有一定的减振作用，所以使得悬架结构大为简化。因而在非独立悬架中大多数采用钢板弹簧作为弹性元件。

独立悬架的特点是两侧车轮分别独立地与车架或车身弹性地连接，当一侧车轮受到冲击时，其运动不会直接影响到另一侧车轮。独立悬架所采用的车桥是断开式的，这样可使发动机降低安装位置，有利于降低汽车重心，并使结构紧凑。独立悬架允许前轮有较大的跳动空间，这样便于选择较软的弹性元件使平顺性得到改善。同时，独立悬架承载质量小，可提高汽车车轮的附着性能。

独立悬架有以下特点：

1）可降低非悬架重量，车轮的方向稳定性良好，从而提高了乘坐舒适性和操作稳定性。

2）在独立悬架系统中，弹簧只支撑车身，不参与车轮定位。这样就可使用较软的弹簧。

3）由于左、右车轮之间没有车轴连接，地板和发动机的安装位置可以降低，这样可以降低车辆的重心，从而增大乘客的车厢和行李舱。

4）结构较复杂。

5）轮距和前轮定位随车轮的上、下运动而改变。

麦弗逊式悬架（图 8.1.6）是一种常见又很特殊的悬架形式，主要用于较早的车型。麦弗逊式悬架去掉了一般悬架上常用的一些零部件，没有上控制臂，因而上转向求节也不再需要。汽车质量压在滑柱总成的顶部，滑柱轴承通过螺栓直接连接在减振座上。

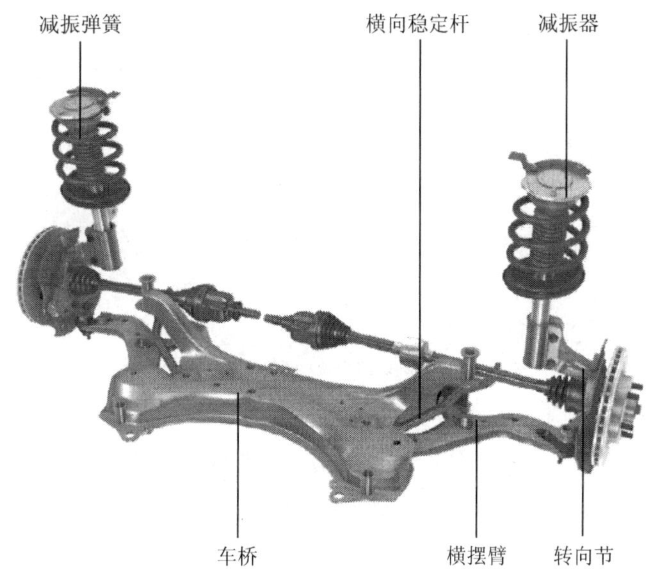

图 8.1.6　麦弗逊式悬架的结构

任务 8.2　独立（前）悬架的检修

◎ 任务目标

1. 能正确按照独立（前）悬架的检修顺序，对独立悬架进行检修。
2. 了解独立检修应注意事项。

工作场景：理实一体化教室。

设备器材：桑塔纳轿车、常用的工具、百分表、游标卡尺、扭力扳手和抹布等。

技术要求：①正确选择和使用维修中所需工具；②使用车间设备前，需明确操作规程和使用注意事项。

1. 螺旋弹簧的检修

螺旋弹簧的检修主要是检查螺旋弹簧的自由长度，例如，自由长度比标准长度缩短了5%，则表示弹簧已经永久变形，刚度变差，必须更换。更换时要同时更换左、右两个螺旋弹簧，以保持车辆两侧高度相同。若螺旋弹簧上有裂纹也要更换。

2. 减振器的检修

减振器主要损伤形式是缺减振油和减振器失效。减振器在检查时应固定住减振器，并上下运动活塞杆时应有一定阻力，而且向上比向下的阻力要大些。若阻力过大，应检查活塞杆是否弯曲；若无阻力，则表示减振器油已漏光或失效，必须更换。

车辆行驶时，有缺陷的减振器会发出冲击噪音，因此应更换减振器。减振器为免维护机件，减振器外面有轻微的油迹，不必更换减振器。如有大量油迹即漏油时，减振器在压缩到底或伸展时会产生跳动现象，这时只能更换减振器。

减振器装复后，应在减振器性能试验台上进行试验。当试验行程为100mm，试验频率为100次/min时，复原行程的最大阻力应为2156～2646N。压缩行程的最大阻力为392～588N，同时检查有无漏油现象。

无试验条件时，可上下往复推拉减振器2～3次，试验其阻力是否恢复。拉伸时，应感到有沉重阻力，压缩时的阻力较轻，且推拉中阻力均匀、无卡滞及明显的空行程。加满减振液（禁止以制动液代替）后，平放12～24h应无渗漏。

3. 横向稳定杆的检修

检查横向稳定杆有无变形或裂纹，若存在变形或裂纹，不允许在前悬架支承和导向装置部件上进行焊接或矫直修复，只能更换新件。另外，需要检查横向稳定杆的橡胶支座和橡胶衬套的损坏和老化情况，若损坏需要及时更换。

4. 下球节（上控制臂和下控制臂）的检修

在检查球节磨损之前，确认一下车轮轴承是否调节适当。检查下球节油封条是否有切口或裂缝。如果部分油封条很难去观察，可以小心地用手指去触摸油封条是否有切口或裂缝。如果出现大量油脂就证明油封条已有裂缝。如果发现了切口或裂缝，则应更换球节。

对某些车辆仅采用目视检查下球节的磨损。下球节磨损程度是通过1.27mm的连接套进入与其通过螺纹联接的黄油嘴的位置来确定的，当连接套刚被装配上时，其突出球节盖1.27mm，如图8.2.1所示。在正常磨损情况下，会导致连接套逐渐向内缩进。

下球节的检查非常简单。然而，必须严格地完成下列的检查步骤。

01 由车轮来支承车辆以使球节能适当地承载车辆重量。

02 擦拭黄油嘴和球节连接套以除去灰尘和油脂。

03 用螺钉旋具或指甲刮削下球节盖上的脏物。

04 如果圆的连接套与连接套盖平行或在其内部，则应将球节更换。

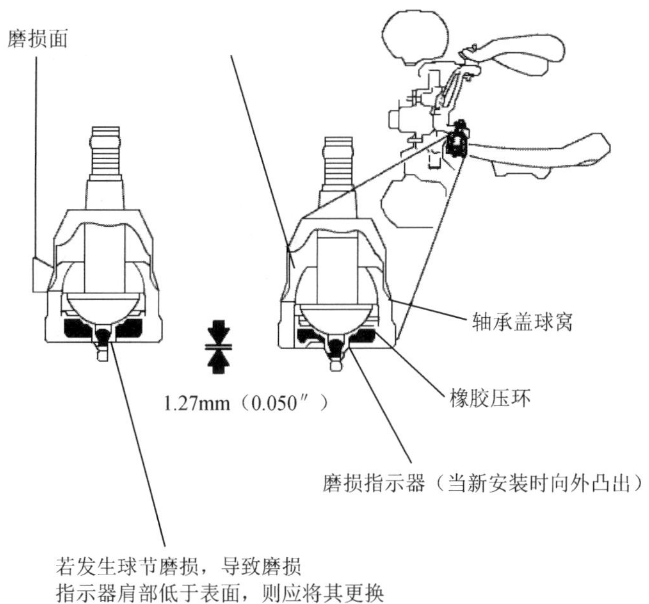

图 8.2.1　前悬架球节磨损指示器

小贴士

如果球节没有安装磨损指示器，则参见相应的维修手册的检查步骤。

为了检查装备麦弗逊支柱车辆的前下球节，举升起车辆前部并使前悬架自由悬架。握住轮胎的顶部和底部并试图使轮胎底部向内和向外移动。观察是否有与控制臂有关的转向节平行移动。

在接头处如果发现油封件有切口任何松动情况，则应更换球节。

当检查球节的时候，检查转向节支座处球头双头螺栓的紧固情况。这个检查是通过在摇动车轮和轮胎总成的同时感觉双头螺栓末端的移动情况来完成的。更换磨损或损坏的部件。

5. 上球节（上控制臂和下控制臂）的检修

在检查球节磨损之间，确认一下车轮轴承是否调节适当。检查下球节油封条是否有切口或裂缝。如果部分油封条很难去观察，可以小心地用手指去触摸油封条是否有切口或裂缝。如果出现大量油脂就证明油封条已有裂缝。如果发现了切口或裂缝，则应更换球节。采用下列步骤检查上球节磨损。

01 举升起车辆并且在左和右下控制臂下尽可能接近每一个球节处安装支座，如图 8.2.2 所示。

① 车辆必须稳定，并且不应在支座上摇动。

② 上控制臂减振器不与车架接触，如图 8.2.3 所示。

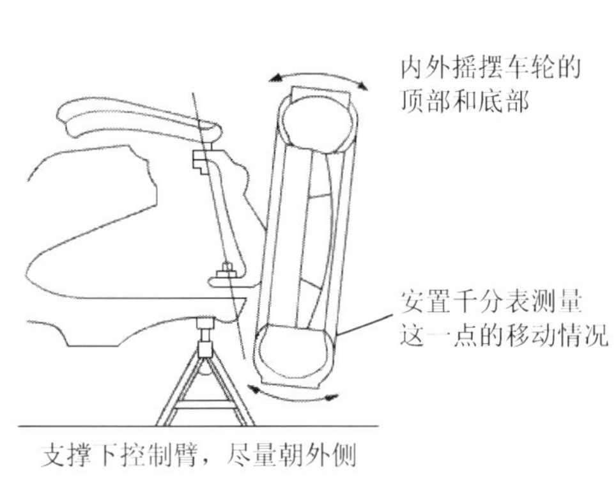

图 8.2.2　上球节检查

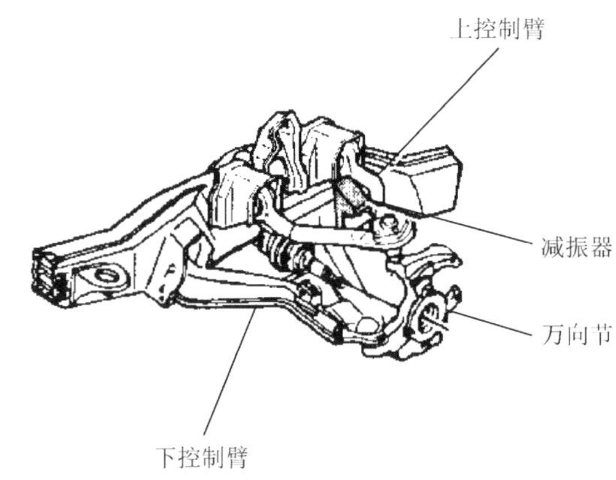

图 8.2.3　上控制臂不必接触车架

02 贴靠在车轮轮胎内缘座下部安置一个千分表。

03 握住轮胎在顶部 12 点和底部 6 点的时钟位置，在底部向内推轮胎同时在顶部向外拉轮胎。

04 读取千分表的指数，然后再按相反的方向重新对轮胎进行推和拉的操作。平衡偏差不能超过相应维修手册上所规定的标准。如果千分表读数超过了规定的标准，则应更换球节。

小贴士

不论什么时候从万向节总成上拆下球节双头螺栓，都要检查双头螺栓是否松动，通过用手指在其球窝处扭转来检查双头螺栓的移动情况。如果双头螺栓松动或能用手扭动，则应更换球节。

6. 控制臂轴套的检修

已磨损的控制臂轴套造成在各个方向上移动过度。这种移动将引起各种轮胎磨损、悬架噪声和操纵故障。当车辆在路面行驶时或在施加制动过程中，已受磨损的控制臂轴套将引起沉闷的移动声。

控制臂轴套检查步骤如下：

01 检查发动机舱的上控制臂轴套（如果适用的话），如图 8.2.4 所示。利用强光照射查看轴套的橡皮部件。只要橡皮部件还保持有弹性并且是坚固的，那么轴套橡皮部件如发丝般宽窄的裂缝就是可以接受的。若轴套破裂或损坏则应予更换。

02 举升车辆并对下控制臂轴套进行目视检查，检查方式与上控制臂的方式一样。

03 检查车架和控制臂是否有与金属部件接触的情况。如果发现有金属部件互相接触的情况，则说明控制臂轴套已失效。

04 在转向停止点间快速前后摇动车轮和轮胎总成，同时观察控制臂的移动情况。

05 在装配有麦弗逊支柱的车辆上，当观察每一控制臂移动情况时，用一合适的工具将下控制臂内侧向一边撬起。如果发现有过大程度的移动，则将轴套更换。

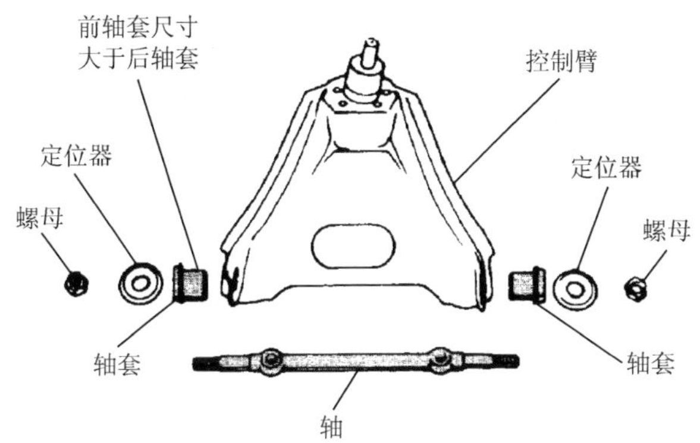

图 8.2.4　控制臂轴套

7. 稳定杆的检修

稳定杆总成由一个扭边杆和连杆组成，如图 8.2.5 所示。它用于降低车身摇摆程度和减缓车架和车身向一侧滚翻的趋势。

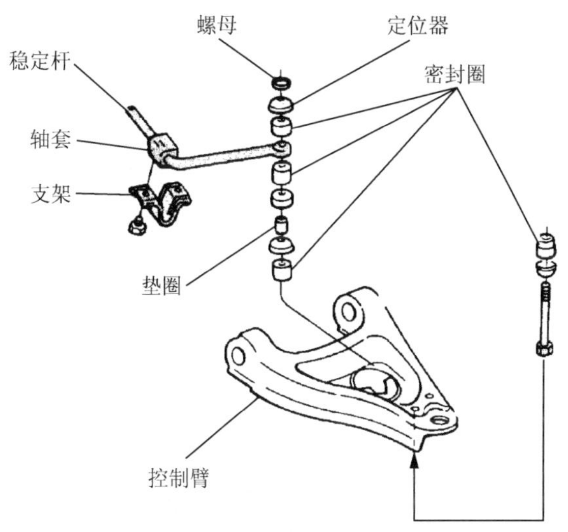

图 8.2.5　稳定杆

当车辆转向或减速时，损坏的连杆能引起一个产生颠簸车轮上方悬架的噪声。

检查稳定杆装置金属构件，橡皮轴套和连杆，更换所有的磨损部件。

非独立悬架的检修

◎ 任务目标

能按照正确的操作顺序对非独立悬架进行检修。

工作场景：理实一体化教室。

设备器材：桑塔纳2000轿车、常用工具、百分表、游标卡尺、扭力扳手和抹布等。

非独立悬架损伤形式主要有钢板弹簧弹力衰退、断片和减振器失效。除增加汽车零件的冲击载荷，破坏汽车的减振性能之外，还会产生“前轮定位效应”，影响汽车的操纵性能、制动过程中方向的稳定性，加剧轮胎的损耗。

1. 基础检修

安全举升汽车，进行仔细的外观检查，用一根撬棒移动所有的衬套和铰接，检查是否磨损或存在自由间隙。

2. 钢板弹簧的检修

造成钢板弹簧断片的原因，除结构上形成的卷耳过渡处等部位应力集中外，与钢板热处理品质、钢板弹簧定位卡缺少或固定不好也有关，它们会破坏各片的应力的合理分配，造成局部应力集中而使整架钢板弹簧弹力减退，引起两侧钢板弹簧弹力差异过大。钢板弹簧不能有裂纹、折断，否则应更换新件。

汽车在维修时应向钢板弹簧片间涂抹石墨润滑脂，否则会增加钢板弹簧工作时层片间的摩擦，提高片间的摩擦温度，产生烧灼淬硬组层，引起应力集中导致断片。

钢板弹簧的维护作业是检查紧固U形紧固螺栓。紧固力矩必须符合原厂规定，绝非越紧越好。发现断片或钢板弹簧固定卡、隔套、卡子螺栓缺少时应及时进行修复。二级维护时，向片间涂抹石墨润滑脂。钢板弹簧禁止加片，不得将长片裁成短片代用。

钢板弹簧弹性减弱，表现在弧高的减小。因此，检验其弧高的变化，即可判断出钢板弹簧弹性的减弱的程度。检验方法，一般在弹性试验器上检验有负荷或无负荷下弧高的减小量；也可用样板（新片）进行靠合试验。要求左、右钢板弹簧的总片数相等，总厚度差不大于5mm，弧高差不大于10mm。

有些车型的非独立悬架的弹性元件使用螺旋弹簧，其损伤形式主要是弹性减弱，主要是检查螺旋弹簧的自由长度，参见独立悬架的螺旋弹簧检修。

3. 减振器的检修

减振器主要损伤形式是缺减振油和减振器失效。减振器在检查时应固定住减振器，并上下运动活塞杆时应有一定阻力，而且向上比向下的阻力要大些。若阻力过大，应检查活塞杆是否弯曲；若无阻力，则表示减振器油已漏光或失效，必须更换。检修方法参见独立（前）悬架的减振器部分。

检查减振器或滑柱是否有泄漏或损坏，检查缓冲块有无损坏。如果损坏，表明弹簧疲劳，且车身比正常行驶行驶高低或者说明减振器或滑柱不能控制弹簧。

大众车系悬架系统常见故障分析

大众车系悬架系统的常见故障部位主要有：减振器、前轮定位、轮胎动平衡、杆系连接处以及驱动桥的齿轮、轴承等。

大众车系悬架系统的常见故障主要包括行驶平顺性不良，车身横向倾斜，轮胎异常磨损，行驶无力和行驶跑偏。

1. 跑偏

（1）故障现象

一辆帕萨特轿车在行驶时出现了跑偏现象，而且感觉乘坐也比以前颠簸。

（2）故障分析

一般汽车在平坦的直路上行驶 1km，最大的偏差应控制在 4～5m 以内才算正常。如果超出这个指标，表明悬架系统可能已经出现故障。

（3）汽车跑偏的原因及解决方法

轿车在行驶时过程中如果出现了跑偏现象，我们首先应该查看减振器是否有漏油现象。减振器漏油特别是后减振器漏油，会使得坐在车里不仅有颠簸硬感，而且行车时还有一种跑偏的迹象。这是因为个别减振器丧失功能以后，某一车轮定位就会失准，严重的情况下会加速轮胎的磨损。此时，最好将车举升检查。其实减振器漏油以后目视就能一目了然：上面会重重的覆盖一层油泥，减振器的活塞杆上也会有油。如果没有举升设备，也可用双手分别用力按压车身的四个角（轮胎的上方），看看车子是否上下跳动正常，比较一下就能知道哪个减振器坏了。

如果不是上述原因，可按照以下方法进行排除与诊断。

小贴士

引发跑偏的原因

轮胎的气压不足，胎面花纹磨损的程度不同，悬架系统设计有问题或悬架受伤、变形、移位等都会导致跑偏的现象。总之，引发跑偏的原因很多。所有的跑偏现象也绝不是仅靠做个四轮定位或者动个平衡就能解决了的。一般来说，问题主要集中在轮胎和悬架上。

1）检查是否是轮胎的问题。

可先检查厂方给出的额定胎压，家用轿车大多设定在 2～2.5bar，前后轮的压力值也各有不同，如果胎压不等必定会导致跑偏。为了更好地使用轮胎，每两万公里应调换一下轮胎的位置，因为驱动轮的磨损程度总是会比其他的轮子大，不同的摩擦力也会直接引发跑偏。

正确更换的方法是，前后轮成对儿同时对调，不能交叉对角线前后对调；如果需要换新胎应更换同一品牌、同一花纹的轮胎，而且四条胎最好同时更换。另一个比较常见的原因就可能是四轮定位不准，前轮的外倾角、主销角度不正确，或前束角度太小等也都会造成跑偏。避免的方法就是平时少上马路牙子，过大坑时减速，只要是正常驾驶，一般一两年也不用做四轮定位。但如果有了情况就必须到专业维修站进行检测，一些小的检测点虽然收费便宜，但调整不准，用不了多久后就又会复发。

2）检查是否是悬架的问题。

正常情况下新车由于悬架系统故障，造成跑偏的概率很低，因为出厂前的车辆都已经过厂家的严格检测和调整。但也不排除原厂设计就有问题的，比如悬架的导向杆和转向系拉杆的运动干涉就会影响车辆跑偏。前者是由于制造、调整时产生误差造成的，后者就是由于原厂设计造成的，且后者多造成向右跑偏。

旧车跑偏的原因就更多了，除了上述情况外，车架变形、前轴移位、有负前束及垂臂、两前钢板弹簧弹片不一样，还有横、直拉杆球头销松旷等都会造成跑偏，所以对于旧车还要具体情况具体分析。如果是在制动时跑偏现象加剧，那就要着重检查一下制动系，因为左右两侧车轮的制动力不等也会导致跑偏。首先要目测前轮的制动盘片上有无油污、水湿或硬化等情况；在制动盘和片都正常的情况下检查各制动分泵有无漏油、制动钳固定支板是否松动、摩擦片有无回位不顺等现象。

其次，转向系的好坏也将影响汽车的直线行驶。各连接件因磨损间隙过大或轴承、主销、衬套磨损造成松动，将引起汽车在行驶中摆头，不能保持正常的运动轨迹。如果是万向节臂、万向节弯曲变形，一般会引起汽车单向跑偏。最严重的是横直拉杆球头严重磨损后松脱，将造成转向失灵，到时汽车将完全失去控制。

2. 轮胎异常磨损

（1）故障现象

轮胎磨损速度加快，胎面出现不正常磨损形状。

（2）故障主要原因及处理方法

1）轮胎气压不符合要求，轮胎质量不佳或车轮螺栓松动，应按规定充气，更换轮胎或紧固车轮螺栓。

2）轮胎长期未换位或汽车经常行驶在拱度较大的路面上，应及时进行轮胎换位（一般行驶 10 000km 应换位，并进行动平衡校正）。

3）前轮定位不正确或前轮旋转质量不平衡，应校正前轮定位和车轮平衡。

4）纵横拉杆、轮毂轴承松旷或转向节与主销松旷，应予修理或更换。

5）钢板弹簧 U 形螺栓松旷或钢板弹簧衬套与销松旷，应予紧固或更换。

6）经常超载、偏载、起步过急、高速转弯或制动过猛，应注意正确的驾驶方法。

7）转向梯形不能保证各车轮纯滚动，出现过度转向，应子调整。

8）前轴与车架纵向中心线不垂直或车架两边的轴距不等，应予调整。

9）前梁或车架变形，应予整形。

10）前轮放松制动回位慢或制动拖滞，应予排除等。

（3）故障诊断

以桑塔纳为例，根据轮胎磨损的情况确定故障原因：

1）胎冠两肩磨损与胎壁擦伤，是由于轮胎气压不足或汽车长期超载引起。

2）胎冠中部磨损，是由于轮胎气压过高引起。

3）胎冠内（外）侧偏磨损，是由于车轮外倾角过大（小）引起。

4）胎冠两侧成锯齿状磨损，是由于轮胎换位不及时或汽车经常紧急制动或长期超载引起。

5）胎冠由外（里）侧向里（外）侧呈锯齿状磨损，是由于前束过大（小）引起。

6）胎冠呈波浪状或碟片状磨损，是由于轮毂轴承松旷或车轮动不平衡引起。

3. 行驶平顺性不良

（1）故障现象

汽车行驶时出现振动，加速时出现窜动，驾乘人员感觉很不舒服。

（2）故障主要原因及处理方法

1）前稳定杆卡座松旷或橡胶支承损坏，应予更换。

2）车轮动平衡超标，应予校正。

3）减振器或缓冲块失效，应予修理或更换。

4）传动轴动不平衡，应予校正。

5）钢板弹簧支架衬套磨损松旷，应予更换。

6）车轮轴承松旷或转向横拉杆球头松旷，应予更换。

7）钢板弹簧 U 形螺栓滑牙或松动，应予更换或紧固。

8）发动机横梁和下摆臂的固定螺栓或衬套松旷，应予修理或更换。

9）半轴内外万向节磨损松旷，应予更换。

10）轮胎气压过高，磨损不均，应予调整或更换等。

4. 车身横向倾斜

（1）故障现象

汽车车身左高右低或左低右高，出现倾斜。

（2）故障主要原因及处理方法

1）左右轮胎气压不一致，应按规定充气。

2）左右轮胎规格不一致，应予更换。

3）悬架弹簧自由长度或刚度不一致，应予更换。

4）下摆臂变形，应予校正或更换。

5）发动机横梁和下摆臂的固定螺栓或衬套松旷。

6）减振器或缓冲块损坏，应予更换。

7）发动机横梁变形，应予校正或更换。

8）车身变形，应予整形修理等。

思考与练习

一、判断题

1．悬架是连接车架（或承载式车身）与车桥（或车轮）的传力连接装置。（　　）

2．独立悬架是指两侧车轮刚性的连接在一起，只能共同运动的悬架。（　　）

3．双向筒式减振器就是在压缩和伸张两行程内均能起减振作用的减振器。（　　）

4．减振器补偿阀和流通阀分别是在拉伸和压缩行程中的卸载阀。（　　）

5．主动悬架是指悬架的刚度、阻尼根据行驶状况不同，可以自动调节的悬架。（　　）

6．独立悬架可分为横臂式独立悬架、纵臂式独立悬架、斜臂式独立悬架、车轮沿主销移动的悬架。（　　）

二、选择题

1．悬架的弹性元件主要有：钢板弹簧、螺旋弹簧、空气弹簧、橡胶弹簧、（　　）等。

A．塑料弹簧　　B．扭杆弹簧　　C．油气弹簧

2．半主动悬架是（　　）可以自动调节的悬架。

A．刚度　　B．阻尼　　C．刚度和阻尼

3．阻尼可调式减振器当载荷增加时，节流孔流通 面积（　　），阻尼力（　　）。

A．增大　减小　　B．减小　增大　　C．增大　增大

4．麦弗逊式悬架属于（　　）悬架。

A．独立　　B．非独立悬架

5．汽车悬架一般由弹性元件、减振器、导向杆系、（　　）组成。

A．纵向稳定器　　B．横向稳定器

6．点火断开控制在车辆熄火后控制车高，用于（　　）。

A．改善停车姿态　　B．保证极佳的稳定性　　C．熄火后系统恢复

7．转向角传感器安装在转向指示灯开关组件上，检测转向方向和角度，多使用（　　）式。

A．磁感应　　B．霍尔　　C．光电

8．悬架总成经检查不合格的，应（　　）。

A．进行焊接修理　　B．更换新件　　C．做整形处理

9．减振器上如有很小渗油现象，则（　　）。

A．必须更换新件　　B．不必调换　　C．应进行补修

10．车辆转弯时车身倾斜，则有可能是（　　）、减振器、弹簧或支承座出现问题。

A．横向稳定杆失效　　B．车轮定位失准　　C．车轮不平衡

项目 9 转向系统的检修

◎ **项目情境**

桑塔纳 2000GLi 轿车转向沉重。汽车行驶中，驾驶员向左右转向盘时，感到沉重费力，无回正感；汽车低速转弯行驶和调头时，转动转向盘感到非常沉重，甚至打不动。

◎ **项目目标**

- 掌握转向系的作用、类型、组成及工作过程。
- 熟悉机械转向系主要机件的结构及特点。
- 能够正确描述动力转向系的组成及工作过程。
- 熟悉电控式动力转向系统的类型。
- 会对转向系统主要零部件进行检修。
- 会分析转向系统的常见故障原因。

任务9.1 认识转向系统

◎ 任务目标

1. 掌握汽车转向系统的作用、组成、类型。
2. 会描述汽车转向系统的的工作原理。

1. 汽车转向系统

汽车在行驶过程中，驾驶员通过操纵转向盘和一套传动机构，使转向轮在路面上偏转一定的角度来改变其行驶方向，确保汽车稳定安全的正常行驶。能使转向轮偏转以实现汽车转向的一整套机构称为汽车转向系，如图9.1.1和图9.1.2所示。

（1）作用

转向系统的作用是使汽车在行驶过程中能按照驾驶员的操纵要求，适时地改变汽车行驶方向。此外，当受到路面各种干扰时，能与行驶系配合，维持汽车稳定地直线行驶。

（2）类型

转向系可按照转向能源的不同分为机械式转向系和动力转向系两大类。

1）机械式转向系。机械式转向系以驾驶员的体力作为转向能源，其中所有转力件都是机械的。机械转向系由转向操纵机构、转向器和转向传动机构三大部分组成。从转向盘到转向轴这一系列部件和零件，均属于转向操纵机构。由转向摇臂至转向梯形这一系列部件和零件（不包含万向节），均属于转向传动结构。另外，转向盘在驾驶室安放的位置和各国交通法规规定车辆靠道路左边还有右边通行有关。图9.1.1所示为机械式转向系的组成和布置示意图。

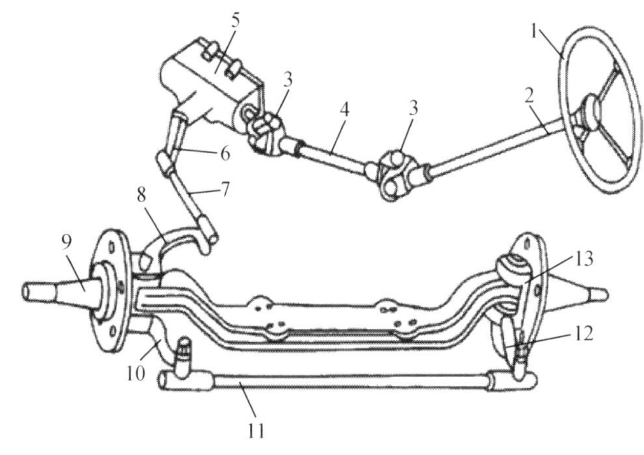

图9.1.1 机械式转向系

1-转向盘；2-转向轴；3-转向万向节；4-转向传动轴；5-转向器；6-转向摇臂；7-转向直拉杆；8-万向节臂；9-左万向节；10、12-梯形臂；11-转向横拉杆；13-右万向节

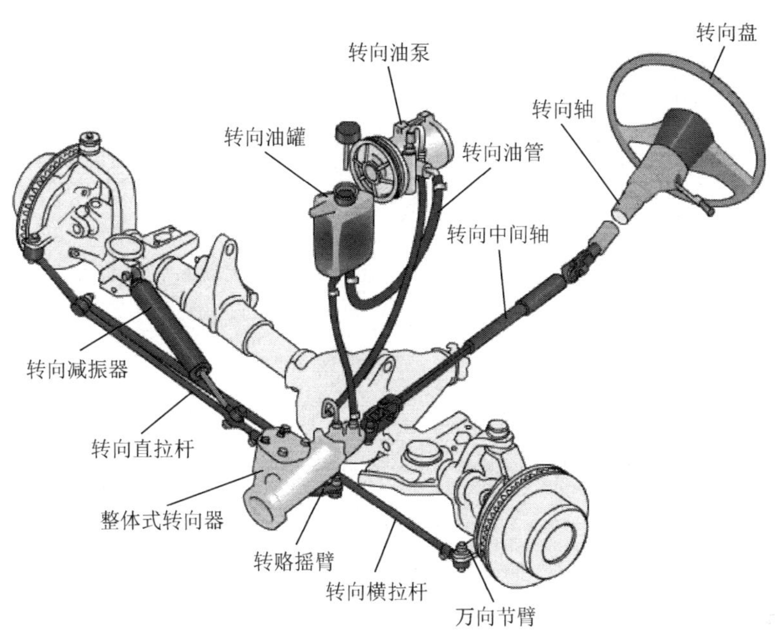

图 9.1.2　动力转向系

2）动力转向系。动力转向系是兼用驾驶员体力和发动机动力为转向能源的转向系。在转向加力装置失效时，一般还应能由驾驶员独立承担汽车转向任务。因此，动力转向系是在机械式转向系的基础上加设一套转向助力设备而形成的。

属于转向助力装置的部件是：转向油罐、转向液压泵、转向控制阀和转向动力缸。图 9.1.2 所示为动力转向系的组成和布置示意图。

（3）转向原理

1）转向过程（以机械式转向系为例）。汽车转向时，驾驶员对转向盘施加一力矩，该力矩通过转向轴，输入转向器。经过减速增力传给转向摇臂再通过转向直拉杆传给左万向节上的万向节臂，使左万向节和它所支承的左轮偏转。由于右万向节与左万向节之间用左、右梯形臂和横拉杆连接，故右万向节及支承的右轮也随之偏转相应的角度，实现了汽车转向。

2）转向车轮的运动。为了避免在汽车转向时产生路面对汽车的附加阻力和轮胎过快磨损，要求转向系能保证在汽车转向时，所有车轮均作纯滚动，显然，这只有在所有车轮的轴线都相交与一点时方能实现。此交点 O 称为转向中心，如图 9.1.3 所示。

角α与β的理想关系式是：

$$\cot\alpha=\cot\beta+\frac{B}{L}$$

由转向中心 O 到外转向轮与地面接触点的距离，称为转弯半径。转弯半径越小，则汽车转向所需场地就越小，机动性也就越好。当外转向轮偏转角达到最大值 α_{max} 时，转弯半径 R 最小。

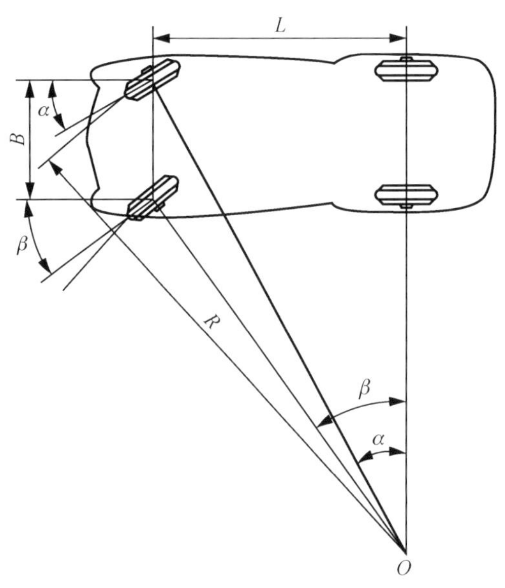

图 9.1.3 双轴汽车转向时两侧转向轮理想偏转角的关系

3）转向盘自由行程。单从转向操纵灵敏而言，最好是转向盘和万向节的运动同步开始并同步终止。然而，这在实际上是不可能的。因为在整个转向系中，各传动件之间都必然存在着装配间隙，并且这些间隙将随着零件的磨损而增大。在转向盘转向过程的开始阶段。此后，才需要对转向盘施加更大的转向力矩以克服经车轮传到万向节上的转向阻力矩，从而实现使各种转向轮偏转的目的。转向盘在空转阶段中的角行程，称为转向盘自由行程。转向盘自由行程对于缓和路面冲击及避免使驾驶员过度紧张时有利的，但不宜过长，以免过分影响灵敏性。一般来说，转向盘从相应于汽车直线行驶的中间位置向任一方向的自由行程不超过 10° 。当零件磨损严重到使转向盘自由行程超过 30° 时，必须进行调整。

2. 转向器

转向器是转向系中减速增扭的传动装置，其功用是增大转向盘传到万向节的力并改变力的传动方向。转向器按其结构形式，可分为齿轮齿条式、循环球式和蜗杆指销式三种。目前应用广泛的是齿轮齿条式和循环球式转向器。本书也只介绍这两种转向器。

（1）齿轮齿条式转向器

齿轮齿条式转向器如图 9.1.4 所示，由于其具有结构简单、紧凑，重量轻，刚性大，转向灵敏，制动容易，成本低，而且特别适合与烛式和麦弗逊式悬架配用，便于布置等优点，因此，目前它在轿车和微型、轻型货车上得到了广泛的应用。

1）基本结构。如图 9.1.5 所示为桑塔纳轿车转向器，它主要由转向齿轮、转向齿条、转向器壳和调整螺钉等组成。

2）工作过程。驾驶员通过转向操纵机构，转向齿轮转动，从而使转向齿条移动，转向齿条通过转向直拉杆，转向摆杆和左右横拉杆，使两车轮绕主销偏转。

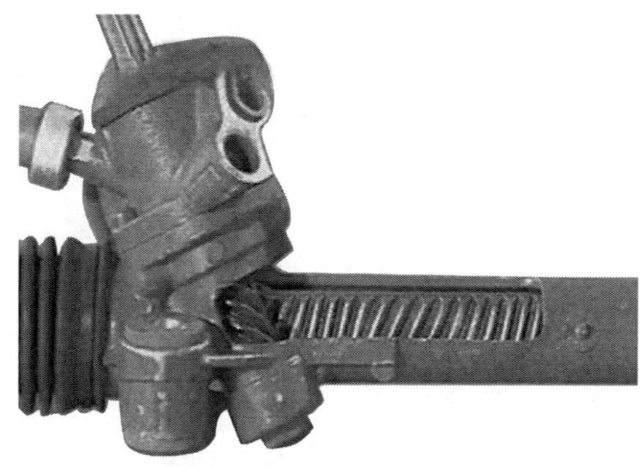

图 9.1.4　齿轮齿条式转向器

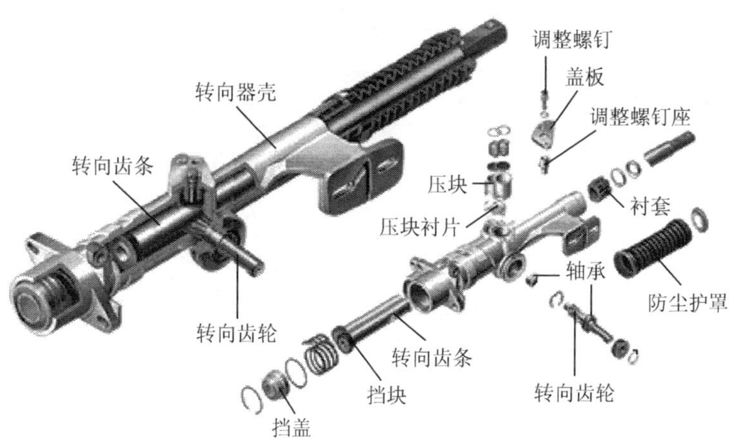

图 9.1.5　桑塔纳轿车转向器

（2）循环球式转向器

循环球式转向器如图 9.1.6 所示，其由于传动效率高，机件磨损小，操作省力，使用寿命长等优点，因此，广泛应用于货车上。

图 9.1.6　循环球式转向器

1）基本结构。如图 9.1.7 所示为循环球式转向器，主要有两级传动副，第一级是螺杆螺母传动副，第二级是齿条齿扇传动副。主要由螺杆、螺母、齿条、齿扇和外壳等组成。

2）工作过程。转向螺杆转动时，通过钢球将力传给螺母， 螺母即沿轴线移动。同时，在螺杆与螺母两者和钢球间的摩擦力偶作用下，所有钢球便在螺旋管状通道内滚动，形成“球流”。钢球在螺母内绕行两周后，流出螺母进入导管，再由导管流回螺母。随着螺母沿螺杆轴向移动，其齿条带动齿扇运动，齿扇带动垂臂轴转动，从而使转向垂臂产生摆动，通过转向传动机构使转向轮偏转，完成汽车转向。

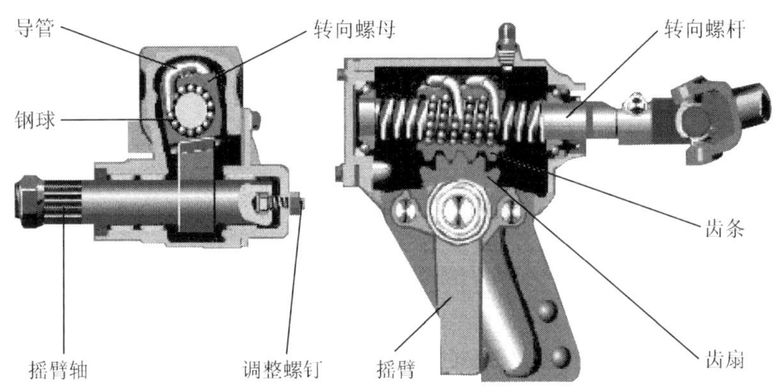

图 9.1.7 循环球式转向器

3. 转向操纵机构与传动机构

（1）转向操纵机构

1）转向操纵机构的组成和布置。从转向盘到转向传动轴这一系列部件和零件属于转向操纵机构。主要作用是将驾驶员转动转向盘的操纵力传给转向器。它包括转向盘、转向柱管、转向传动轴、上万向节和下万向节等，如图 9.1.8 所示。

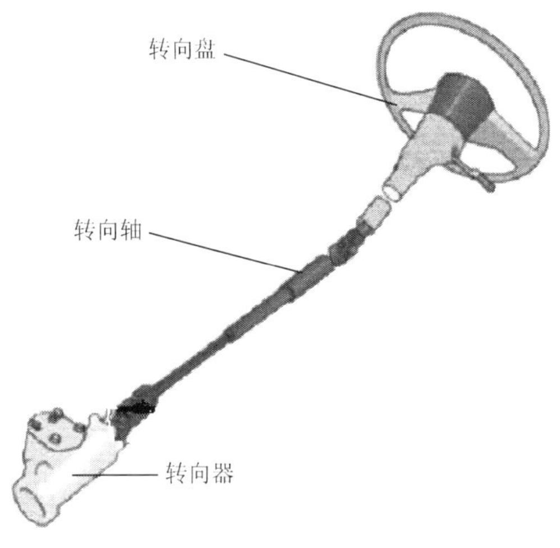

图 9.1.8 转向操纵机构

2）转向盘。转向盘由轮缘 1、轮辐 2 和轮毂 3 组成，如图 9.1.9 所示。轮辐一般为三根辐条或四根辐条，也有用两根辐条的。转向盘轮毂孔具有细牙内花键，借此与转向轴连接。转向盘内部是由成形的金属骨架构成。骨架外面一般包有柔软的合成橡胶或树脂，也有包皮革的，这样可有良好的手感，而且还可防止手心出汗时握转向盘打滑。转向盘上也都装有喇叭按钮，有些轿车的转向盘上还装有车速控制开关和撞车时保护驾驶员的气囊装置。

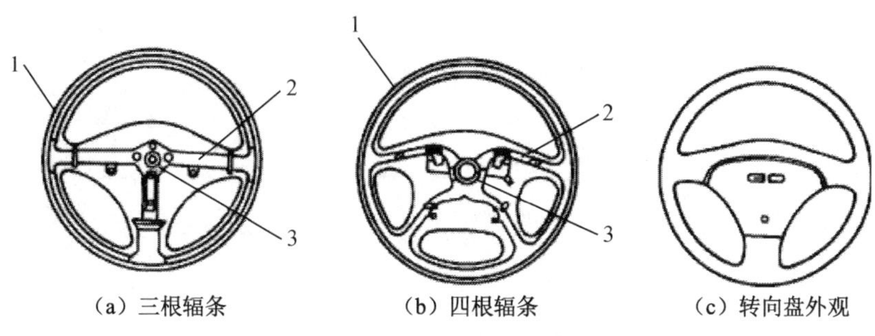

（a）三根辐条　　（b）四根辐条　　（c）转向盘外观

图 9.1.9　转向盘

3）转向轴和转向柱管的吸能装置。转向轴是连接转向盘和转向器的传动件，并传递它们之间的转矩。转向柱管安装在车身上，支承着转向盘。转向轴从转向柱管中穿过，支承在柱管内的轴承和衬套上。

转向轴和转向柱管的吸能装置有多种形式。其基本结构原理是，当转向轴受到巨大冲击时，转向轴产生轴向位移，使支架或某些支承件产生塑性变形，从而吸收冲击能量。如图 9.1.10 所示为红旗 CA7220 型轿车转向轴的吸能装置示意图。

如果汽车上装的是图 9.1.11 所示的吸能装置，则网格状转向柱管的网格部分将被压缩而产生塑性变形。吸收冲击能量，以减轻对人体的伤害。

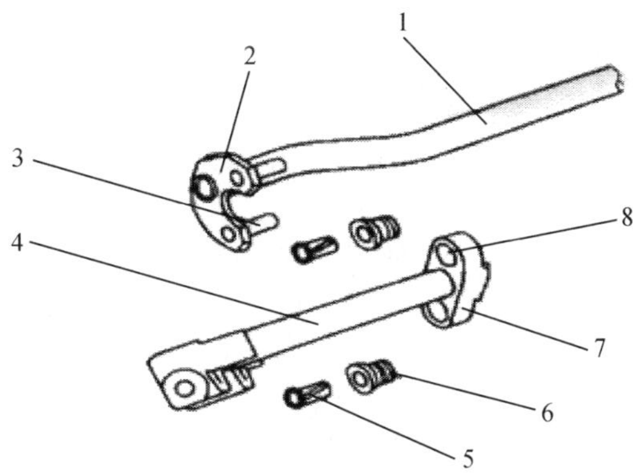

图 9.1.10　红旗 CA7220 型轿车转向轴的吸能装置示意图

1-上转向轴；2-上凸缘盘；3-销子；4-下转向轴；5-聚四氟乙烯衬套；6-橡胶衬套；7-下凸缘盘；8-销孔

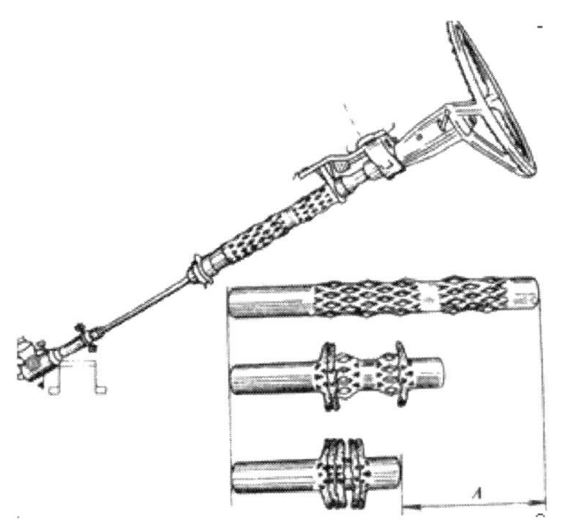
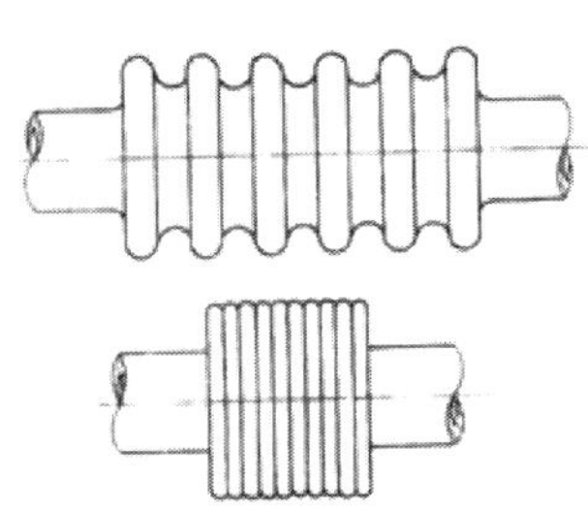

图 9.1.11　网格状转向柱管吸能装置示意图

（2）转向传动机构

转向传动机构的功用是将转向器输出的力和运动传到转向桥两侧的万向节，使两侧转向轮偏转，并使两转向偏转角按一定关系变化，以保证汽车转向时车轮与地面的相对滑动尽可能小。转向传动机构的组成和布置，因转向器位置和转向轮悬架类型不同而异。

1）与非独立悬架配用的转向传动机构。与非独立悬架配用的转向传动机构如图 9.1.12 所示，主要包括转向摇臂 2、转向直拉杆 3、万向节臂 4 和转向梯形臂 5。在前桥仅为转向桥的情况下，由转向横拉杆 6 和左、右梯形臂 5 组成的转向梯形，一般布置在前桥之后，如图 9.1.12（a）所示。在发动机位置较低或转向桥兼充驱动桥的情况下，为避免运动的干涉，往往将转向梯形布置在前桥之前，如图 9.1.12（b）所示。若转向摇臂不是在汽车纵向平面内前后摆动，而是在与道路平行的平面内左右摆动，则可将转向直拉杆 3 横置，并借球头销直接带动转向横拉杆 6，从而推使两侧梯形臂转动，如图 9.1.12（c）所示。

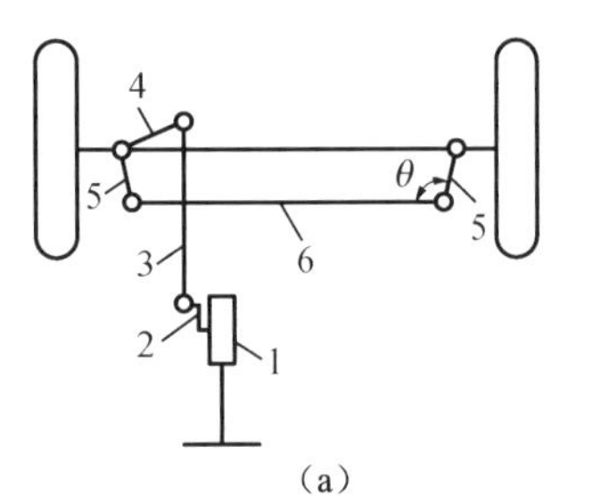

（a）

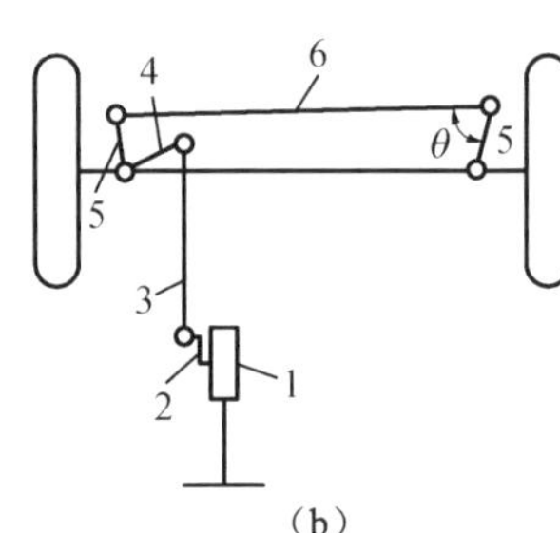

（b）

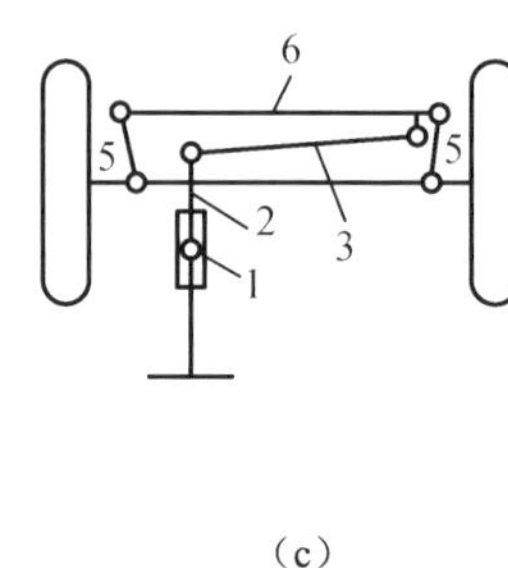

（c）

图 9.1.12　与非独立悬架配用的转向传动机构示意图

1-转向器；2-转向摇臂；3-转向直拉杆；4-万向节臂；5-转向梯形臂；6-转向横拉杆

① 转向摇臂。转向摇臂如图 9.1.13 所示，其作用是把转向器输出的力和运动传给直拉杆或横拉杆，进而推动转向轮偏转。

② 转向直拉杆。转向直拉杆如图 9.1.14 所示，其作用是将转向摇臂传来的力和运动传给转向梯形臂（万向节臂）。

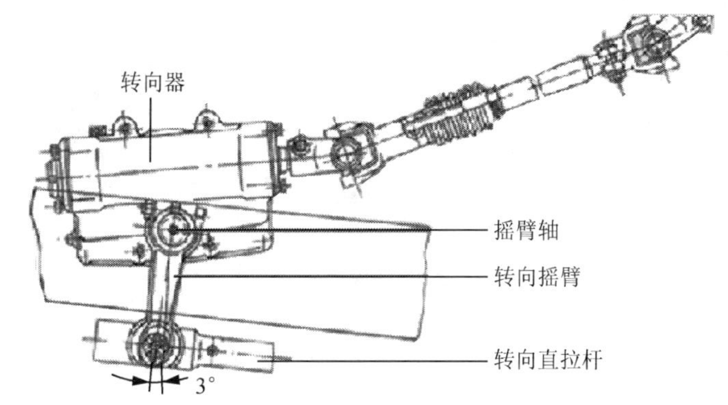

图 9.1.13　转向摇臂

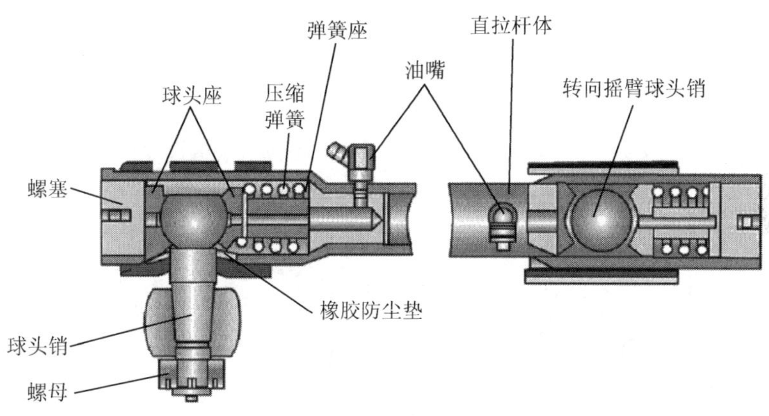

图 9.1.14　转向直拉杆

③ 转向横拉杆。如图 9.1.15 所示，其作用是联系左右梯形臂并使其协调工作。

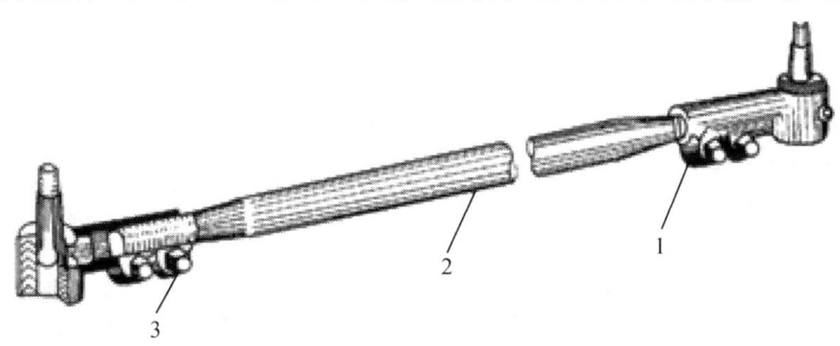

图 9.1.15　转向横拉杆

1-横拉杆接头；2-横拉杆体；3-夹紧螺栓

2）与独立悬架配用的转向传动机构。与独立悬架配用的转向传动机构如图 9.1.16 所示。当转向轮独立悬挂时，每个转向轮分别相对于车架作独立运动，因而转向桥必须是断开式。与此相应，转向传动机构中的转向梯形也必须分成两段[图 9.1.17（a）]或三段[图 9.1.17（b）]，并且由在平行与路面的平面中摆动的转向摇臂直接带动或通过转向直拉杆带动。

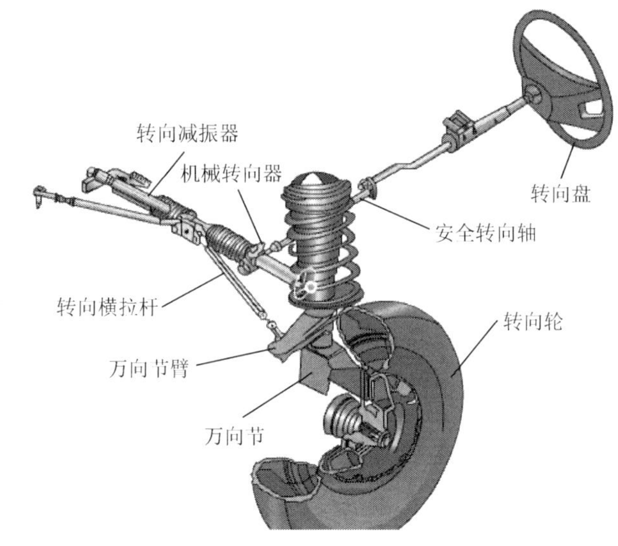

图 9.1.16　与独立悬架配用的转向传动机构

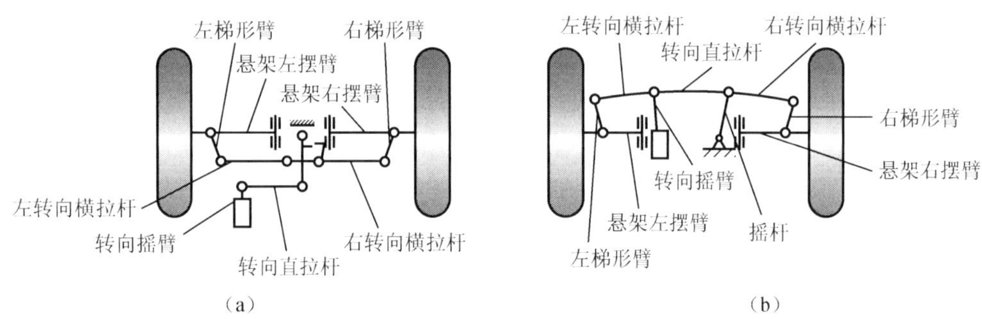

图 9.1.17　与独立悬架配用的转向传动机构示意图

① 转向横拉杆。转向横拉杆如图 9.1.16 所示，其有左、右两根组成。通过调节横拉杆的长度可调整前轮前速值。

② 转向减振器。转向减振器如图 9.1.18 所示，其作用是衰减由于道路不平而传给转向盘的冲击振动，防止转向盘打手，保证汽车行驶方向。

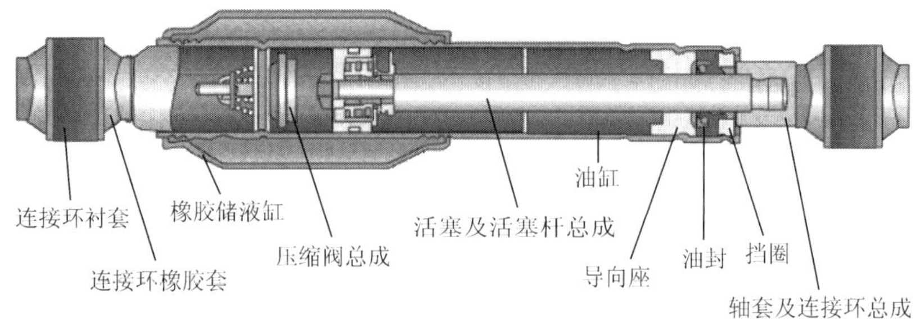

图 9.1.18　转向减振器

任务 9.2　桑塔纳 2000 型轿车转向系统

◎ 任务目标

1. 会正确描述桑塔纳 2000 型轿车转向系统的结构。
2. 了解桑塔纳 2000 型轿车转向系统的工作原理。
3. 会拆装与检修桑塔纳 2000 型轿车转向系统。

工作场景：理实一体化教室。

设备器材：桑塔纳 2000 型轿车、常用工具、百分表、游标卡尺、扭力扳手和抹布等。

技术要求：见表 9.2.1。

注意事项：操作前按照技术手册做出计划流程图，做到按计划进行。

1. 桑塔纳 2000 型轿车转向系统结构及技术参数

(1) 总体结构与工作原理

桑塔纳 2000 型轿车的动力转向是在原机械式齿轮齿条转向器基础上增加了储油罐、液压泵、控制阀及动力缸。转向器和动力缸、控制阀组合成一体，故称为整体式动力转向器。其结构与原理分别如图 9.2.1～图 9.2.3 所示。

控制阀为常流转式，上部的阀体为滑阀结构，阀体与小齿轮设计加工为一体。阀芯上有控制槽，阀芯通过转向齿轮轴上的拨叉来拨动。转向齿轮轴用销钉与阀中弹性扭力杆相连，扭力杆的刚度决定了阀的特性曲线，同时起到阀的中心定位作用。

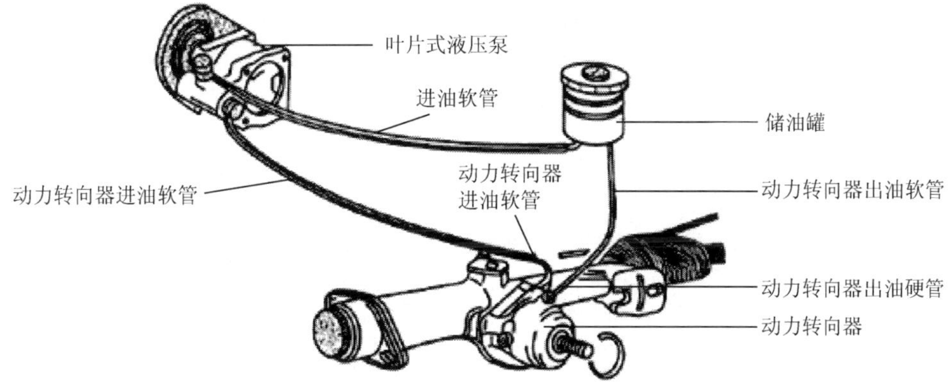

图 9.2.1　动力转向器及管路布置

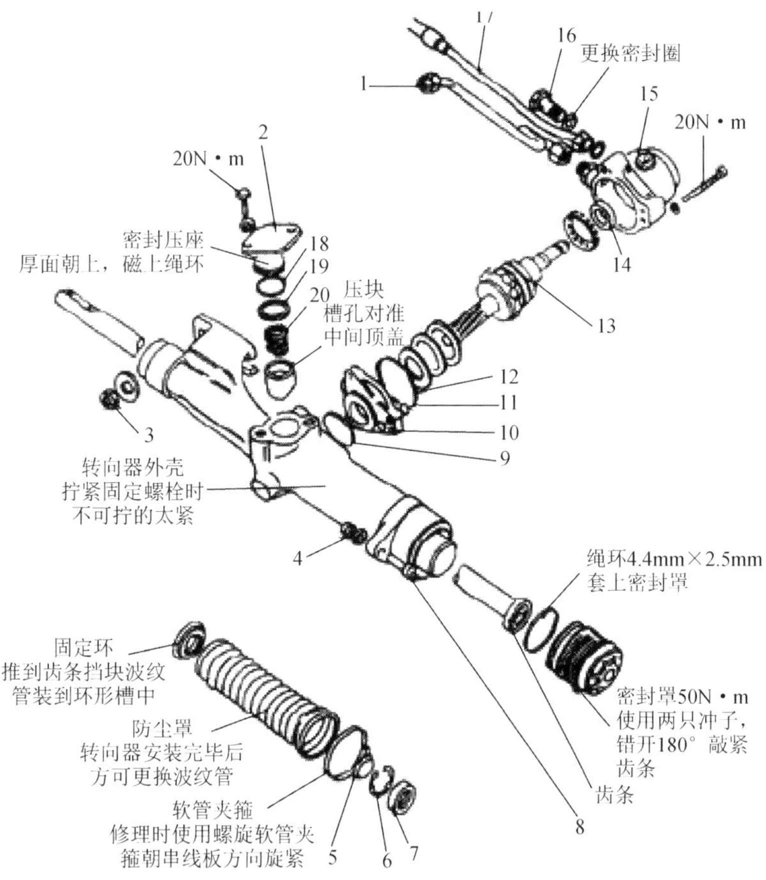

图 9.2.2 液压动力转向机构的分解与检修

1-油管 40N・m；2-压盖；3-自锁螺母 35N・m；4-自锁螺母 20N・m；5-更换齿形环；6-挡圈；7-齿条密封罩；8-圆柱内六角螺栓；9-圆绳环 42×2；10-中间盖；11、12、18-圆绳环；13-转向机构主动齿轮；14-密封圈；15-阀门罩壳；16-管接头螺栓 30N・m；17-回油管；19-补偿垫片；20-压簧

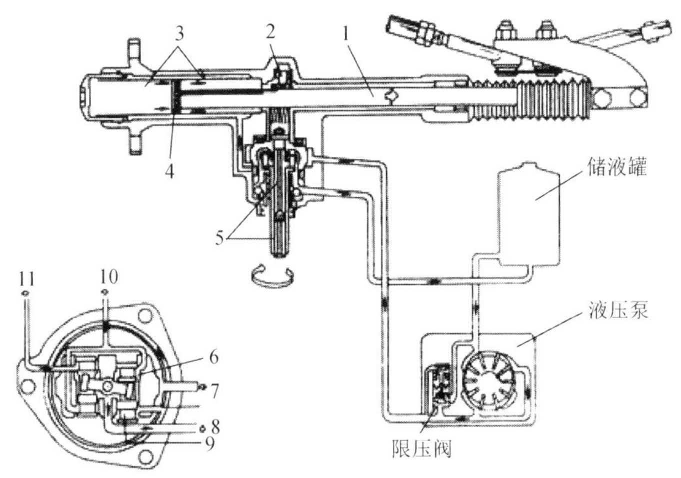

图 9.2.3 动力转向系统工作原理

1-齿条；2-齿轮；3-工作主缸；4-活塞；5-弹性扭力杆；6-控制阀；7-进油口；8-出油口；9-柱塞阀芯；10-通向工作缸右边；11-通向工作缸左边

液压泵（叶片泵）的额定流量为 6L/min，额定工作压力为（100±5）bar，为了保证轿车在高速行驶时有较强的路感，泵的流量随发动机转速的提高呈下降趋势。为了保证转向系统的工作，防止液压系统工作压力超过允许的最大工作压力，在泵内装有一限压阀，当工作压力超过限压阀的额定值时，压力油通过限压阀卸压返回到吸油口。

发动机驱动液压泵由液压泵的压力油通过控制阀作用于转向器的齿轮、齿条上来实现转向。工作原理如下：

当直线行驶时，转向盘处于中间位置，阀心和阀套之间也处于中间位置，所有的控制口接通，液压油流经控制阀的阻力很小，液压泵处于空转状态，工作油缸不起作用。

当向右转动转向盘时转向齿轮轴带动阀芯相对于阀套运动，改变了阀的控制口位置：

右边旋转柱塞阀芯下降，打开进油通道，关闭回油通道；左边旋转柱塞阀心上移，关闭进油通道，打开回油通道。

根据右边旋转柱塞阀芯进油通道开度的大小，来控制流入工作缸左边的液压油的流量和油压，油压推动活塞向右运动，起到助力作用。同时，工作缸右边的液压油在活塞的作用下，通过打开的回油槽返回储油罐（图 9.2.3）。

当向左转动转向盘时，情况与向右转动转向盘时相反。

采用动力转向后由于液压阻尼力的增加，削弱了汽车的转向回正能力，因此，桑塔纳 2000 型轿车的前桥主销后倾角增大到 1° 30′ ±30′，满足了汽车回正性的要求，改善了驾驶人“路感”反应，保证汽车在高速行驶时的稳定性。

由于动力转向器的阀孔具有节流阻尼作为，减轻了因道路不平引起的转向盘抖动和打手，所以动力转向系统取消了机械式齿轮齿条转向系统中的转向减振器。

桑塔纳 2000 型轿车转向控制阀采用的是常流转阀式结构，结构紧凑，操作可靠，工作灵敏。这种转阀在转向盘位于中间位置时常开，工作液压油一直处于常流状态，如图 9.2.4 所示。

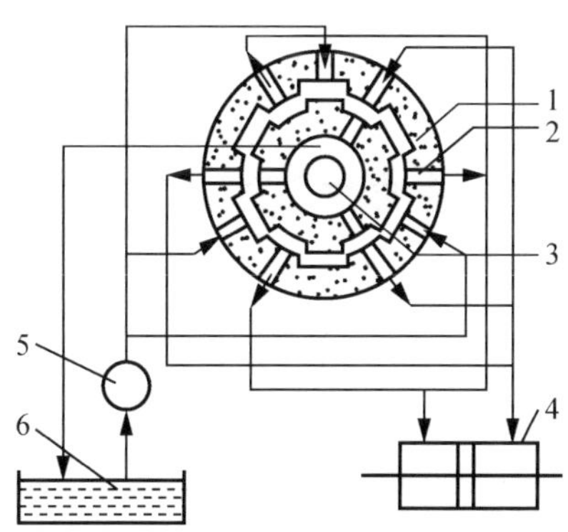

图 9.2.4　转向控制阀工作原理图

1-阀套；2-阀芯；3-扭杆；4-动力油缸；5-转向油泵；6-储油罐

（2）转向盘与转向管柱

转向盘与转向管柱的分解如图 9.2.5 所示，拆装和分解转向盘与转向管柱时可参照此图。

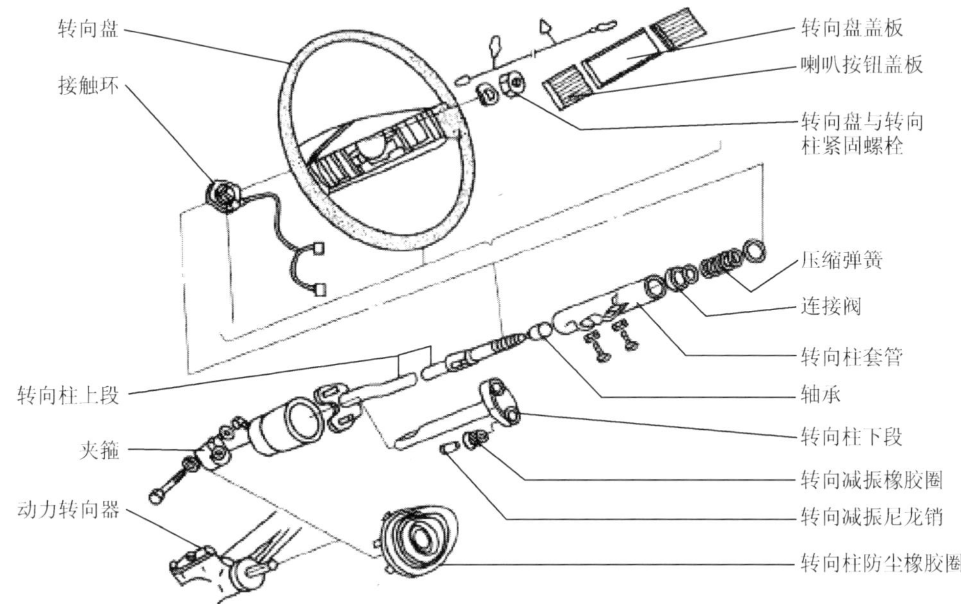

图 9.2.5　转向盘与转向管柱的分解图

（3）技术参数

桑塔纳 2000 型轿车转向系的主要技术参数见表 9.2.1。

表 9.2.1　桑塔纳 2000 型轿车转向系主要技术参数

<table>
<tr><th colspan="2">项　目</th><th>技术参数</th><th colspan="2">项　目</th><th>技术参数</th></tr>
<tr><td colspan="2">转向盘直径</td><td>400mm</td><td rowspan="2">动力转向器</td><td>齿条工作行程</td><td>168mm</td></tr>
<tr><td rowspan="4">转向柱与转向盘连接三角花键</td><td>齿数</td><td>40</td><td>齿条可移动总行程</td><td>（195±0.1）mm</td></tr>
<tr><td>模数</td><td>0.425mm</td><td colspan="2">转向盘转动总周数</td><td>3.11 周</td></tr>
<tr><td>防松螺母</td><td>M16</td><td colspan="2">最小转弯半径</td><td>5.5m</td></tr>
<tr><td rowspan="2">拧紧力矩</td><td rowspan="2">45N · m</td><td colspan="2">空载时内轮最大转角</td><td>40° 18′</td></tr>
<tr><td colspan="2">空载时外轮最大转角</td><td>35° 36′</td></tr>
</table>

2. 桑塔纳 2000 型轿车转向柱的拆装与检查

（1）转向柱的拆卸

转向柱上装有一套组合开关，包括点火开关、前风窗刮水及清洗开关。转向灯开关及远近光变光开关，因此在拆卸前必须将蓄电池电源线断开，转向指示灯开关放在中间位置，并将车轮处在直线行驶位置，然后按下列拆卸步骤进行。

01 向下按橡皮边缘，撬出盖板。

02 取下喇叭盖，拆卸喇叭按钮及有关接线。

03 拆下转向盘紧固螺母，用拉器将转向盘取下。

04 拆下组合开关上的三个平口螺栓，取下开关。

05 拆下阻风门控制把手手柄上的销子，然后旋下手柄、环形螺母，取下开关。

06 拆下转向柱套管的两个螺钉，拆下套管。

07 将转向柱上段往下压，使上段端部法兰上的两个驱动销脱离转向柱下端，取出转向柱上段。

08 取下转向柱橡胶圈，松开夹紧箍的紧回螺栓，拆下转向柱下端。

09 用水泵钳旋转卸下弹簧垫圈，卸下左边的内六角螺栓，旋出右边的开口螺栓，拆下转向盘锁套。

（2）转向柱的检查

检查转向柱有无弯曲、安全联轴节有无磨损或损坏、弹簧弹性是否失效，如有则应修理或更换新件。

（3）转向柱的安装

安装应基本按拆卸的相反顺序进行，但同时应注意以下几点：

1）转向柱与凸缘管应一起安装，并用水泵钳连接起来。

2）应将凸缘管推止转向机构主动齿轮上，夹紧箍圈口应向外，注意不可用手掰开夹箍。

3）转向柱管的断开螺栓装配时，应将螺栓拧紧至螺栓头断升为止，然后拧紧圆柱螺栓。

4）车轮应处于直线行驶位置，转向灯开关应处在中间位置，才可装转向盘，否则在安装转向盘时，当分离爪齿通过接触环上的簧片时，有可能造成损坏。

5）应更换所有的自锁螺母和螺栓，转向支柱如有损坏，不能焊接修理。

3. 桑塔纳2000型轿车动力转向器的拆卸和安装

（1）动力转向器的拆卸

01 吊起车辆，排放转向液压油（ATF润滑油）。

02 拆下固定横拉杆的螺母，如图9.2.6所示。

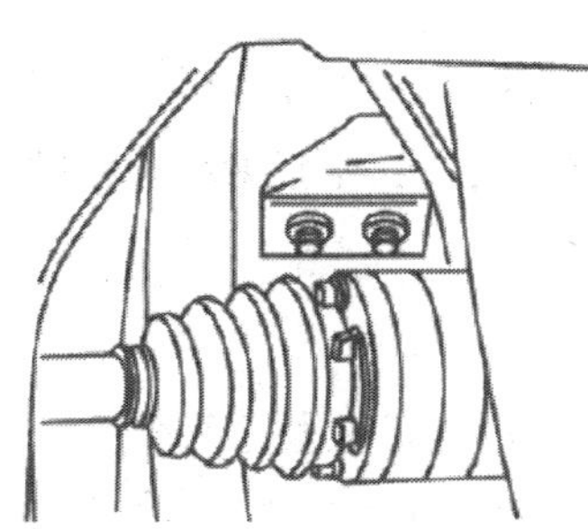

图9.2.6 拆卸横拉杆固定螺母

03 拆卸左前轮罩处的转向器固定螺栓，如图9.2.7所示。

04 松开在转向控制阀外壳上的高压油管，如图9.2.8所示。

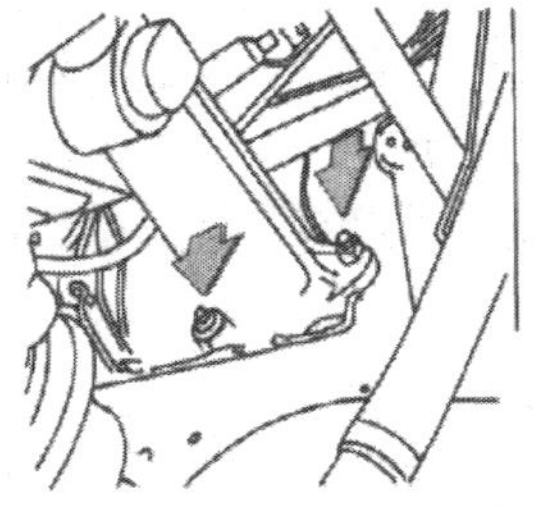

图9.2.7 拆卸左前轮罩处的转向器固定螺母

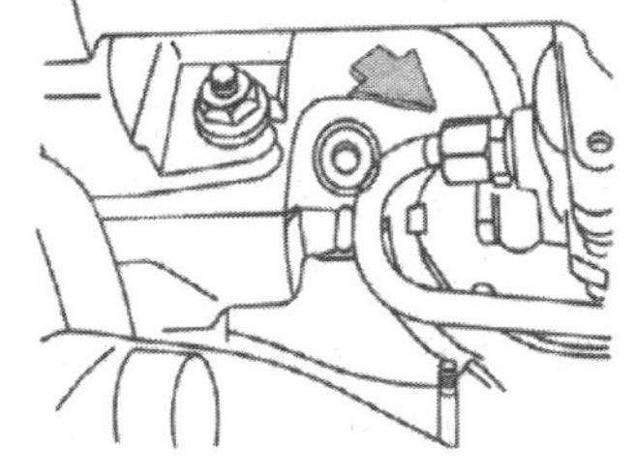

图9.2.8 松开高压油管

05 拆卸后横板上固定转向器的左边自锁螺母，如图 9.2.9 所示。

06 把车辆放下。拆卸紧固齿条与转向横拉杆的螺栓，如图 9.2.10 所示。

07 拆卸仪表板侧边下盖、通风管和踏板盖。

08 拆卸紧固转向小齿轮与下轴的螺栓（图 9.2.11），并使各轴分开。

09 拆卸防尘套。从汽车内部，拆卸固定转向控制阀外壳上回油软管的泄放螺栓，如图 9.2.12 所示。

10 拆卸后横板上转向器的固定自锁螺母，如图 9.2.13 所示。

11 拆下转向器。

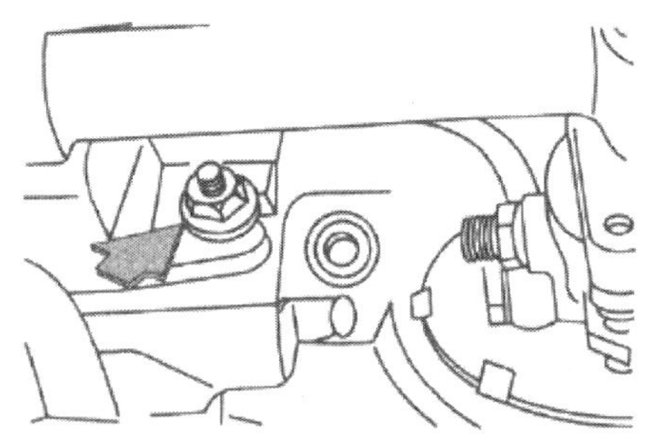

图 9.2.9　拆卸后横板上固定转向器的左边自锁螺母

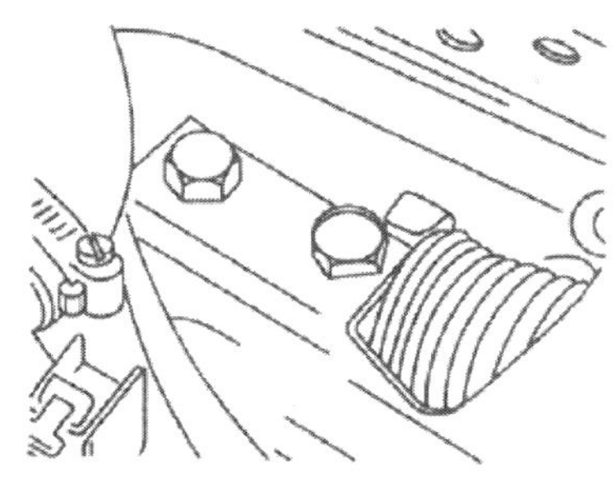

图 9.2.10　拆卸紧固齿条与转向横拉杆的螺栓

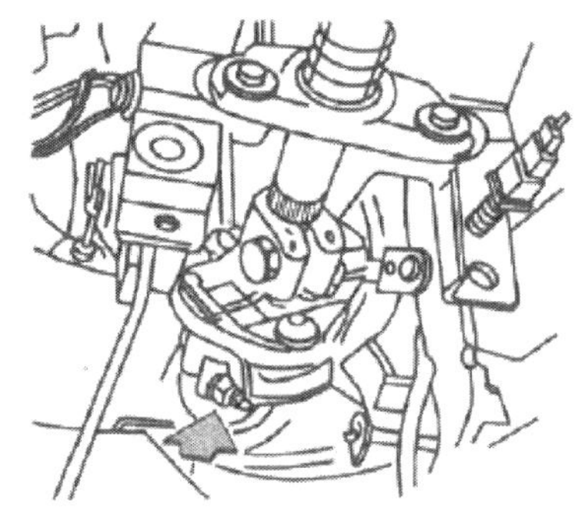

图 9.2.11　拆卸紧固转向小齿轮与下轴的螺栓

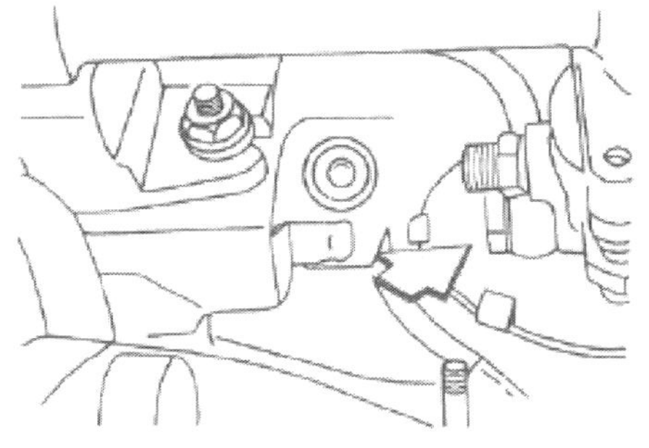

图 9.2.12　拆卸泄放螺栓

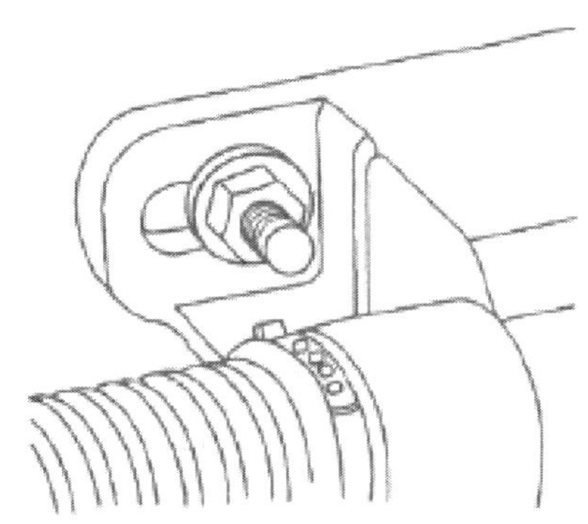

图 9.2.13　拆卸后横板上转向器的固定自销螺母

（2）动力转向器的安装

安装时应注意：转向泵和转向控制阀上固定泄放螺栓的密封环只要被拆卸，就应该更换。

01 安装后横板的转向器，安装自锁螺母但不必完全拧紧。

02 吊起车辆。

03 在转向泵上安装高压和回油软管，并用 40N·m 的力矩拧紧螺栓，并使用新的密封圈；安装左前轮罩上的转向器固定螺栓，并用 20N·m 的力矩拧紧螺母，安装后横板上转向器固定自锁螺母，并且用 40N·m 的力矩拧紧螺母；把高压管固定在转向控制阀外壳上。

04 把车辆放下。

05 用 40N·m 的力矩拧紧后横板上转向器的固定螺母；安装横拉杆支架固定螺栓，并用 45N·m 的力矩拧紧；从车辆内部把回油软管安装在转向控制阀外壳上；安装保护网（防尘套）；连接下轴，安装固定螺栓并用 25N·m 的力矩拧紧；安装踏板盖、通风管和仪表板盖。

06 吊起车辆。

07 安装固定横拉杆支架的自锁螺母，并用 45N·m 的力矩拧紧。

08 把车辆放下。

09 向储油罐内注入 ATF 油，直到达到“MAX”标记处。不要再使用已排出的 ATF 油。

10 吊起车辆。在发动机停止的情况下转动转向盘数次，以便把系统中存在的空气排出，并补充 ATF 油，使之达到标有“MAX”处。

11 起动发动机，完全向左和向右转动转向盘，观察油面高度，一直操作到油面稳定在标有“MAX”处为止。

4. 桑塔纳 2000 型轿车转向器齿轮密封圈的更换

01 拆卸转向器。把转向器固定在台虎钳上，并拆卸弯曲棒的锁销，如图 9.2.14 所示。

02 拆卸转向控制阀总成，如图 9.2.15 所示。

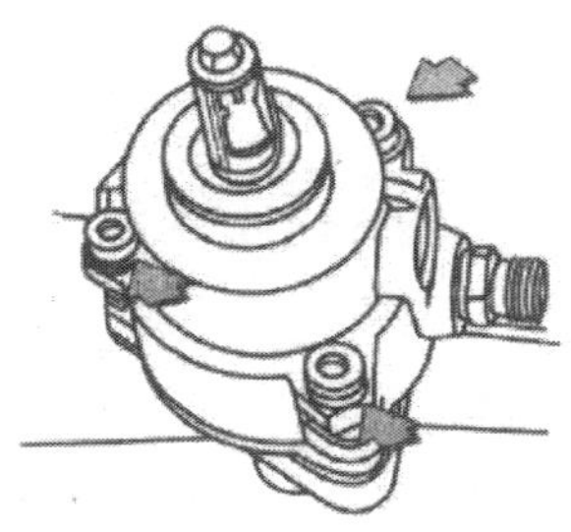

图 9.2.14　拆卸弯曲棒的锁销

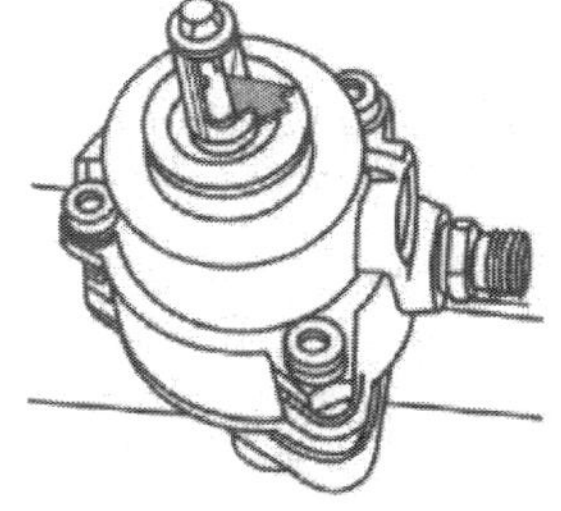

图 9.2.15　拆卸转向控制阀

03 拆卸转向控制阀外壳的密封圈，如图 9.2.16 所示。

04 使用专用工具 VW065 和塑料锄头，把新的密封圈安装在转向控制阀外壳上，如图 9.2.17 所示。

5. 桑塔纳 2000 型轿车转向泵的更换

转向泵的分解如图 9.2.18 所示，拆卸和安装转向泵时均可参照此图进行。

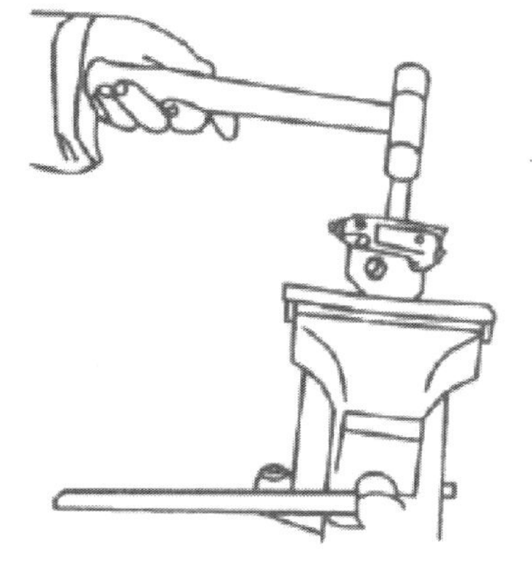

图 9.2.16　拆卸密封圈

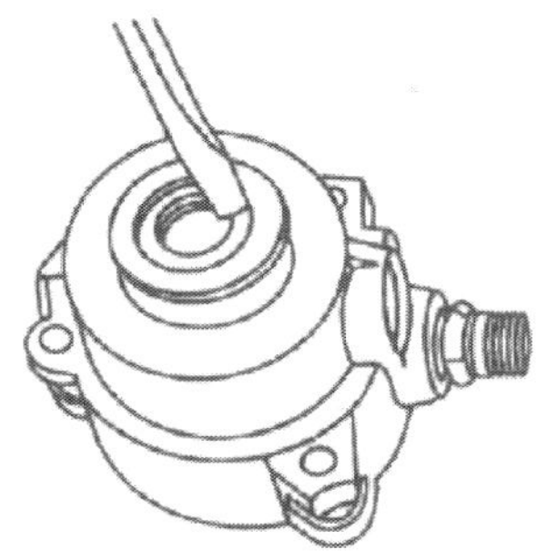

图 9.2.17　安装密封圈

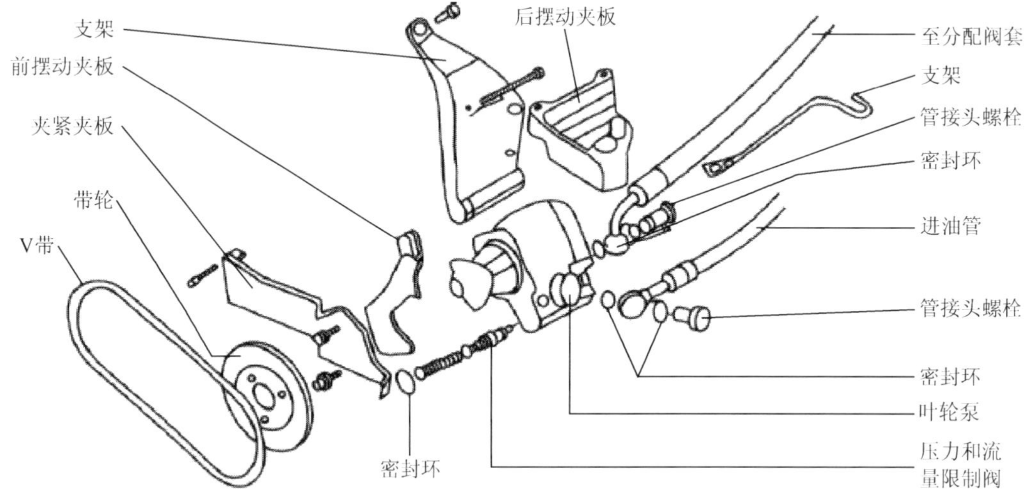

图 9.2.18　转向泵（叶片泵）及其附件的分解图

（1）转向泵的拆卸

01 吊起车辆。

02 拆卸转向泵上回油软管的高压软管的泄放螺栓（图 9.2.19），排放 ATF 润滑油。

03 拆卸转向泵前支架上的张紧螺栓，如图 9.2.20 所示。

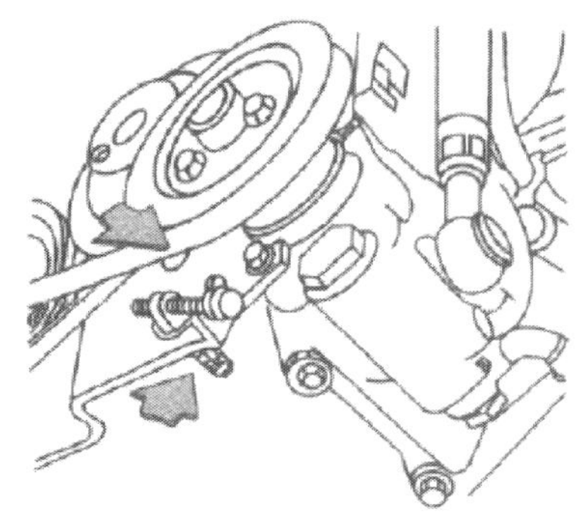

图 9.2.19　拆卸泄放螺栓

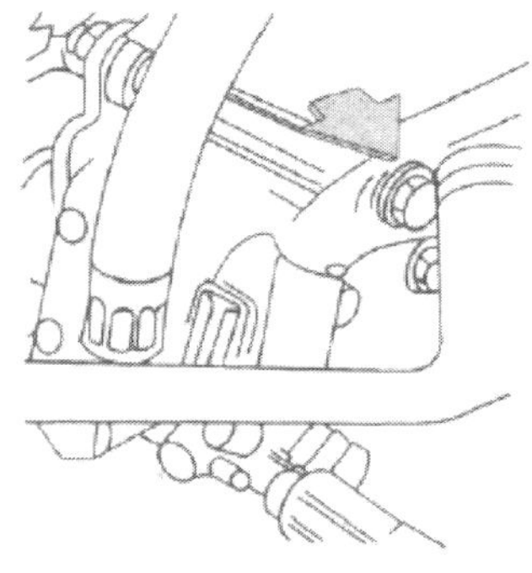

图 9.2.20　拆卸转向泵前支架上的张紧螺栓

04 拆卸转向泵后支架上的固定螺栓，如图 9.2.21 所示。

05 松开转向泵中心支架上的固定螺母和螺栓，如图 9.2.22 所示。

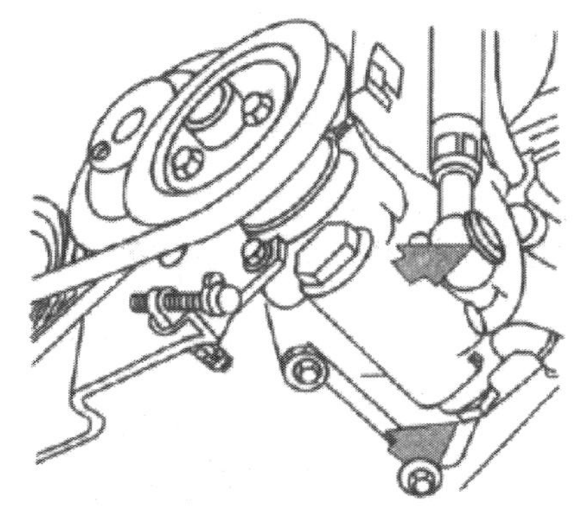

图 9.2.21　拆卸转向泵后支架上的固定螺栓

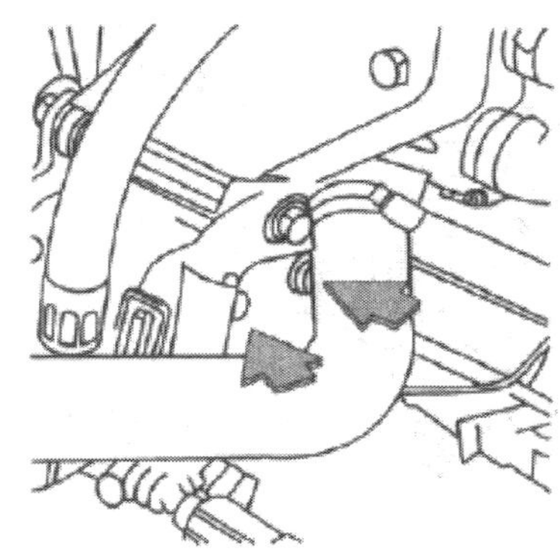

图 9.2.22　松开转向泵中心支架上的螺栓

06 把转向泵固定在台虎钳上，拆卸滑轮和中间支架。

（2）转向泵的安装

转向泵安装顺序与拆卸顺序相反。转向泵安装完毕后应调整转向泵 V 带的张紧度，并加注 ATF 油液。

6. 储油罐的拆卸

松开储油罐的安装支架螺栓和储油罐进泊、回油软管夹箍，从车上拆下储油罐，如图 9.2.23 所示。

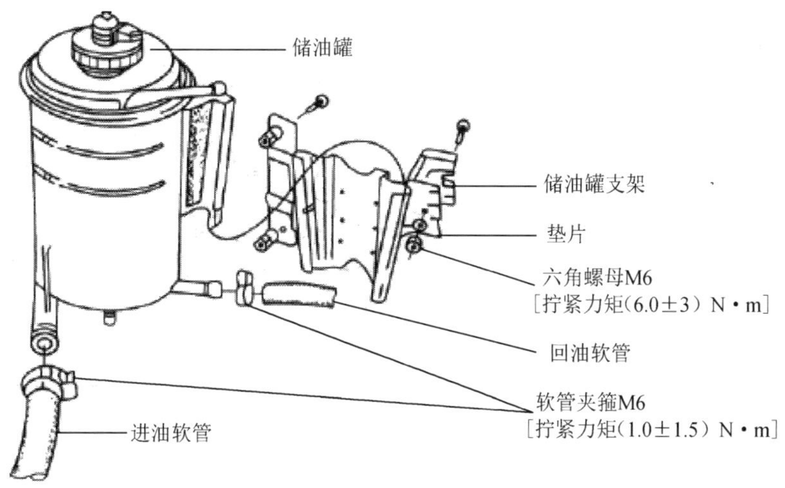

图 9.2.23　拆卸储油罐

7. 转向泵 V 带的调整

01 松开转向泵支架上的后固定螺栓，如图 9.2.24 所示。

02 松开专用螺栓的螺母，如图 9.2.25 所示。

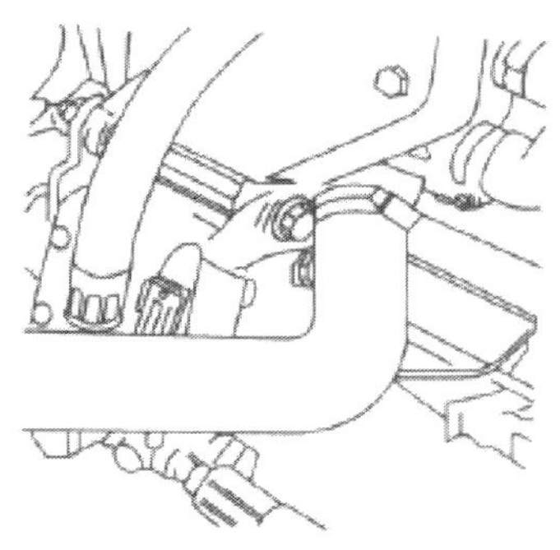

图 9.2.24　松开后固定螺栓

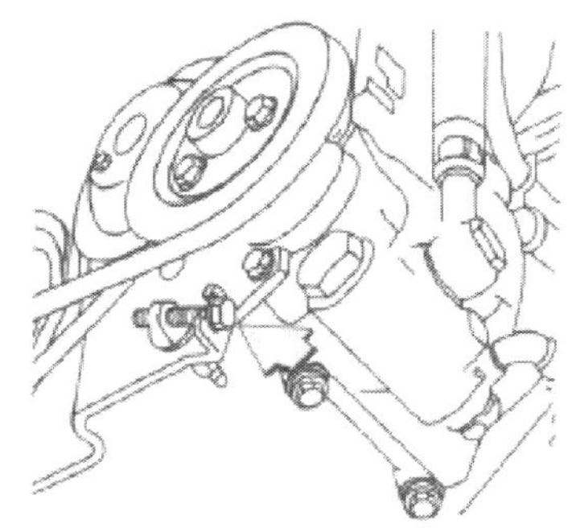

图 9.2.25　松开专用螺栓的螺母

03 通过收紧螺栓把 V 带绷紧，如图 9.2.26 所示。当压在 V 带中间处，V 带应有 10mm 挠度为合适。

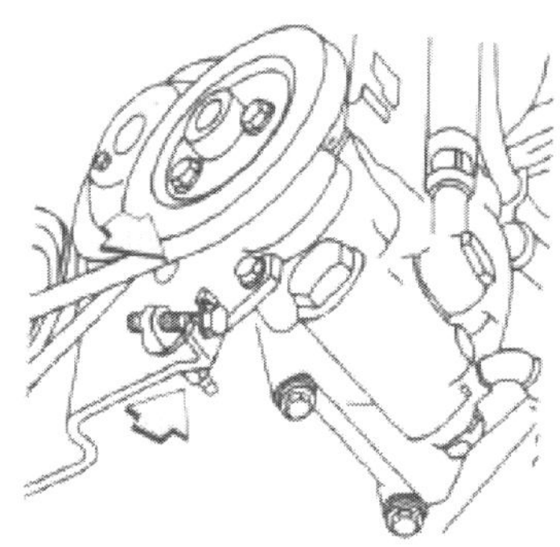

图 9.2.26　张紧 V 带

04 拧紧专用螺栓的螺母。拧紧转向泵支架上的固定螺栓。

8. 转向系统的检查

（1）检查系统密封性

转向系统密封性的检查，应在热车时进行。将转向盘快速朝左、右两侧转至极限位置，并保持不动，此时可产生最佳管内压力。目测检查转向控制阀、齿条密封（松开波纹管软管夹箍，再将波纹管推至一旁）、叶轮泵、油管接头是否有漏油现象如有渗漏应更换密封件。

如果发现储油罐中缺少 ATF 油时，应检查转向系统的密封性是否完好。

当转向器主动齿轮不密封时，必须更换阀体中的密封环和中间盖板上的圆形绳环。

如果转向器罩壳中的齿轮齿条密封件不密封 ATF 油液可能流入波纹管套里，此时，应拆开转向机构，更换所有密封环。

如油管接头漏油，应查找原因并重新接好。

（2）检查转向油泵压力

01 将压力表装到连接管阀体和弹性软管之间的压力管中。

02 起动发动机，如果需要，向储油罐补充 ATF 油。

03 快速关闭截止阀（关闭时间不超过 5s），并读出压力数，表压额定值为（100±5）bar，如果没有达到额定数值，就应检查压力和流量限制阀是否完好。如不正常应更换压力

和流量限制阀，或更换叶轮泵。

（3）检查系统压力

当发动机怠速工作时，打开压力表节流阀，使转向盘向左或向右旋转至极限位置，同时读出压力表上的压力。表压额定值为（100±5）bar，如果达不到额定值要求，就要修理转向器或更换总成。

任务 9.3　波罗电动液压助力转向系统

◎ 任务目标

1. 会正确描述波罗电动液压助力转向系统的结构。
2. 了解桑波罗电动液压助力转向系统的工作原理。
3. 会拆装与检修波罗电动液压助力转向系统。

工作场景：理实一体化教室。

设备器材：波罗电动液压助力转向系统、常用工具、百分表、游标卡尺、扭力扳手和抹布等。

技术要求：工作时随时注意“6S”的实施，保证操作的质量。

注意事项：操作前按照技术手册做出计划流程图，做到按计划进行。

1. 波罗电动液压助力转向系统结构及工作原理

（1）特点

电动液压助力转向系统（英文全称为 Electrically Powered Hydraulic Steering，简称 EPHS）以 LupoFSI 最为著名。波罗轿车 EPHS 由 TRW 底盘系统公司和 KOYO 公司提供。在保持传统液压转向系统优良性能的同时这套新系统与传统的助力转向系统相比有如下方面的优点：

1）更舒适。车辆在规定速度范围内行驶时，转向盘转动十分轻松，但车辆在高速行驶时，转向比较费力（安全因素）。

2）节约燃料。能量的输入量与消耗量一致，这与内燃机的工作状态无关。实际的行驶中，节约燃料约 0.2L/100km。

3）最多能节约 85%的能源。车辆在高速公路上行驶时，传统的助力转向由于发动机转速高，在旁通阀上产生较多的功率损失。也就是说，当转向角速度小，发动机转速大时，助力泵将多余的流量输送掉。

4）较为环保。通过少的能源消耗，少的能量供应以及减少液压系统的油量实现保护环境的目的。

（2）工作原理

1）转向助力所需的系统压力由液压泵产生。传统的助力转向系统是由车辆的发动机直接驱动液压泵，因此发动机常常要损失部分功率。

2）在需要最大转向助力的瞬间转弯时，发动机转速达到最小值，泵功率设计时要考虑这种情况。转向速度越快泵的转速越大流量也越大，当发动机转速较高时，多余的泵功率通过一个旁路被分流。

3）新的转向系统虽然也靠液压来帮助驾驶人转向，但液压泵、齿轮泵都通过电动机驱动，与车辆在机械上毫无关系。

4）液压控制的转向系统与传统的转向系统结构相同，只有转向角以及行驶速度相关的转向助力不同。为此在旋转分流阀上加装了一个转向角传感器，如图 9.3.1 所示，它把转向角速度传送到电子控制装置上。转向角的信息通过传感器导线直接传送到控制单元。

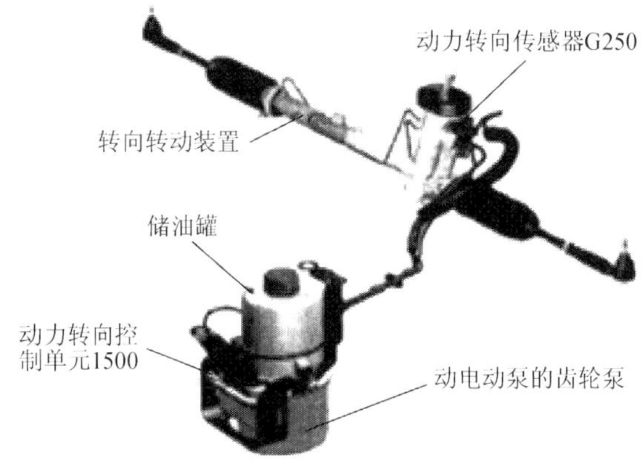

图 9.3.1　电动液压助力转向系统的结构

5）波罗轿车使用的是 TRW 转向系统公司和 KOYO 公司提供的产品。两种转向系统的工作原理相同，不同之处在于对转向角速度的测定方法上，从转向角传感器的外观上就可以看出这一点。

当汽车置于升降台上时，向右转动转向盘，如图 9.3.2（a）中的箭头从箭头方向可看到转向角传感器。

图 9.3.2（b）是 TRW 转向角传感器，它是扁平形的。图 9.3.2（c）是 KOYO 转向角传感器，它是圆柱形的。

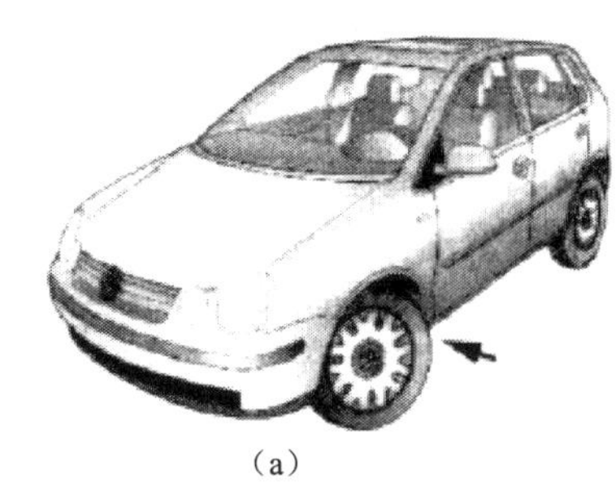

（a）

（b）

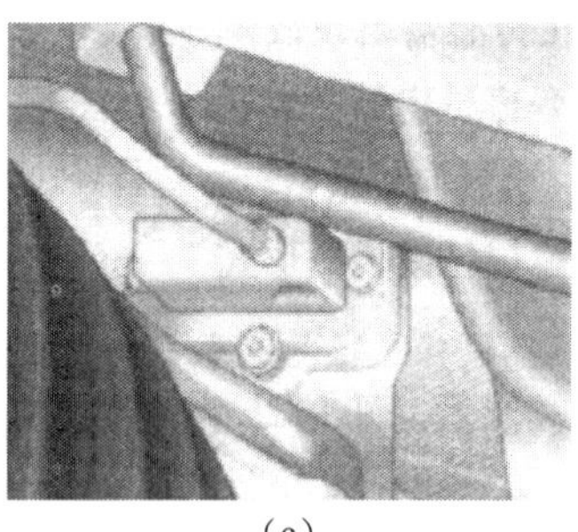

（c）

图 9.3.2　转向角传感器的安转位置及其外形

小贴士

两种转向系统的零部件不能互相交换使用，无论是电子零件还是机械零件，如转向横拉杆和转向横拉杆球头。

（3）组成元件

波罗轿车电动液压助力转向系统的组成元件及工作过程如图 9.3.3 所示。

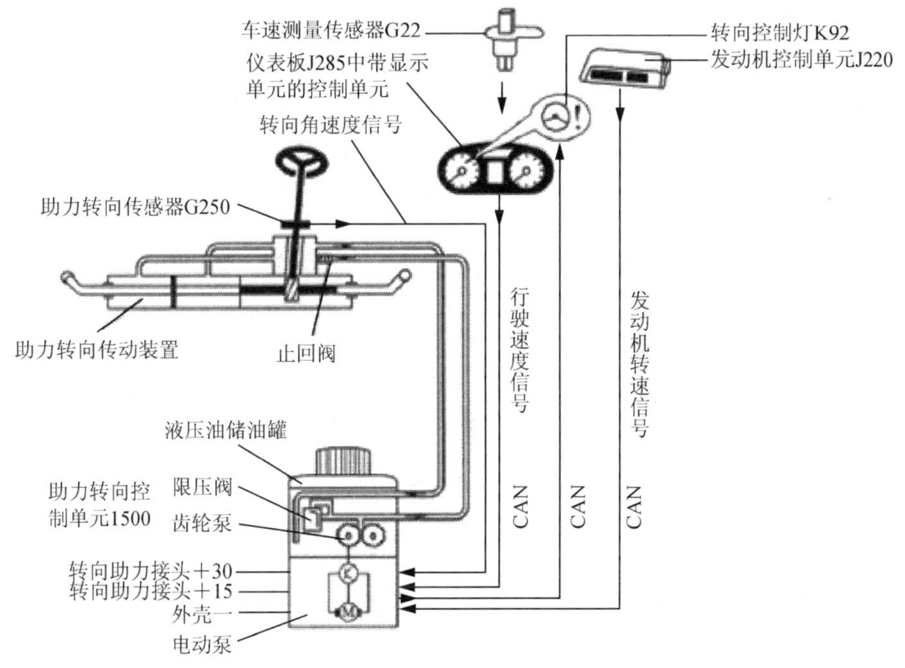

图 9.3.3　系统组成元件及工作示意简图

1）转向控制灯 K92。车辆点火后，转向控制灯 K92 亮，这时车辆进行内部检测，如图 9.3.4 所示。如果发动机发动及测试结束后，控制灯依然亮着，则电动液压助力转向系统可能有故障。

图 9.3.4　转向控制灯

2）助力转向传感器 G250。

① 传感器 G250 的安装位置及其作用。该传感器安装在助力转向传动装置的上方，且装于转向传动装置输入轴上，它测定转向角并计算出转向角速度。它不是一个绝对角度传感器（转向盘角度与转向盘转过的角度成正比）。在传感器出现故障（失灵）时，助力转向系统即进入程序设定的紧急运行状态，转向功能也能得到保证，但转向较重。该传感器出

现故障时，其故障记忆以代码形式储存在助力转向控制单元 J500 内。如图 9.3.5（a）为 TRW 助力转向传感器，图 9.3.5（b）为 KOYO 助力转向传感器。

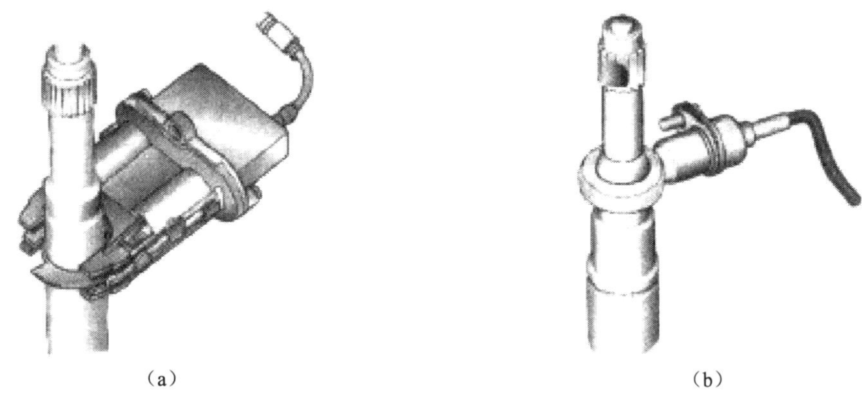

图 9.3.5　助力转向传感器 G250

② 传感器的工作原理。

a．TRW 助力转向传感器的工作原理。TRW 助力转向传感器是电容式传感器，固定在输入轴上的转子在 9 个小型平板电容器之间旋转，平板电容器的电容由此而变化。传感器电子元件根据此电容变化计算出助力转向装置控制单元所需的信号（转向角及转向角速度），其工作原理如图 9.3.6 所示。

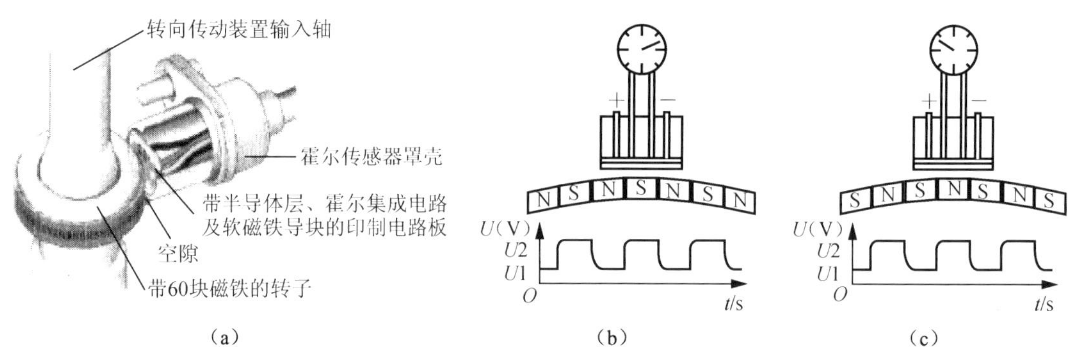

图 9.3.6　电容器工作原理图

b．KOYO 助力转向传感器的工作原理。KOYO 助力转向传感器是霍尔传感器，是一个电子控制开关。它由一副转子（带 60 块磁铁的磁环）、集成在传感器中的半导体层及霍尔集成电路所组成，如图 9.3.7（a）所示。

在霍尔集成电路中，供电电流流过半导体层，转子在空隙中旋转。通过转子中如此多的磁铁可以测得一个非常精确的转向角。

如果转子的磁铁直接位于霍尔集成电路的范围内，则人们将这个位置称作磁栅栏。在这种情况下，霍尔集成电路内部的半导体层上会产生一个霍尔电压。该霍尔电压的大小取决于永久磁铁之间的磁场强度，如图 9.3.7（b）所示；如果转子相应的磁铁通过转动离开了磁栅栏，则霍尔集成电路的磁场将发生偏转。霍尔集成电路中的霍尔电压下降且霍尔集成电路断开，如图 9.3.7（c）所示。

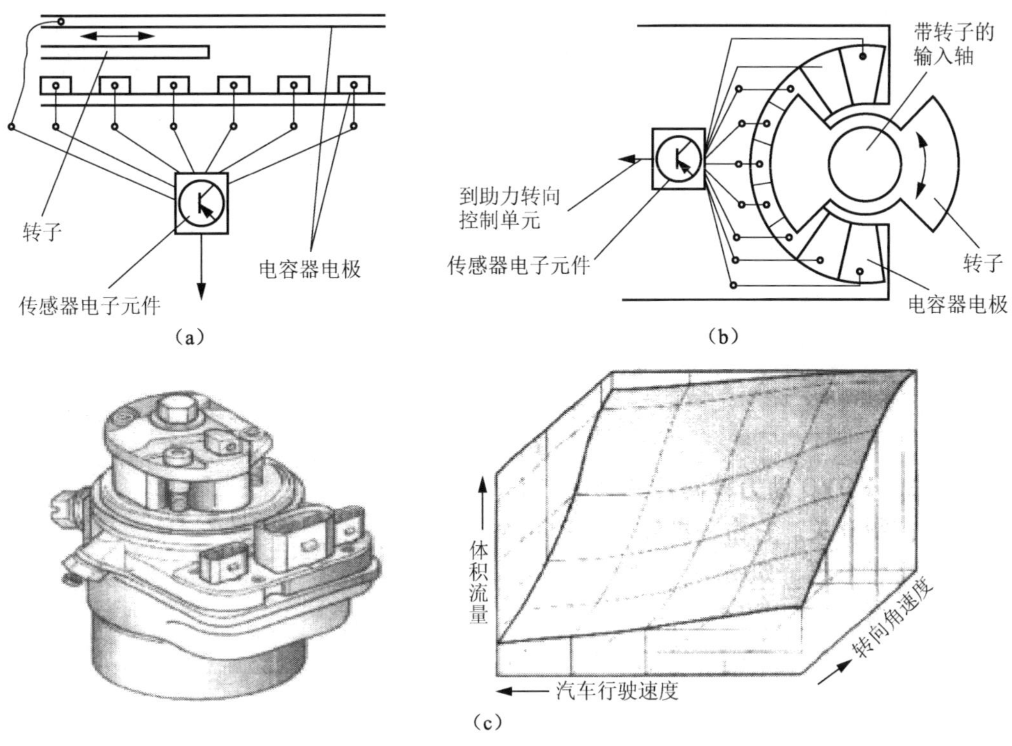

图 9.3.7　KOYO 助力转向传感器（霍尔传感器）的工作原理图

3）转向角传感器 G85。转向角传感器安装在转向臂转接件和转向轮之间的转向柱上。该传感器装在有电子稳定程序（ESP）的车型上，同时，转向角传感器 G85 外形如图 9.3.8 所示，不再使用助力转向传感器 G250。

ABS 控制单元 J04 和电动液压助力转向系统控制单元 J500 都利用通过 CAN 总线传输的转向角信号来驱动转向轮。该传感器协同车速及发动机转速一起来确定泵的转速并进而确定流过助力转向装置控制单元 J500 的流量。

当传感器失灵时，助力转向系统进入程序设定的紧急运行状态。此时转向功能得以保证，但转向较重。

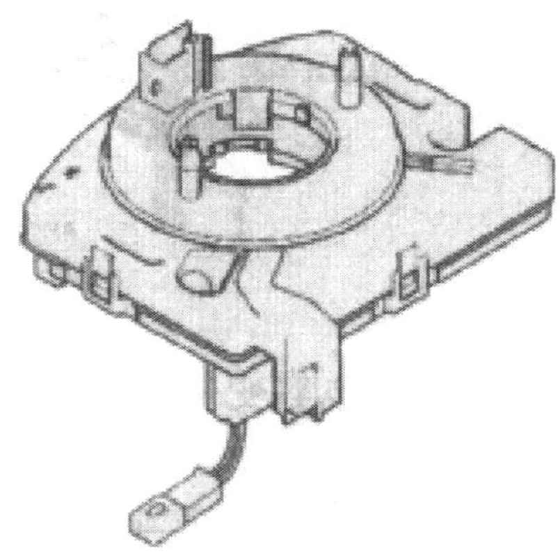

图 9.3.8　转向角传感器 G85

4）助力转向控制单元 J500。控制单元集成在电动泵总成中，它是电动泵总成的组件，它根据转向角速度和车辆行驶速度，发出信号，驱动齿轮泵，其外形如图 9.3.9 所示。

瞬时供油量从控制单元中储存的通用特性场图中读取，如图 9.3.10 所示。控制单元能识别并储存运行中的故障并具有再接通保护和助力转向温度保护两项扩展功能

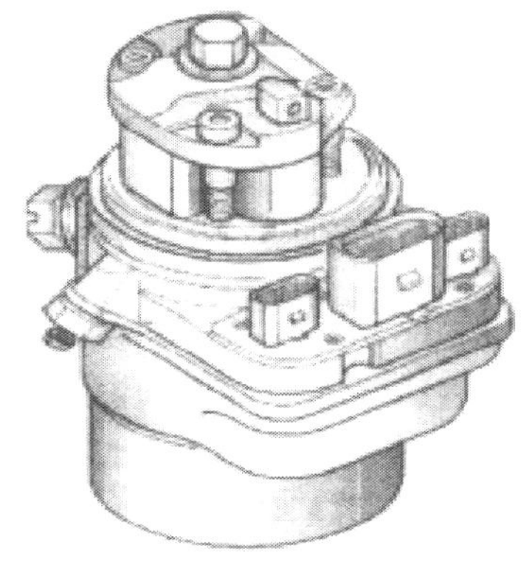

图 9.3.9　助力转向控制单元 J500

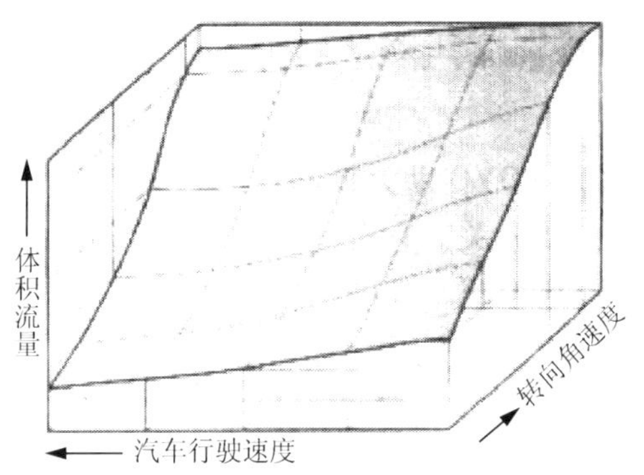

图 9.3.10　助力转向控制单元 J500 通用特性场图

再接通保护：电动液压助力转向系统在受到干扰、故障或撞车后具有一种再接通保护。在发生撞车的情况下，这种再接通保护只需要用一个诊断仪即可被去除。在出现其他故障的时候，再接通保护可以通过中断点火及发动机的重新启动来消除。如果发生这种情况，则为了使电动泵总成在过热之后能得到冷却，必须等待大约 15min 的时间。这段时间过后，如果再接通保护不能通过发动机的启动被消除，则说明在车载网络中有故障或电动泵总成已损坏。在这种情况下，必须进行自诊断，并且有时要更换电动泵总成。

5）电动泵总成。

① 电动泵总成的组成元件。电动泵总成是一个紧密的构件。电动泵总成的一个专用支架在发动机室左侧，用螺栓固定连接在减振器和轮壳之间的车架纵梁上。电动泵总成用橡胶轴承弹性地悬挂在支架上，并且用一个消声罩包封，如图 9.3.11 所示。

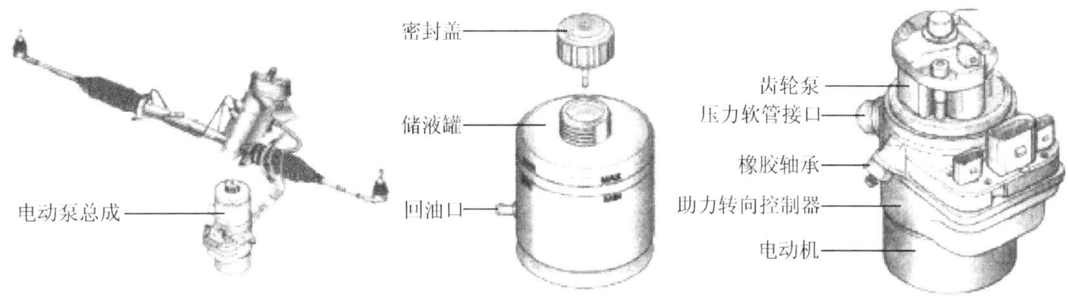

图 9.3.11　电动泵总成

电动泵总成中包括：带有齿轮泵、限压阀及电动机的液压单元；液压油的储液罐；助力转向控制单元。

电动泵总成无需维护，其内部润滑由液压油来完成，它不可拆卸且不提供修理说明。泵通过压力管道与助力转向传动装置相连接液压油的回油管道通向储液罐。

② 电动泵总成的功能。电动泵总成的功能如表 9.3.1 和表 9.3.2 所示。

表 9.3.1　电动泵功能

点火开关	汽车发动机	泵	转向助力	点火开关	汽车发动机	泵	转向助力
接通	运转	运转	有	断开	停止，车速等于零	不运转	没有

表 9.3.2　转向助力

点火开关	转向角速度	供油量	转向助力	车速	转向角速度	供油量	转向助力
小（如停车）	大	大	大（转向轻便）	大（如高速公路行驶）	小	小	小（转向沉重）

6）液压控制单元。

① 液压控制单元的结构。其结构如图 9.3.12 所示。与一般的助力转向系统相类似，在液压控制单元中有一根扭杆。它一方面与旋转分流阀相连，另一方面又与传动齿轮和控制套筒相连。

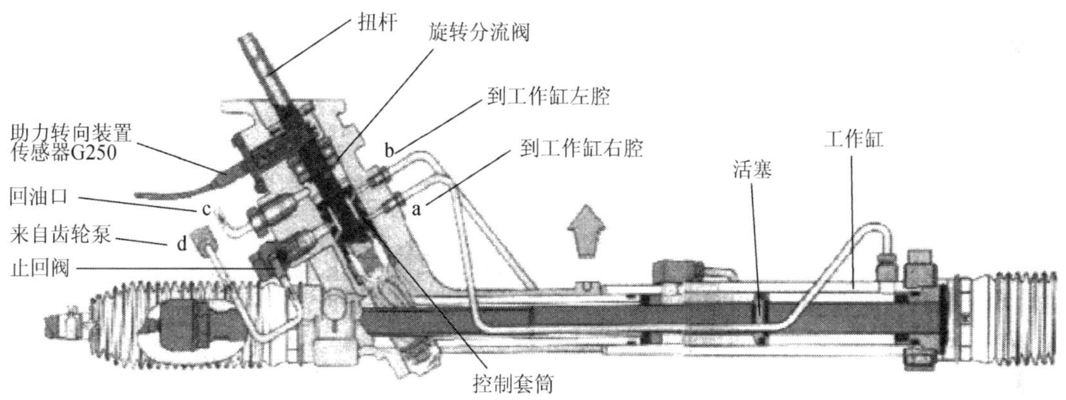

图 9.3.12　液压控制单元

② 液压单元工作原理。

a．直线行驶。直线行驶时，扭杆处于旋转分流阀和控制套筒的中间位置。助力转向装置传感器测不出转向角速度。油液几乎是无压力地通过液压控制单元经回油道流回到储液罐。旋转分流阀和控制套筒的控制槽位于中央位置，两者控制槽的相互作用使液压油可以进入工作缸的左右两腔，并能相应地经控制套筒的回油道回到储液罐。其工作过程如图 9.3.13 所示。

b．左转。旋转分流阀通过扭杆的变形相对于控制套筒旋转，旋转分流阀控制槽的相互作用使液压油可以进入工作缸的左右两腔，并能相应地经控制套筒的回油道回到储液罐。其工作过程如图 9.3.14 所示。

（4）功能图（TRW 转向系统）

TRW 转向系统的功能图如图 9.3.15 所示（注：功能图非电路图）。

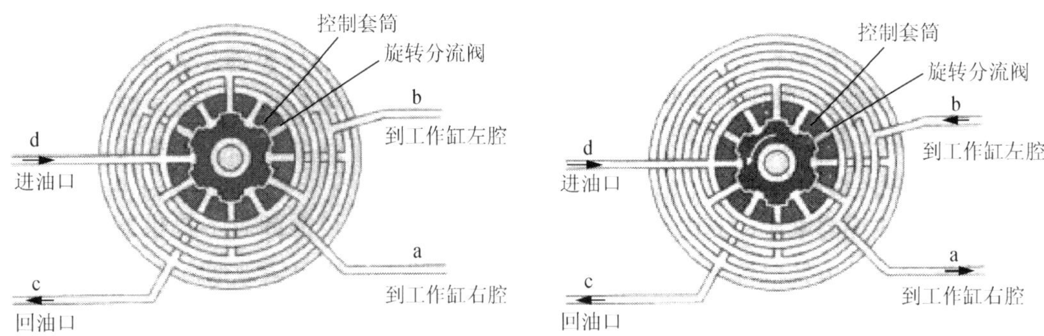

图 9.3.13 车辆直行时液压单元的工作过程　　图 9.3.14 车辆左转时液压单元的工作过程

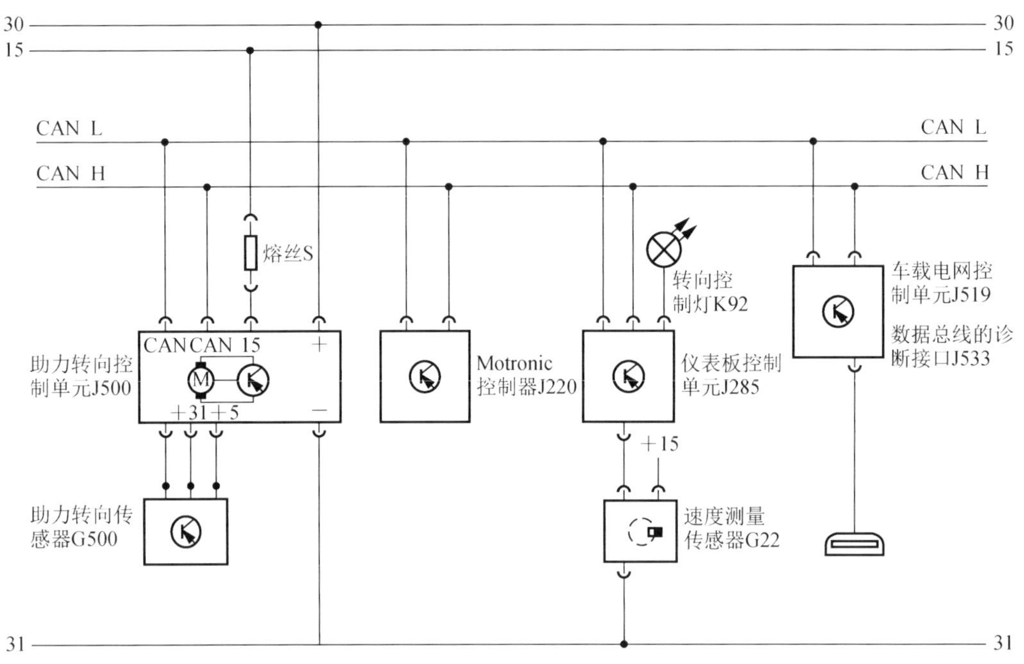

图 9.3.15 TRW 转向系统的功能图

2. 检查波罗轿车电动液压助力转向系统

（1）检查油位

1）TRW 转向系统油位的检查。TRW 转向系统用储油罐密封盖上的机油标尺检查油位。如图 9.3.16 所示，当液压油冷却时，液压油油位应在下标记以下；当液压油热时（发动机温度约从 50℃起），液压油油位应大约在上、下标记之间。

2）KOYO 转向系统油位的检查。KOYO 转向系统也是用储油罐密封盖上的机油标尺检查油位。检查方法和 TRW 一样，但 KOYO 的机油标尺是扁的，如图 9.3.17 所示。按如下步骤检查油位：

① 拧开密封盖。

② 用布擦干净机油标尺。

③ 用手将密封盖拧紧。

④ 拧开密封盖，看标尺上显示的油位。

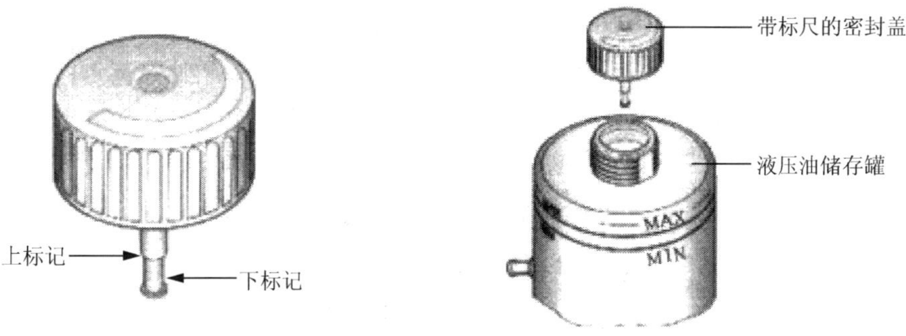

图 9.3.16 TRW 转向系统油位的检查

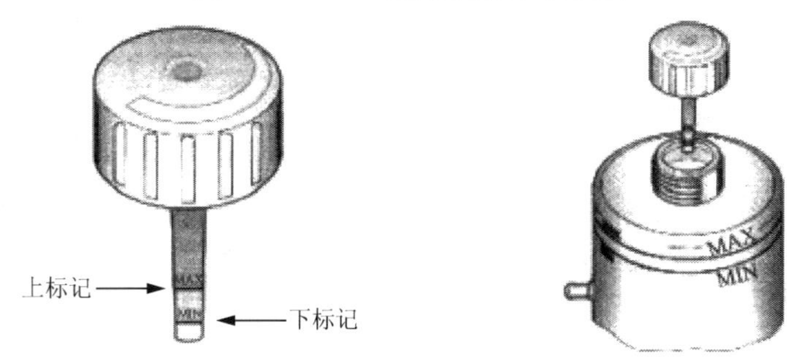

图 9.3.17 KOYO 转向系统油位的检查

（2）自诊断

诊断结果的交流通过 CAN 进行，网关通过 CAN 将信号传输到 K 导线。

自诊断功能与助力转向系统的电控部分有关。在车辆运行中，控制单元识别出故障，并将它储存在永久储存器中，即使供电不足，永久储存器也能保存这些信息。偶尔也会有个别故障未能在永久储存器中储存。

自诊断可用车辆系统测试仪 VAG1552、故障阅读仪 VAG1551 或车辆诊断检查信息系统 VAS5051 进行。

1）车辆诊断检查信息系统 VAS5051 的连接。车辆诊断检查信息系统 VAS5051 如图 9.3.18 所示。将 VAS5051 连接到自诊断接口上，打开点火开关，输入地址码：44-Lenkhilfe。

可选功能如下：

01——访问控制单元；

02——访问故障存储器；

05——消除故障存储器里的内容；

06——输出终止；

07——设置控制单元密码；

08——读取检测数据块。

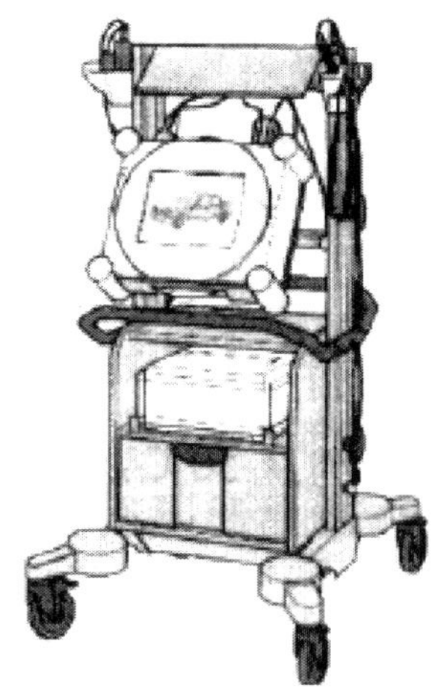

图 9.3.18　VAS5051 诊断仪

2）控制单元版本的查询。在 VAS5051 的“车辆自诊断”功能项下输入地址码“44-Lenkhilfe”，接着屏幕的右上方窗口中出现转向系统版本，如图 9.3.19 和图 9.3.20 所示。图 9.3.19 是车辆上的 TRW 转向系统屏幕，图 9.3.20 是车辆上的 KOYO 转向系统屏幕。

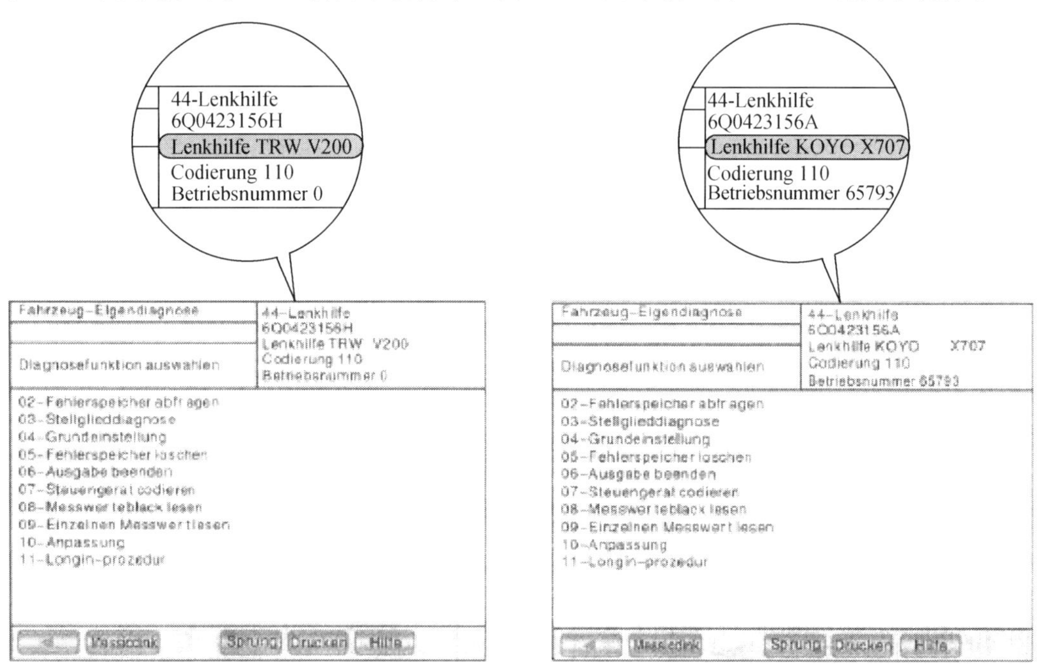

图 9.3.19　车辆上的 TRW 转向系统屏幕

图 9.3.20　车辆上的 KOYO 转向系统屏幕

3）查询系统故障记忆。

① 控制灯 K92 车辆点火后，K92 控制灯亮，这时车辆进行内部检测。

如果发动机发动及测试结束后控制灯依然亮着，则车辆内部可能有故障，且故障会出现在电控系统内。

② 助力转向传感器 G250。TRW 转向系统和 KOYO 转向系统助力转向传感器 G250 的

故障记忆均储存在助力转向装置控制单元 J500 内，在 VAS5051 功能“02——访问故障存储器”中可以识别这两种传感器的故障记忆。

TRW 转向系统助力转向系统传感器 G250 的故障记忆：接地后短路、接正极后中断/断路、损坏。KOYO 转向系统助力转向系统传感器 G250 的故障记忆：接地后短路、接正极后中断/短路、损坏。

③ 转向角传感器 G85。控制器或该传感器更换后，必须重新校准零点。当该传感器出现故障时，助力转向装置控制单元 J500 储存该传感器的故障记忆。通过 VAS5051 的功能“02——访问故障存储器”可以识别到该传感器以下故障记忆，如表 9.3.3 所示。

表 9.3.3　转向角传感器 G85 的故障记忆

转向角传感器 G85 的故障记忆	转向角传感器 G85 的故障记忆
转向角传感器没有信号	损坏
调整错误	不可信信号
机械故障	

思考与练习

一、判断题

1．动力转向系是在机械转向系的基础上加设一套转向加力装置而形成的。（　　）

2．采用动力转向系的汽车，当转向加力装置失效时，汽车也就无法转向了。（　　）

3．汽车转向时，内转向轮的偏转角β应当小于外转向轮的偏转角。（　　）

4．汽车的转弯半径越小，则汽车的转向机动性能越好。（　　）

5．循环球式转向器中的转向螺母既是第一级传动副的主动件，又是第二级传动副的从动件。（　　）

6．循环球式转向器中的螺杆一螺母传动副的螺纹是直接接触的。（　　）

7．转向横拉杆体两端螺纹的旋向一般均为右旋。（　　）

8．齿轮齿条转向器中，由于主动齿轮小，转矩传递性不好，转向会相对较重。（　　）

9．为使汽车正常转向，就要保持转向轮有正确的滚动和滑动。（　　）

10．油液脏污可能会造成动力转向左、右转弯时轻重不同。（　　）

11．转向传动机构是指转向盘至转向器间的所有连杆部件。（　　）

12．转向传动机构的功用是将转向器输出的力和运动传到转向桥两边的万向节，使两侧转向轮偏转。（　　）

二、选择题

1．在动力转向系中，转向所需的能源来源于（　　）。

A．驾驶员的体能　　　　B．发动机动力

C．A、B 均有　　D．A、B 均没有

2．大型货车转向盘的最大自由转动量从中间位置向左右各不得超过（　　）。

A．15　　B．20　　C．25　　D．30

3．转弯半径是指由转向中心到（　　）。

A．内转向轮与地面接触点间的距离　　B．外转向轮与地面接触点间的距离

C．内转向轮之间的距离　　D．外转向轮之间的距离

4．转向梯形理想表达式中β是指（　　）。

A．轮距

B．两侧主销轴线与地面相交点间的距离

C．转向横拉杆的长度

D．轴距

5．循环球式转向器中的转向螺母可以（　　）。

A．转动　　B．轴向移动

C．A、B 均可　　D．A、B 均不可

6．采用齿轮、齿条式转向器时，不需（　　），所以结构简单。

A．万向节臂　　B．转向摇臂　　C．转向直拉杆　　D．转向横拉杆

7．以下那个部件不属于转向传动机构（　　）。

A．转向摇臂　　B．万向节臂　　C．转向轮　　D．转向横拉杆

8．以下不属于循环球式转向器特点的是（　　）。

A．正传动效率高

B．自动回正作用好

C．使用寿命长

D．路面冲击力不易造成方向盘振动现象

9．横拉杆调整前束的中间杆，以下那句正确（　　）。

A．两端都是左旋螺纹　　B．两端都是右旋螺纹

C．一端为左旋螺纹，另一端为右旋螺纹　　D．以上都不对

10．有些汽车前轮采用独立悬架，所以转向梯形机构中的横拉杆应做成（　　）。

A．断开式　　B．整体式　　C．组合式　　D．以上都不对

项目10 制动系统的检修

>>>>

◎ **项目情境**

一辆大众帕萨特1.8TSi轿车，行驶里程10万千米。用户反映该车在行驶过程中出现过三次制动“踩空”的现象，另外制动比较疲软，汽车在紧急制动时，制动距离较远。

◎ **项目目标**

- 简单叙述制动系统的功用、组成和类型。
- 正确描述车轮制动器的类型、结构和工作原理。
- 正确描述液压制动控制和传动装置的组成和工作原理。
- 简单叙述盘式与鼓式制动器的组成和工作原理。
- 简单叙述驻车制动装置的组成和类型。

任务10.1 认识制动系统

◎ 任务目标

1. 认识汽车制动系统的功用、组成、类型。
2. 了解鼓式制动器、盘式制动器的工作原理。

1. 制动系统概述

汽车制动系统是汽车上用以使外界（主要是路面）在汽车某些部分（主要是车轮）施加一定的力，从而对其进行一定程度的强制制动的一系列专门装置，如图 10.1.1 所示。

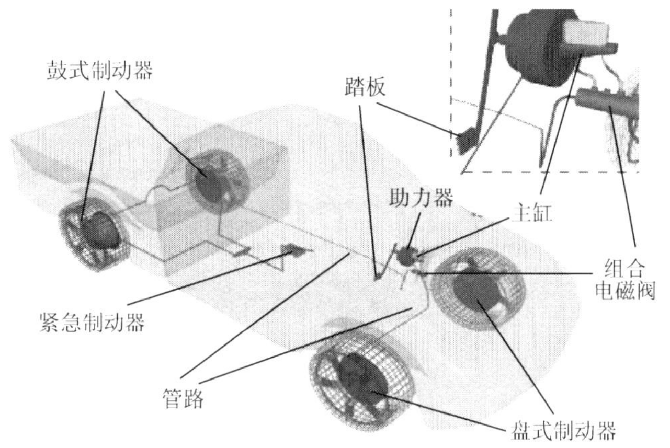

图 10.1.1　汽车制动系

（1）作用

使汽车减速或在最短的距离内停车，并保证停放可靠，不致自动滑溜。

（2）组成

汽车制动系一般至少装有两套各自独立的系统，一套是行车制动装置，主要用于汽车行驶中的减速与停车；另一套是驻车制动装置，主要用于停车防止滑移。有的汽车还装有紧急制动装置和安全制动或辅助制动装置。高级汽车还装有制动力调节装置、报警装置、压力保护装置等。

汽车两套制动装置都是由制动器和制动器操纵机构两部分组成。制动器是制动系中用以产生阻碍车轮传动的部件。汽车的制动器有两种，分别是鼓式制动器和盘式制动器；操纵机构是将驾驶员踏板力传递到制动器的一系列部件，如液压制动系操纵机构包括制动主缸、真空助力装置及液压管理等。

（3）类型

1）按制动系的功用分类。

① 行车制动系统，使行驶中的汽车减速或停止的制动系统。

② 驻车制动系统，使停止的汽车在原地驻留的制动系统。

③ 第二制动系统，行车制动失效时，减速、停车系统。

④ 辅助制动系统，汽车下长坡时稳定车速的制动系统。

2）按制动系的制动能源分类。

① 人力制动系统，以驾驶员的体力为输入能源的制动系统。

② 动力制动系统，靠发动机动力转化而成的气压或液压能进行制动的系统。

③ 伺服制动系统，兼用人力和发动机动力的制动系统。

（4）基本机构与工作原理

1）基本结构。如图 10.1.2 所示，制动器主要由旋转部分、固定部分、张开机构和调整机构组成。旋转部分是固定在轮毂上并与车轮一起旋转的制动鼓；固定部分主要包括制动蹄和制动底板；张开机构是液压制动轮缸或气压制动凸轮；调整机构主要由偏心支承销和调整凸轮组成。

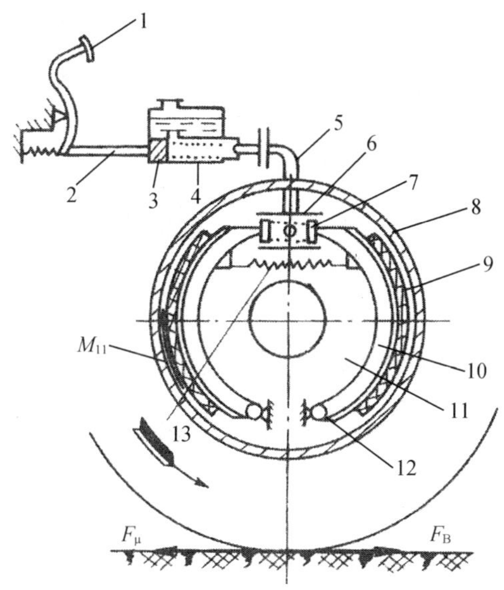

图 10.1.2　液压制动系统机构原理图

1-制动踏板；2-推杆；3-主缸活塞；4-制动主缸；5-油管；6-制动轮缸；7-轮缸活塞；8-制动鼓；9-摩擦片；10-制动蹄；11-制动底板；12-偏心支承销；13-制动蹄回位弹簧

2）工作过程。当不制动时，如图 10.1.2 所示，所有机件处在安装的原始位置。制动蹄与制动鼓之间保持一定的间隙，制动鼓随车轮自由转动而不受阻碍。

当制动时，踩下制动踏板，通过推杆和主缸活塞，使主缸内的油液产生一定压力后流入轮缸，既而推动轮缸活塞，使两制动蹄绕支承销转动，上端向两边张开而使其摩擦片压紧在制动鼓的内圆面上。不旋转的制动蹄就对旋转的制动鼓产生一个摩擦力矩。其方向与车轮旋转方向相反。这时，制动鼓将该力矩传到车轮。由于车轮与路面间的附着作用，车轮对路面作用一个周缘力 F_U（其方向与车轮旋转方向相反），同时，路面也对车轮作用于一个反作用力，即制动力 F_B。制动力 F_B 由车轮经车桥和悬架传给车架及车身，迫使汽车减速或停车。

当放松制动时，油液流回主缸，在各回位弹簧作用下，制动蹄与制动鼓又恢复了原来的间隙，从而制动作用解除。

2. 车轮制动器

根据车轮制动器摩擦副中的旋转元件的结构，汽车上采用的车轮制动器可分为鼓式和盘式两类。

（1）鼓式制动器

1）鼓式制动器的主要部件与功用。典型鼓式制动器的主要部件如图 10.1.3 所示。

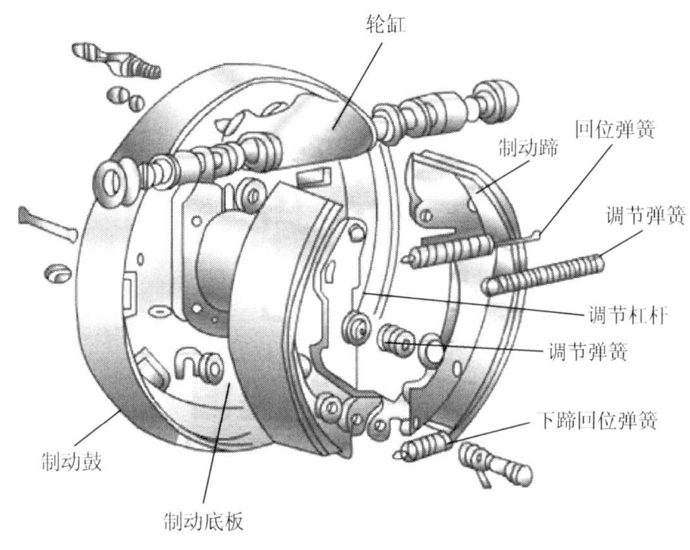

图 10.1.3 鼓式制动器部件图

① 制动底板。制动底板为制动蹄和有关部件提供基座，一般用螺栓连接或焊接将底板固定在桥壳上。

② 轮缸。轮缸把由制动主缸提供的制动液压力转换成车轮制动器的机械力。

③ 制动蹄。鼓式制动器有两个制动蹄，朝向车轮前进方向的称为第一蹄，与其相对应的称为第二蹄。制动蹄由摩擦衬片、腹板和凸缘组成。凸缘焊接到腹板上为摩擦衬片提供稳定的表面；腹板厚度根据制动器制动力大小而有所不同；摩擦衬片由含有阻热纤维的非金属材料制成，通过焊接或粘接的方式与腹板连接。

④ 制动鼓。制动鼓通常用铸铁制成。制动时，制动蹄压向制动鼓内表面产生摩擦力。

2）鼓式制动器的工作原理。当不制动时，制动踏板处于自由状态，制动主缸无制动液输出，制动蹄在复位弹簧 13 的作用下压靠在轮缸活塞上，制动鼓的内圆柱面与摩擦片之间保留一定的间隙，制动鼓可以随车轮自由转动，如图 10.1.2 所示。

当制动时，踩下制动踏板，推杆 2 便推动制动主缸内的活塞前移，迫使制动液经管路进入轮缸，推动轮缸的活塞向外移动，使制动蹄克服复位弹簧的拉力绕支承销转动而张开，消除制动蹄与制动鼓之间的间隙后压紧在制动鼓上。此时，不旋转的制动蹄摩擦片对旋转的制动鼓就产生一个摩擦力矩，其方向与车轮旋转方向相反。

放松制动踏板，油液流回主缸，在回位弹簧作用下，制动蹄与制动鼓又恢复了原来的间隙，从而制动作用解除。

3）常用鼓式制动器。常用鼓式制动器有两种，一种是领从蹄式，另一种是自增力式。图 10.1.4 所示为典型的领从蹄鼓式制动器示意图。从图中可以看出，此种制动器主要由底板、制动鼓、制动蹄、轮缸（制动分泵）、回位弹簧、定位销等零部件组成。底板安装在车轴的固定位置上，是固定不动，上面装有制动蹄、轮缸、回位弹簧、定位销，承受制动时的摩擦力矩。每一个鼓有一对制动蹄，制动蹄上有摩擦衬片。制动鼓则安装在轮毂上随车轮一起旋转，由铸铁制成，形状似圆鼓状。制动时，轮缸活塞推动制动蹄压迫制动鼓，制劝鼓受到摩擦减速，迫使车轮停止转动。

图 10.1.4 所示制动器只有一个轮缸。制动时轮缸受到来自制动总泵的液压力后，轮缸两端活塞会同时顶向左、右制动蹄的蹄端，作用力相等。但由于车轮是逆时针旋转，左制动蹄有随制动鼓一起旋转的趋势，结果形成制动蹄与制动鼓的楔紧作用；而右制动蹄与其相反，即制动鼓作用于制动蹄的压力左右不对称。左制动蹄有自行增力作用，即制动时，蹄片张开旋转方向与制动鼓旋转方向一致，称为领蹄；而右制动蹄有自行减力的作用，即制动时，蹄片张开旋转方向与制动鼓旋转方向相反，称为从蹄。领蹄的摩擦力矩是从蹄的 2～2.5 倍，两制动蹄摩擦衬片的磨损程度也不一样。

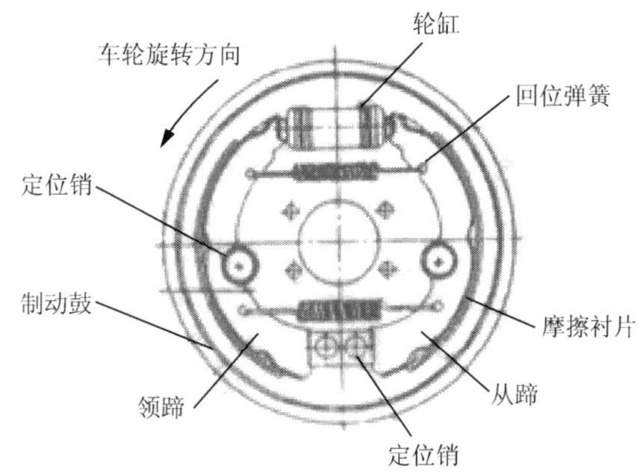

图 10.1.4 鼓式制动器示意图

自动增力式制动器也可分为单向自动增力和双向自动增力两种，在结构上二者只是轮缸中的活塞数目不同而已。单向用单活塞式轮缸，双向用双活塞式轮缸。单向自动增力式只在汽车前进时起自动增力作用，双向自动增力式在前进和倒车制动时都能起自动增力作用。

自动增力式制动器的增力原理是将两制动蹄用顶杆浮动铰接代替固定的偏心销，利用前蹄的助力推动后蹄，使总的摩擦力矩得以增大，起到自动增力作用。该种制动器在小型货车上应用较广，图 10.1.5 所示为单向自动增力式制动器示意图。车轮向前旋转（车轮顺时针转动）制动时，第一蹄片与制动鼓之间的摩擦力产生一个作用在调节杆上的力，此力施加在第二蹄上，作用在第二蹄上的调节杆力是作用在第一蹄上轮缸输入力的很多倍。调节杆作用在第二蹄上的力又被第二蹄与制动鼓之间的摩擦力增大，所有这些合力都由固定销承担。在前进制动中，第二蹄产生的摩擦力大于第一蹄。因而，第二蹄摩擦衬片通常更厚。当倒车制动时，第一、第二蹄作用相反。

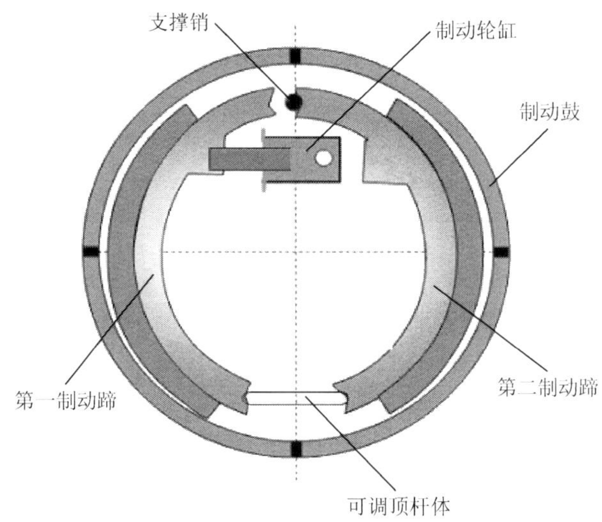

图 10.1.5　单向自动增力式制动器示意图

（2）盘式制动器

1）盘式制动器的主要部件与功用。典型盘式制动器的主要部件如图 10.1.6 所示。

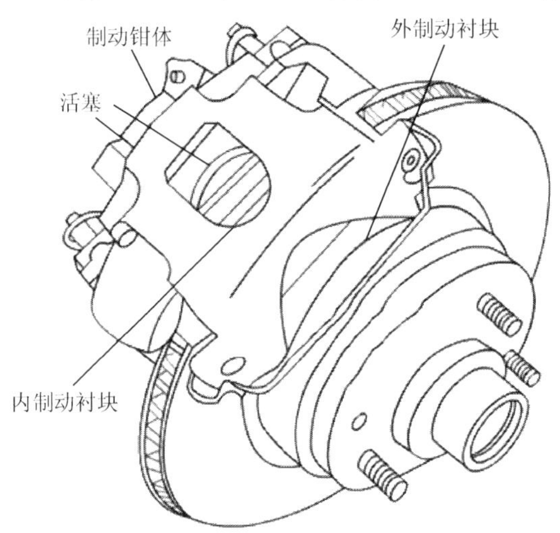

图 10.1.6　盘式制动器示意图

① 制动盘。制动盘一般由铸铁制造，这是由于铸铁有比较高的摩擦系数。制动盘安装在车轮轮毂上与车轮一起旋转。

② 制动钳。制动钳横跨在制动盘上，主要由制动钳体、活塞、活塞密封环及防尘罩等组成，其作用是将液压力转换成机械力。制动钳体通常是铸铁构件，也是液压油缸的缸体。在油缸壁上有梯形截面的环槽，以便于安装活塞密封环；在有活塞的一侧有油道；在其顶部有观察孔，以检查制动衬块的磨损情况。活塞由钢、铝或非金属材料制成，通常为短粗形。密封环的作用是防止制动液从缸壁和活塞之间泄露。盘式制动器的制动钳有两种类型，即固定式和移动式。

③ 制动衬块。制动衬块是在金属板上铆接或粘接非金属材料衬片而成。制动衬块置于

制动钳体的两侧。

2）盘式制动器的工作原理。如图 10.1.7 所示，制动时，油液被压入内外两轮缸中，经液压作用的活塞朝制动盘方向移动，推动制动块紧压制动盘，产生摩擦力矩而制动。放松制动时，液压系统压力消除，活塞和制动块依靠密封圈的弹力和弹簧的弹力复位。

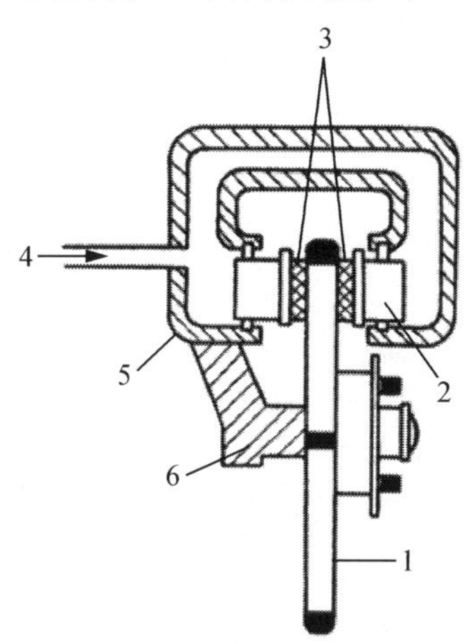

图 10.1.7　盘式制动器原理示意图
1-制动盘；2-活塞；3-制动块；
4-进油口；5-制动钳；6-车桥

3）常用盘式制动器。盘式制动器根据其固定元件的结构形式可分为定钳盘式制动器和浮钳盘式制动器。

① 钳盘式制动器的制动钳固定安装在桥壳上，既不能旋转，也不能沿制动盘轴线方向移动，因此必须在制动盘两侧都装设制动轮缸，以便分别将两侧制动块压向制动盘。定钳盘式制动器结构如图 10.1.7 所示。制动钳内有两个活塞，分别在制动盘两侧。活塞后面有充满制动液的制动轮缸。当驾驶员踩下制动踏板时，制动轮缸的液压上升，活塞被微量推出，制动块夹紧制动盘产生制动。

② 钳盘式制动器的制动钳是可移动的，制动钳通过导向销与桥壳相连，可以相对于制动盘轴线方向移动。在制动盘内侧设置制动轮缸，而外侧则只有制动块附着在制动钳上，如图 10.1.8 和图 10.1.9 所示。制动时，在液压力的作用下，推动制动轮缸内活塞及其上的制动块向左移动，并压到制动盘上，于是制动盘给活塞一个向右的反作用力，使活塞连同制动钳整体沿导向销轴线向右移动，直到制动盘外侧制动块也压到制动盘上。此时，制动盘两侧的制动块都压在制动盘上，夹紧旋转的制动盘产生制动。

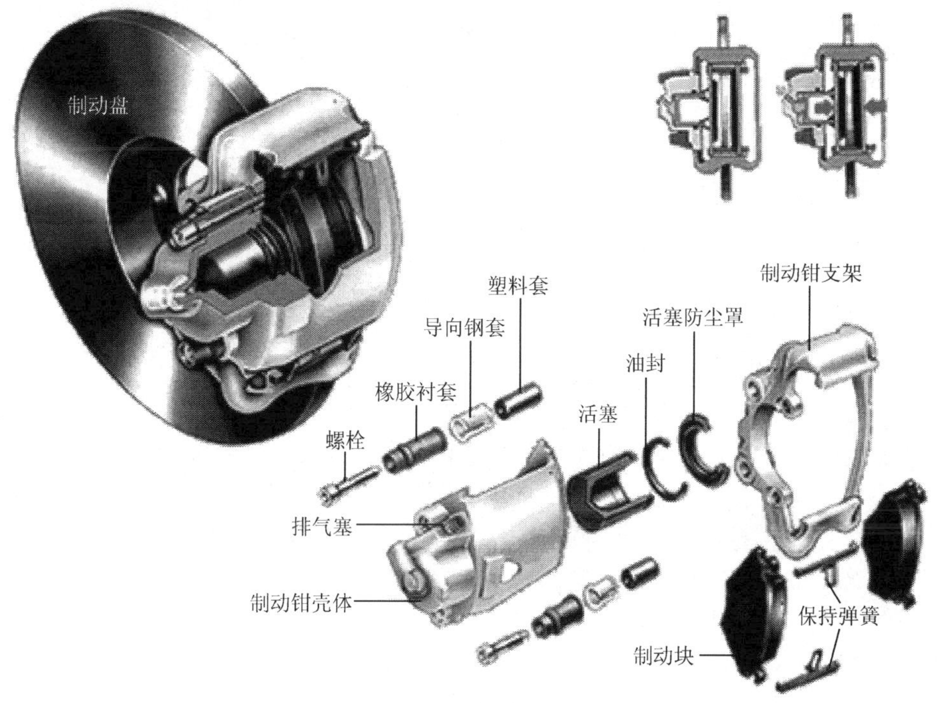

图 10.1.8　浮钳盘式制动器结构图

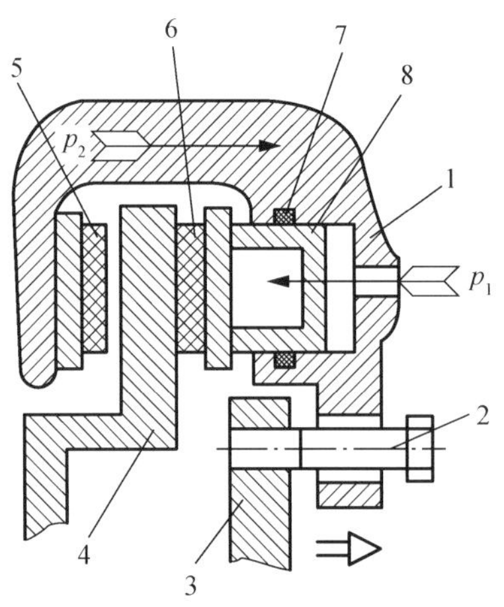

图 10.1.9 浮钳盘式制动器简图

1-制动钳体；2-导向销；3-制动钳支架；4-制动盘；5-固定制动块；6-活动制动块；7-活塞密封环；8-活塞

（3）盘式制动器与鼓式制动器的比较

1）优点：①一般无摩擦助势作用，制动效能受摩擦系数影响小，稳定；②水稳定性好，浸水后制动效能降低小，且恢复较快；③在制动力相同的情况下，尺寸重量较小；④制动盘受热后轴向膨胀较小，不会过大影响制动器间隙；⑤容易实现间隙自动调整。

2）缺点：①制动效能低，因此需要较高的管路压力；②兼用作驻车制动器时，需要加装复杂的传动装置，用在后轮时受到限制。

鼓式制动器的拆装与检修

◎ 任务目标

1. 能够独立拆卸鼓式制动器组件，正确的分解鼓式制动器，并能对鼓式制动器进行简单维护。

2. 掌握鼓式制动器的检修方法。

工作场景：理实一体化教室。

设备器材：桑塔纳轿车、世达工具、桑塔纳轿车专用工具、扭力扳手、卡簧钳、游标卡尺、百分表和抹布等。

技术要求：①桑塔纳 2000 制动系统主要螺纹连接件的转矩，见表 10.2.1；②工作中随时注意“6S”的实施，保证操作的质量。

注意事项：①操作前明确操作方法，做到按计划进行，不盲目操作；②选择正确的测量工具，方法得当，不野蛮操作；③安装制动蹄回位弹簧时应两人协同操作，注意不要损坏回位弹簧，装配时注意调整楔块凸点朝外侧。

1. 拆卸鼓式制动器（以桑塔纳 2000 为例）

01 车辆进入工位将车辆停放在举升机的中央位置，拉紧驻车制动装置，并将变速器置于空挡，分别安装转向盘套、换挡手柄套、座椅套、地板垫。

02 使用一字旋具，将车轮装饰罩拆下。

03 使用风动扳手或车轮专用套筒拆卸车轮固定螺母，拆卸前应检查风动扳手的旋转方向，拆卸时一只手握紧风动扳手，另一只手放在要拆卸的螺母周围，防止螺母掉落，如图 10.2.1 所示。

04 在拆卸制动鼓之前须松开驻车制动才能将制动鼓取出。使用专用工具 VW637/2 拆下轮毂盖，如图 10.2.2 所示。

图 10.2.1　拆卸车轮

图 10.2.2　拆卸轮毂盖

05 取下开口销，如图 10.2.3 所示。取下开槽螺母，旋下调整螺母，取出止退垫圈，如图 10.2.4 所示。

图 10.2.3　取下开口销

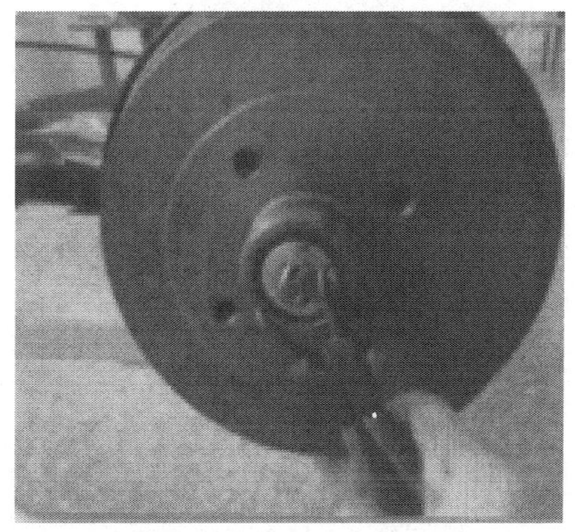

图 10.2.4　取出止退垫圈

06 使用一字旋具通过制动鼓孔向上拨动楔形块，使制动蹄回位，如图 10.2.5 所示。然后拉出制动鼓及其轴承，取下制动鼓，如图 10.2.6 所示。

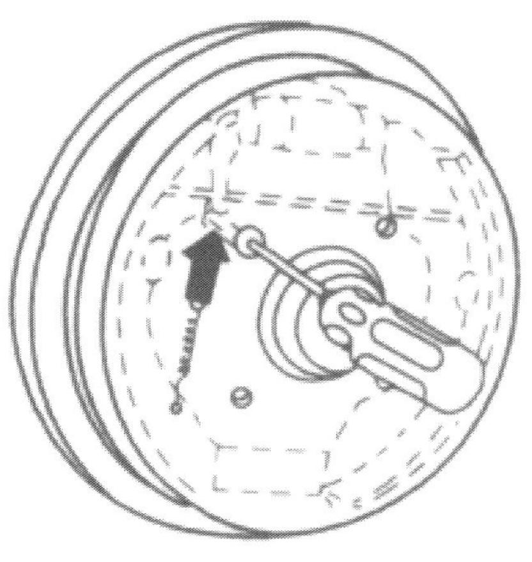
图 10.2.5 拨动楔形块

图 10.2.6 取下制动鼓

07 使用尖嘴钳取下制动蹄定位销、弹簧及弹簧座，如图 10.2.7 所示。

08 使用一字旋具取下制动器回位弹簧，如图 10.2.8 所示，拆下的制动蹄如图 10.2.9 所示，驻车制动拉锁如图 10.2.10 所示。

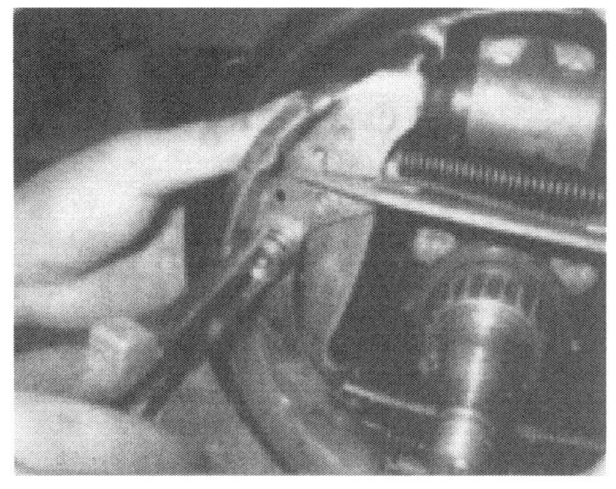
图 10.2.7 用尖嘴钳取下制动蹄定位销

图 10.2.8 取下制动器回位弹簧

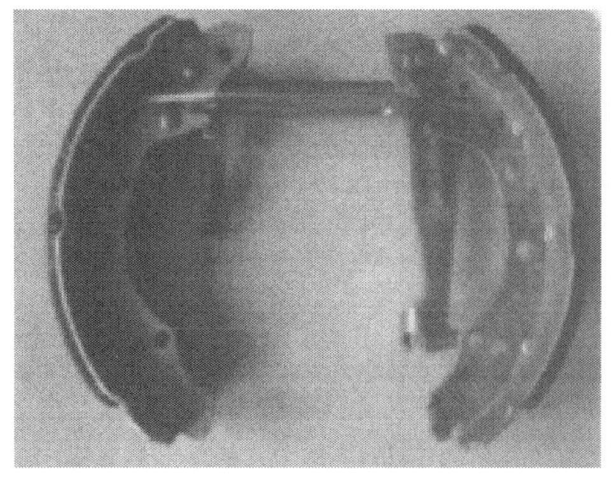
图 10.2.9 取下制动蹄

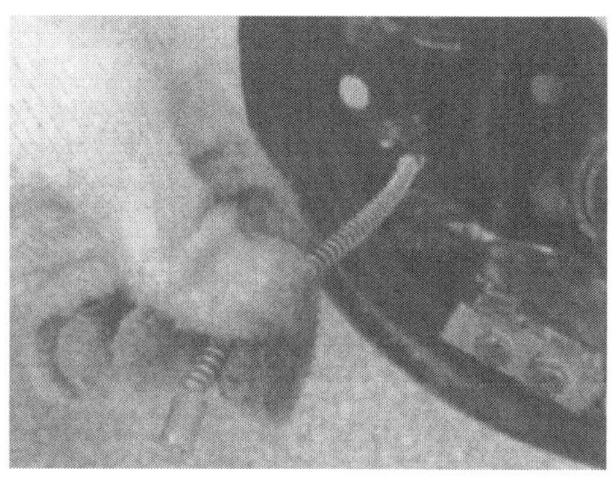
图 10.2.10 驻车制动拉锁

2. 安装鼓式制动器

安装时按照与拆卸时相反的顺序进行，但应注意以下几点：

1）制动器契形块上凸点朝向制动底板的方向，轴承需进行润滑，如图 10.2.11 所示。

图 10.2.11　润滑轴承

2）若不更换新油封，操作时应避免损伤。

3）若不更换新制动蹄摩擦片，则应做好记号，保证原位安装。

4）桑塔纳 2000 制动系统主要螺纹联接件的转矩见表 10.2.1。

表 10.2.1　制动系统主要螺纹连接件的转矩　（单位：N・m）

螺纹联接件	转　矩	螺纹联接件	转　矩
制动钳支架紧固螺栓	70	真空助力器固定螺栓	20
制动钳体定位螺栓	40	后制动轮缸固定螺栓	20
制动底板固定螺栓	60	油管接头螺母	25
真空助力器与主缸连接螺栓	20	轮胎螺母	110
真空助力器支架固定螺栓	15		

5）正确调整轴承的预紧度，调整螺母的拧紧力矩为 100N・m，安装时拧到标准力矩，然后退回 1/4 圈。

6）制动器装配完毕后，拉起驻车制动，取下转向盘护罩、座椅护罩、脚垫。最后将举升机归位。清洁举升机、场地、工具、操作台。

7）安装完毕后，一定要在停车时用力将制动器踏板踩到底数次，以便使制动摩擦片正确就位。

3. 检修鼓式制动器

01 制动鼓检修。一般采用带专用架的百分表或弓形内径规来测量制动鼓内径工作表面磨损情况，如图 10.2.12 所示。当制动鼓内工作表面圆度误差超过 0.25mm，圆柱度误差超过 0.25mm，车轮制动鼓工作表面与轮毂轴承中心线的同轴度误差超过 0.50mm 或工作表面上的拉槽深度超过 0.50mm 时，应对制动鼓工作面进行镗削加工，以恢复其技术状况。镗削过后的制动鼓内径尺寸应不大于 1mm；同时制动鼓工作表面的几何形状、相对位置和表面粗糙度也必须符合要求；制动鼓有裂纹时应更换。

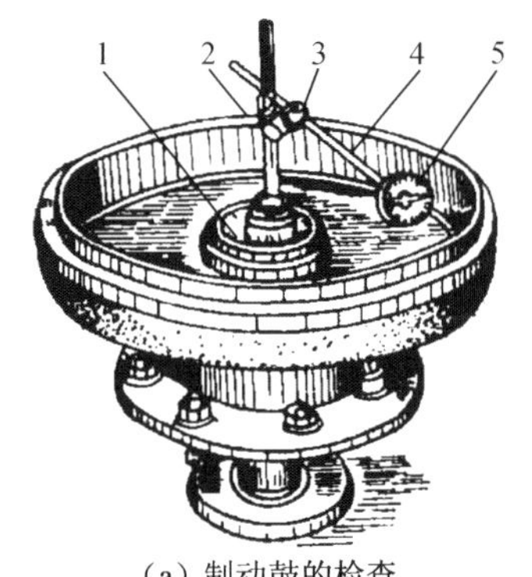

（a）制动鼓的检查

1-夹具；2-锁紧装置；3-中心杆；4-支架；5-百分表

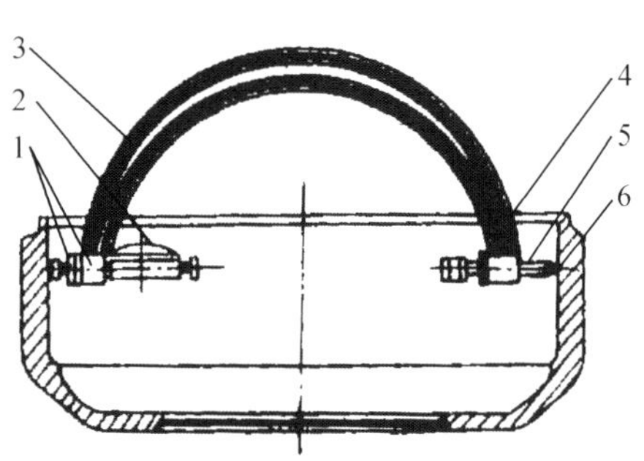

（b）弓形内径千分尺

1-锁紧装置；2-百分表；3-弓型架；4-锁紧螺母；5-测量调整杆；6-制动鼓

图 10.2.12　检查制动鼓

02 摩擦衬片的检查，如图 10.2.13 所示。若摩擦衬片有裂纹、铆钉松动或表面严重烧蚀、磨损、铆钉头深度小于 0.5mm 时，均应更换新摩擦衬片。

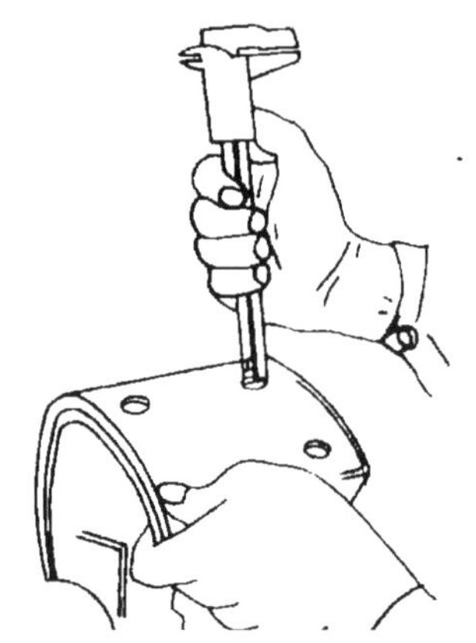

图 10.2.13　检查制动蹄摩擦片

03 制动蹄回位弹簧的检修。检查制动蹄回位弹簧，如图 10.2.14 所示。若回位弹簧丧失弹性或变形拉长，超过标准尺寸 5%时应更换。

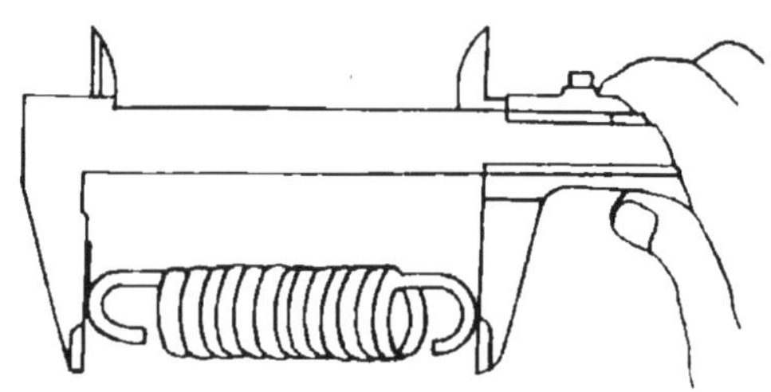

图 10.2.14　检查制动蹄回位弹簧

04 制动底板的检修。当制动底板表面翘曲度超过 0.60mm 时应校正；有裂纹处应焊修；底板上的支承销孔磨损超过 0.15mm，螺栓孔磨损超过 0.80mm 时，可镶套或焊补后重新钻孔修复，检查方法如图 10.2.15 所示。底板销孔修复后与支承销配合间隙应符合规定。

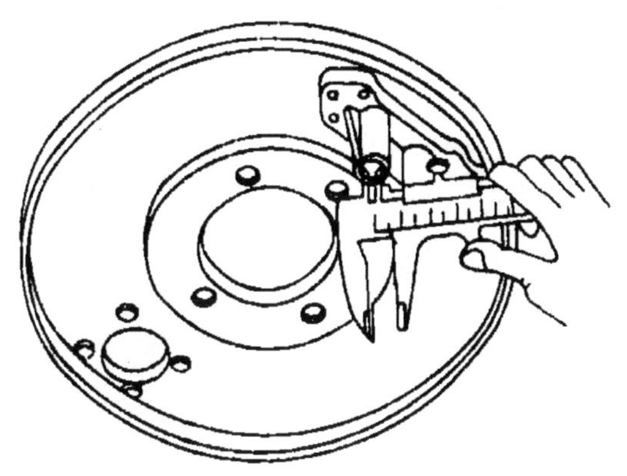

图 10.2.15　检查制动底板支撑销孔磨损

任务 10.3 盘式制动器的拆装与检修

◎ 任务目标

1. 能够独立拆卸盘式制动器组件，正确的分解盘式制动器，并能对盘式制动器进行简单维护。
2. 掌握盘式制动器的检修方法。

工作场景：理实一体化教室。

设备器材：桑塔纳轿车、世达工具、桑塔纳轿车专用工具、扭力扳手、卡簧钳、游标卡尺、百分表和抹布等。

技术要求：①桑塔纳轿车为例，新摩擦片的厚度（不包括底板）为 14mm，厚度磨损极限（包括底版）为 7mm；②工作中随时注意“6S”的实施，保证操作的质量。

注意事项：①操作前明确操作方法，做到按计划进行，不盲目操作；②选择正确的测量工具，方法得当，不野蛮操作；③在拆装过程中，不要踩踏制动踏板，防止制动轮缸脱出。

1. 拆卸盘式制动器（以桑塔纳 2000 为例）

01 车辆进入工位将车辆停在举升机的中央位置，拉紧驻车制动装置，并将变速器置于空挡，分别安装转向盘套、换挡手柄套、座椅套、地板垫。

02 使用一字旋具，将车轮装饰罩拆下，如图 10.3.1 所示。

03 使用风动扳手或车轮专用套筒拆卸车轮固定螺母，拆卸前应检查风动扳手的旋转方向，如图 10.3.2 所示，拆卸时一只手握紧风动扳手，另一只手放在要拆卸的螺母周围，防止螺母掉落，图 10.3.3 所示，使用扭力扳手拆下车轮，如图 10.3.4 所示，并将车轮放在轮胎专用车或专用架子上。

图 10.3.1　车轮装饰罩拆下

图 10.3.2　风动扳手

图 10.3.3　拆卸车轮紧固螺母

图 10.3.4　用扭力扳手拆下车轮

04 松开制动软管接头，用手拆下制动块上、下防振弹簧（保持弹簧）。

05 使用 7 号专用接头和棘轮扳手，拆下制动分泵定位螺栓，如图 10.3.5 所示，取下制动钳分泵，并挂好制动卡钳，如图 10.3.6 所示。

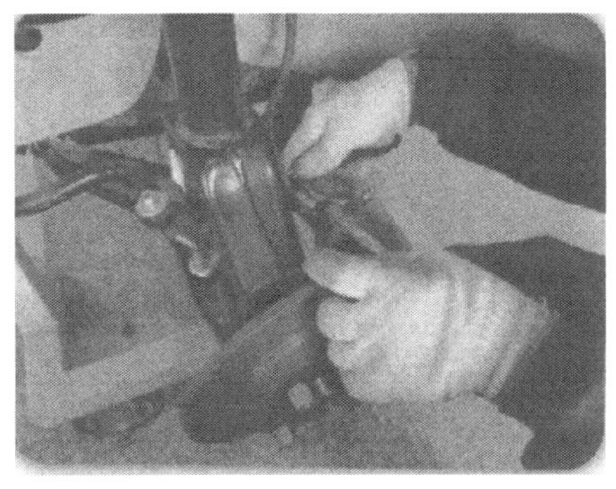

图 10.3.5　拆下制动分泵定位螺栓

图 10.3.6　挂好制动卡钳

06 从支架上拆下两制动蹄，如图 10.3.7 所示，并注意做好记号。应将制动蹄工作表面朝上放置，防止沾染油污，如图 10.3.8 所示。

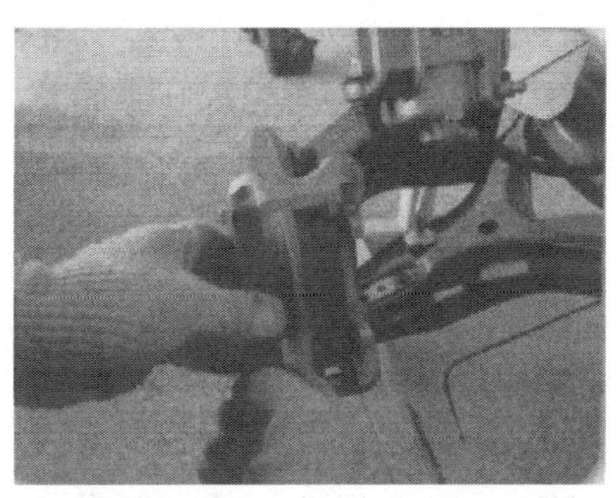

图 10.3.7 拆下制动蹄

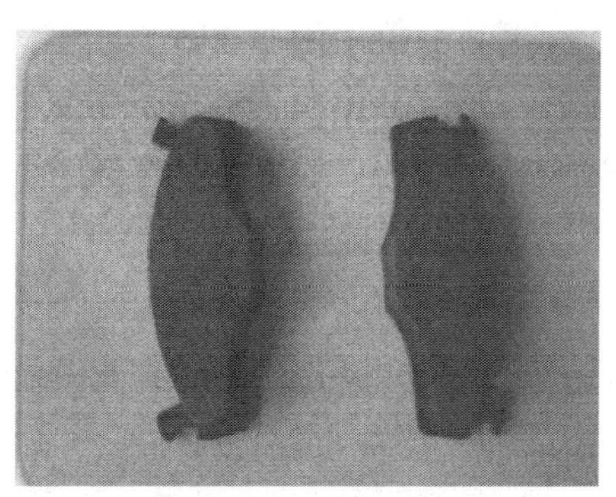

图 10.3.8 制动蹄

07 使用套筒、专用接头和棘轮扳手，拆下制动钳固定支架，如图 10.3.9 所示。取下制动钳固定支架及固定螺栓，如图 10.3.10 所示。

图 10.3.9 拆下制动钳固定支架

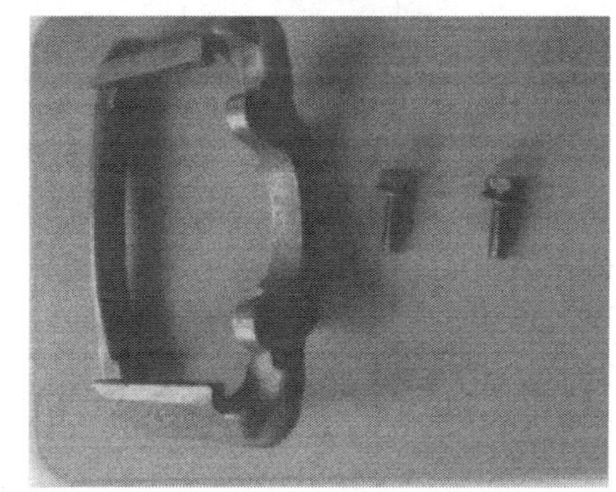

图 10.3.10 固定支架及固定螺栓

08 先使用指针式扭力扳手旋松制动盘紧固螺栓，如图 10.3.11 所示，再用棘轮扳手和 17 号套筒扳手快速取下紧固螺栓，如图 10.3.12 所示。

图 10.3.11 旋松制动盘紧固螺栓

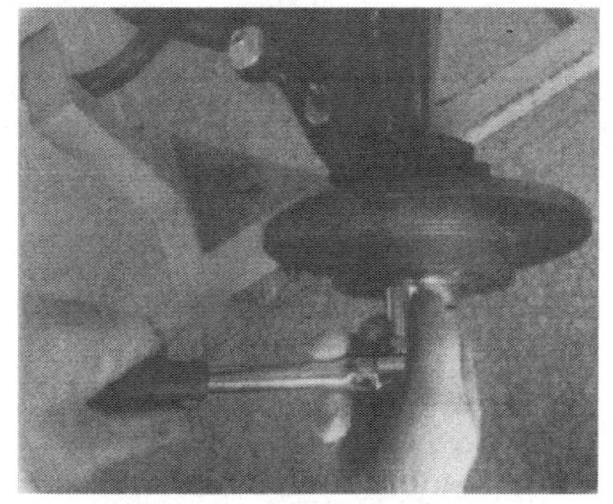

图 10.3.12 取下紧固螺栓

2. 安装盘式制动器

安装时按照与拆卸时相反的顺序进行，但应注意以下几点：

1）若不更换新的油封，拆卸时应避免其受到损伤。

2）若不更换新的制动摩擦片，则应做好记号，保证原位安装。

3）安装后，一定要在停车时用力将制动器踏板踩到底数次，以便使制动摩擦片正确就位。

3. 检修盘式制动器

01 清洁操作。用细砂纸打磨制动块摩擦表面，如图 10.3.13 所示，再用细砂纸打磨制动盘工作表面，如图 10.3.14 所示，如没有砂纸可以使用砂轮打磨制动盘表面，打磨痕迹应该是有方向性的，并且打磨痕迹应相互垂直。

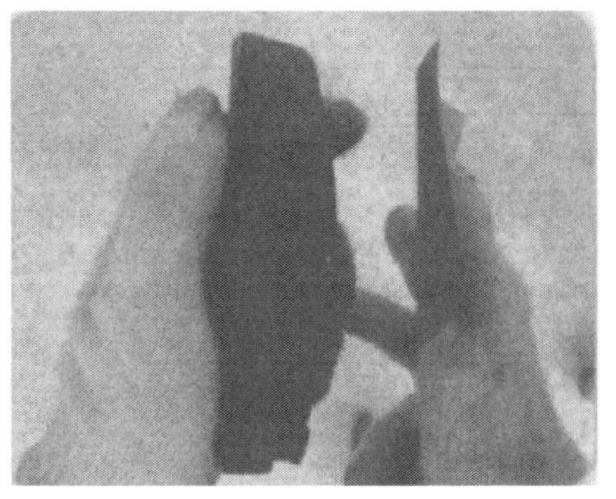

图 10.3.13 打磨制动块摩擦表面

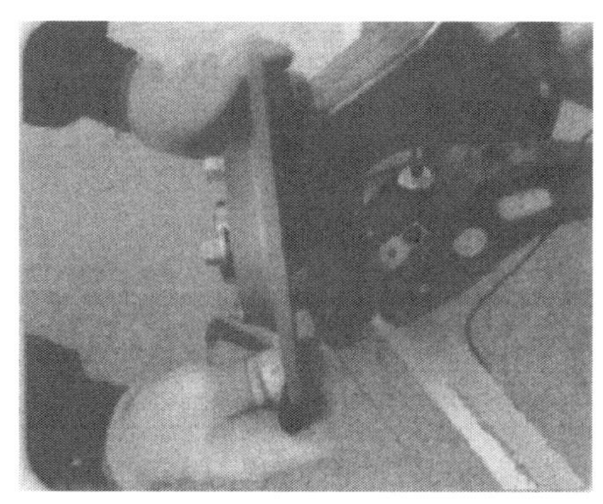

图 10.3.14 打磨制动盘工作表面

02 检查制动警告片的状态及制动摩擦片的厚度。拆下制动钳固定螺栓，用细铁线吊挂在适当的地方，查看警告片的状态。当制动摩擦片磨损到一定程度时，金属警告片将直接与制动盘接触而发出刺耳的声音，以示摩擦片必须更换。用直尺测量摩擦片的厚度，以桑塔纳轿车为例，新摩擦片的厚度（不包括底板）为 14mm，厚度磨损极限（包括底版）为 7mm。据统计，1mm 摩擦片的厚度约可行驶 1000km。测量方法如图 10.3.15～图 10.3.17 所示。

03 检查制动盘的厚度。清洁制动盘，检查是否有沟痕或裂纹，视情况进行更换或修理。若无上述现象，在离制动盘缘 10mm 处，用粉笔画出八个沿圆盘均匀分布的点，用千分尺测量这八个点的制动盘厚度，厚度小于磨损极限时必须更换。桑塔纳轿车制动盘厚度的标准值是 20mm，极限值是 17.8mm，测量方法如图 10.3.18 所示。

图 10.3.15 测量制动块中间位置厚度图

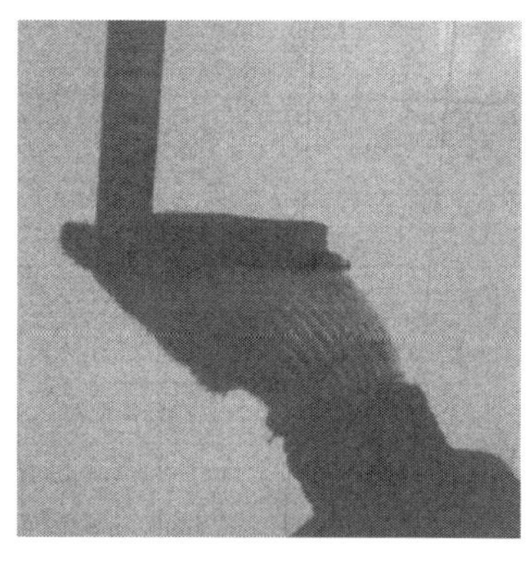

图 10.3.16 测量制动块两侧厚度

图 10.3.17　测量制动块中间位置厚度

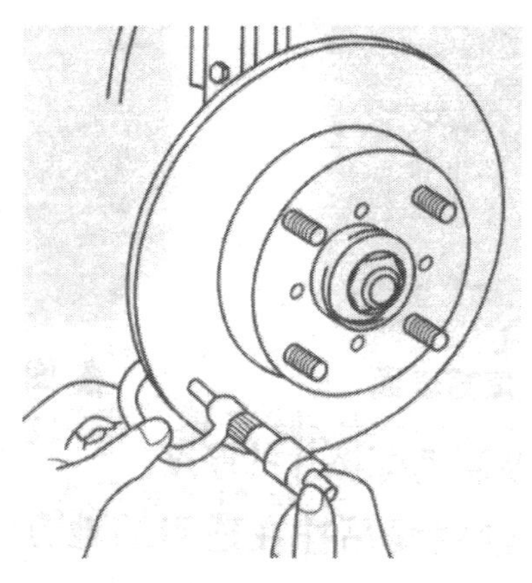

图 10.3.18　测量制动盘厚度

04 测量制动盘的轴向跳动量及轴向窜动量。在离制动盘缘 5mm 处用百分表测其端面圆跳动量，桑塔纳轿车不得超过 0.06mm。在离最大跳动量最近的制动盘的固定螺栓处做标记，拆下制动盘，用百分表测量轮毂的轴向窜动量，如图 10.3.19 所示。若测量结果超标，则通过调整或修理的方法使其符合要求。将制动盘相对原安装位置旋转 180° 安装，再测量端面跳动量，若还是不符合规定，则需更换或在专用的汽车制动器车床上进行修复。

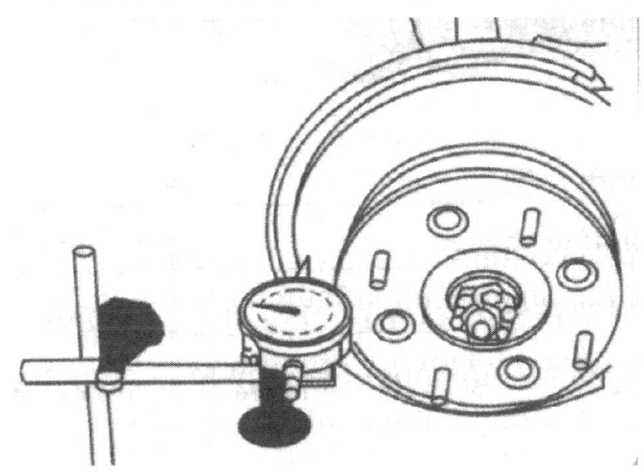

图 10.3.19　用百分表测量轮毂的轴向窜动量

驻车制动拉索的拆装及调整

◎ 任务目标

1. 能正确描述驻车制动系统的结构组成。
2. 会拆装、检查驻车制动系统。

工作场景：理实一体化教室。

设备器材：整套驻车制动实物部件、世达工具、桑塔纳轿车专用工具、扭力扳手、游标卡尺、百分表和抹布等。

技术要求：工作中随时注意“6S”的实施，保证操作的质量。

注意事项：①操作前明确操作方法，做到按计划进行，不盲目操作；②选择正确的测量工具，方法得当，不野蛮操作。

驻车制动装置主要由驻车制动杆、驻车制动器操作拉杆、制动拉索及后轮制动器中的驻车制动拉杆等组成，如图 10.4.1 所示，它作用于后轮，主要是在坡路或平路上停车时使用或在紧迫情况下作紧急制动。

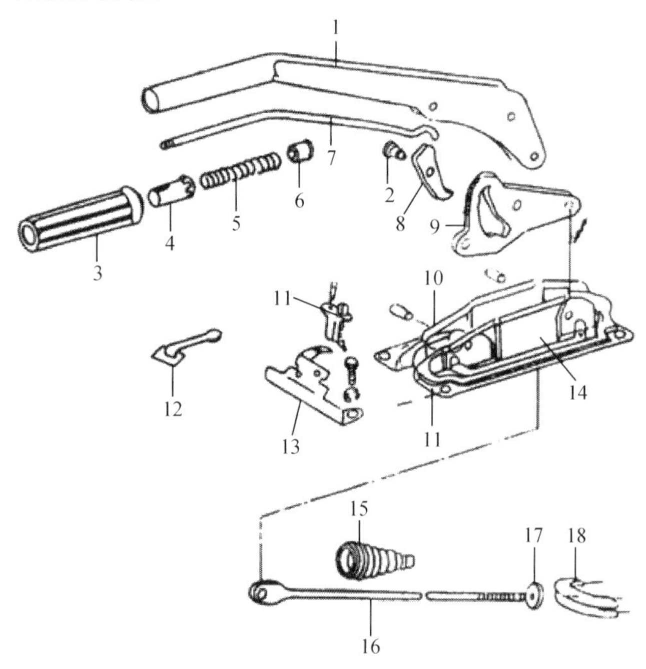

图 10.4.1　驻车制动器分解图

1-驻车制动杆；2-螺栓；3-制动手柄套；4-按钮；5-弹簧；6-弹簧套筒；7-荆棘杆；8-荆棘掣子；9-扇形齿；10-右轴承支架；11-驻车灯开关；12-凸轮；13-支架；14-左轴承支架；15-驻车制动拉杆底部橡胶防尘套；16-驻车制动操作拉杆；17-限位板；18-驻车制动拉索调整杆

1．分解驻车制动操纵机构

驻车制动器的分解步骤如下：

01 放松驻车制动。

02 松开调整拉杆锁紧螺母，拧下调整拉杆调整螺母，使调整拉杆与拉索平衡拉臂分离。

03 拧下支架固定螺母，取下支架总成。

04 拧下制动手柄套、按钮和弹簧。

05 拆除各销轴的开口销，然后依次取下棘爪压杆、棘爪、齿扇。

06 按照分解相反的程序安装驻车制动操纵机构。

2. 调整驻车制动器

驻车制动器的调整步骤如下：

01 松开驻车制动操纵杆。

02 用力踩一下制动踏板。把驻车制动操纵杆拉紧两齿。

03 旋紧图 10.4.2 箭头所示调整螺母，直到用手不能旋转两个被制动的后车轮为止。

04 松开驻车制动操纵杆，两后车轮能旋转自如即为调整合适。

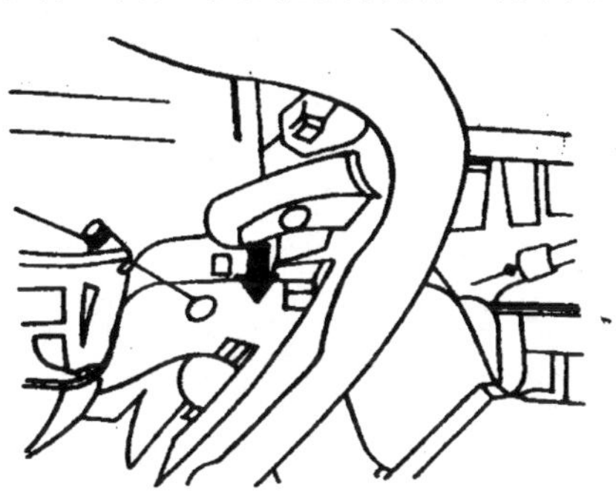

图 10.4.2　驻车制动带的调整

任务 10.5 制动总泵的检修

◎ 任务目标

1. 能正确描述制动总泵的结构组成。
2. 会拆装、检查制动总泵。

工作场景：理实一体化教室。

设备器材：整套制动总泵实物部件、世达工具、桑塔纳轿车专用工具、扭力扳手、游标卡尺、百分表和抹布等。

技术要求：工作中随时注意“6S”的实施，保证操作的质量。

注意事项：①操作前明确操作方法，做到按计划进行，不盲目操作；②选择正确的测量工具，方法得当，不野蛮操作；③制动液对油漆和塑料表面有害。如果制动液溅到了油漆或塑料表面，立即用水清洗。

1. 分解制动总泵

制动主缸的分解如图 10.5.1 所示。

01 放出制动液，拆下前、后油管接头。

02 从车架上拆下制动主缸后，取下防尘罩及推杆。

03 将制动主缸夹持在台钳上，用螺钉旋具顶住活塞，拆下弹簧片，然后慢慢放松螺钉旋具，依次取出后活塞、皮碗及后活塞弹簧。

04 拆下限位螺钉，依次取出前活塞、皮碗及前活塞弹簧。

05 检查活塞与缸筒之间的间隙，若间隙超过 0.13mm，应更换主缸。

06 检查主缸缸壁 1，若有明显的划痕、磨损，应换主缸。

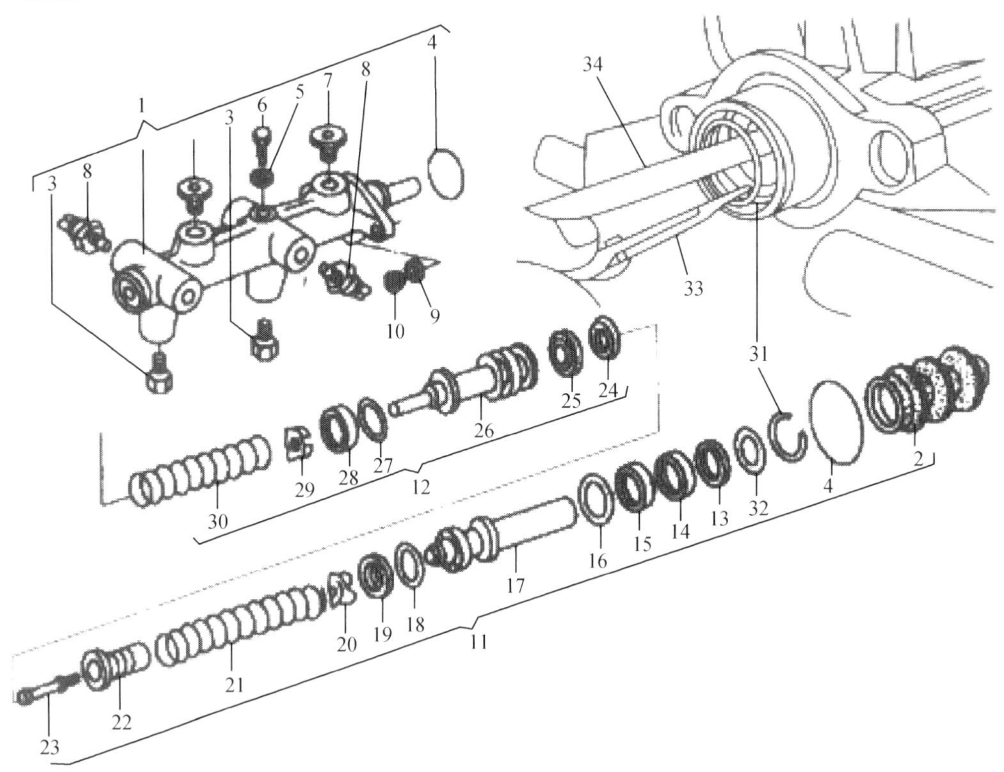

图 10.5.1 制动主缸分解图

1-制动主缸；2-防尘罩；3-油管接头；4-密封环；5、32-垫圈；6-限位螺钉；7-密封堵头；8-放气螺钉；9-弹簧垫圈；10-螺母；11-第一活塞组件；12-第二活塞组件；13-导向套；14、15、19、24、25、28-密封圈；16、18、27-止推垫圈；17-第一活塞；20-弹簧下座；21、30-弹簧；22-弹簧 E 座；23-螺栓；26-第二活塞；29-弹簧座；31-挡圈；33、34-工具

07 检查主缸回位弹簧，若有损伤、变形或弹性下降时应更换新件。

08 检查阀门、弹簧、垫圈是否完好，若损坏必须更换新件。

09 皮碗和皮圈维修时一律全部换新。

2. 安装制动总泵

制动总泵的安装步骤与分解过程相反。安装过程中需要注意以下几点。

01 所有零件在装配前，应用制动油液或酒精清洗，疏通各通道、油路，并用泄压后的压缩空气吹干。

02 主缸缸筒内部用制动油液润滑；其他零件全部浸泡在清洁的制动油液内润滑。

03 活塞与缸筒的配合间隙应符合规定。

04 主缸活塞的位置不当，会引起回油孔堵塞，或使制动发生作用时间延迟，故装配时应予以注意。

05 制动主缸的装配按与拆卸相反的顺序进行。装配后应检查回油孔，使其不被皮碗堵住。

06 制动主缸装配后检查密封性。

小贴士

制动液含有聚乙二醇醚和聚乙二醇。避免与眼睛接触。操作后彻底洗手。如果制动液不小心误人眼睛，用流动的清水冲洗眼睛 15min。如果有刺痛感，请及时就医。如果误服，应喝水并吐出，且应立即就医。

制动分泵的检修

◎ 任务目标

1. 能正确描述制动分泵的结构组成。
2. 会拆装、检查制动分泵。

工作场景：理实一体化教室。

设备器材：整套制动分泵实物部件、世达工具、桑塔纳轿车专用工具、扭力扳手、游标卡尺、百分表和抹布等。

技术要求：工作中随时注意“6S”的实施，保证操作的质量。

注意事项：①操作前明确操作方法，做到按计划进行，不盲目操作；②选择正确的测量工具，方法得当，不野蛮操作；③制动液对油漆和塑料表面有害。如果制动液溅到了油漆或塑料表面，立即用水清洗。

1. 拆卸制动分泵

制动分泵的分解如图 10.6.1 所示。

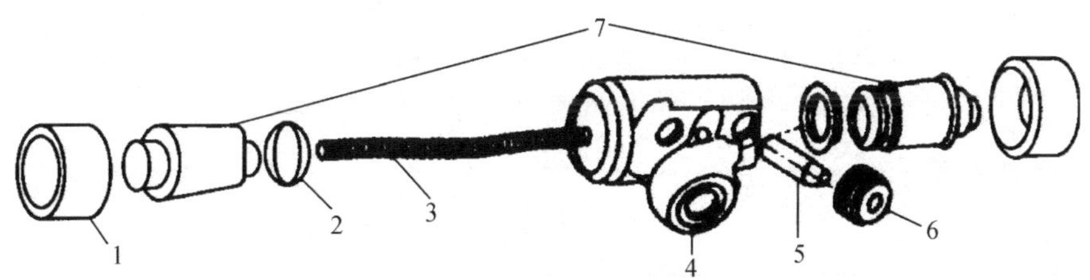

图 10.6.1 制动分泵分解

1-防尘罩；2-皮碗；3-弹簧；4-分泵外壳；5-放气阀；6-防尘罩；7-活塞

01 松开制动分泵进油管接头。

02 取下制动蹄回位弹簧，使制动蹄与制动分泵的活塞脱开。

03 拆下制动分泵与制动底板的连接螺栓，取下制动分泵以待分解。

04 取下缸体两端的防尘罩。

05 从分泵内取出活塞、顶块、皮碗及活塞回位弹簧。

06 拆下放气阀。

07 检查制动分泵缸活塞与缸壁的配合间隙，若间隙超过 0.13mm，应更换制动分泵。

08 检查制动分泵缸缸壁，若有明显的划痕、磨损，应换制动分泵。

09 检查主缸回位弹簧，若有损伤、变形或弹性下降时应更换新件。

10 皮碗和防尘罩维修时一律全部换新。

11 放气螺钉和缸体螺纹部分如有损坏，应更换新件。

2. 制动分泵的装配及注意事项

01 制动分泵的装配按与拆卸相反的顺序进行。具体内容参考本任务中的“拆卸制动分泵”部分内容。

02 所有零件在装配前，应用制动油液或酒精清洗，疏通各通道、油路，并用泄压的压缩空气吹干。

03 分泵缸内部用制动油液润滑，其他零件全部浸泡在清洁的制动油液内润滑（不包括防尘罩）。

04 连接管路，不允许有漏液现象。

05 检查新皮碗不得有磨损及发胀现象。制动器橡胶部件起泡或鼓胀，可能是制动液受到石油基物质的污染。如果受到污染，必须安装新的橡胶部件，并且用干净的制动液冲洗整个液压制动系统，以防再次污染。

思考与练习

一、填空题

1. 行车制动器由________、________、________和________组成。

2. 常见的车轮制动器有两大类，即________和________。

3. 桑塔纳轿车一般采用混合式制动形式即前轮________制动，后轮________制动。

4. 汽车制动系至少装有两套各自独立的系统，一套是________，主要用于汽车行驶中________和________，另一套是________，主要用于防止________。

5. 制动蹄的领蹄具有________作用，从蹄具有________作用。

6. 鼓式制动器的旋转元件是________，其工作表面是制动鼓的________；盘式制动器的旋转元件是________，其工作表面是制动盘的________。

7. 盘式制动器的基本元件是________和________。

8. 汽车制动系由产生制动作用的________和操纵________的________以及产生制动能量的________组成。

二、判断题

1．每套制动装置都由制动器和制动传动装置组成。（　　）

2．一般轿车的前轮采用盘式制动器，而后轮采用鼓式制动器。（　　）

3．盘式制动器的旋转元件是制动盘，其工作表面是制动盘的两端面。（　　）

4．使用砂轮打磨制动盘表面时的痕迹应该是有方向性的，并且打磨痕迹应相互垂直。（　　）

5．盘式制动器的自由行程就是制动主缸活塞与推杆之间间隙的反应。（　　）

6．要满足最佳制动状态，汽车应采用前轮盘式制动器后轮鼓式制动器。（　　）

三、选择题

1．汽车制动时，制动力的大小取决于（　　）。

A．汽车的载质量　B．制动力矩　C．车速　D．轮胎

2．我国国家标准规定任何一辆汽车都必须具有（　　）制动系。

A．行车和驻车　B．脚刹　C．手刹　D．辅助制动系

3．目前汽车的制动系统多采用是（　　）回路保护系统。

A．单　B．双　C．三　D．四

4．桑塔纳轿车前轮盘式制动器的制动间隙可自动调整，是利用（　　）。

A．制动盘的弹性变形　B．密封圈的弹性变形

C．制动盘　D．制动片

5．桑塔纳轿车制动盘的极限厚度是（　　）mm。

A．17.8　B．20.8　C．19.8　D．20.8

6．助力式真空加力装置是通过助力器来帮助制动踏板对制动主缸产生推力，助力器加装在（　　）。

A．制动主缸之后　B．制动主缸中　C．制动踏板与制动主缸之间

7．领从蹄制动器一定是（　　）。

A．等制动力　B．不等制动力

C．非平衡制动器　D．以上都对

8．盘式制动器的热衰退比鼓式制动器（　　）。

A．差　B．相差不大　C．等于　D．优秀

9．盘式制动器的摩擦副中旋转元件的工作表面是（　　）。

A．断面　B．端面　C．圆柱面　D．圆球面

10．制动时，制动踏板的行程过大，下列哪项可能是其中的原因（　　）。

A．制动轮缸的活塞被卡住　B．制动蹄与制动鼓间的间隙过大

C．制动蹄片磨损量过大　D．驻车制动器调整有误

四、简答题

1．汽车制动系的作用是什么？主要有哪几部分组成？

2．鼓式制动器主要由哪些零件组成？

3．鼓式和盘式制动器的拆装步骤如何？

4．制动过程中，鼓式制动器与盘式制动器有什么区别？

项目 11 ABS制动系统的检修

◎ 项目情境

一辆一汽大众1995年组装出厂的奥迪V6 2.6L轿车，ABS警告灯常亮，ABS失效，用VAG1551调取故障代码，其含义为左、右前轮轮速传感器故障。此故障是在换上了两根新半轴以后才出现的，拆下两轮速传感器仔细检查，发现其端头有一层黄油和少许铁屑，因此造成磁路短路，用化油器清洗剂洗净后装复，用VAG1551清除故障代码后进行路试，ABS恢复正常，警告灯不再点亮，故障排除。

◎ 项目目标

- 会正确描述汽车ABS系统组成、结构名称及安装位置。
- 理解ABS系统基本工作原理。
- 会使用万用表检测各传感器及保险丝等故障。
- 会使用诊断仪器判断ABS系统故障。

认识 ABS 制动系统

◎ 任务目标

1. 认识 ABS 制动系统的功用、组成、类型。
2. 了解 ABS 制动系统的工作原理。

1. 功用

ABS（Anti-locked Braking System）制动防抱死系统，它是一种具有防滑、防抱死等优点的汽车安全控制系统，现代汽车上大量安装防抱死制动系统，ABS 既有普通制动系统的制动功能，又能防止车轮抱死，使汽车在制动状态下仍能转向，保证汽车的制动方向稳定性，防止产生侧滑和跑偏，是目前汽车上最先进、制动效果最佳的制动装置。

2. 组成及安装位置

桑塔纳 2000Gsi 型轿车采用的是美国 ITT 公司 MK20-I 型 ABS 系统，是四通道的 ABS 调节回路，前轮单独调节，后轮则以两轮中地面附着系数低的一侧为依据统一调节。ABS 系统主要由 ABS 控制器（包括电子控制单元、液压单元、液压泵等）、四个车轮转速传感器、ABS 故障警告灯、制动警告灯等组成，如图 11.1.1 所示。

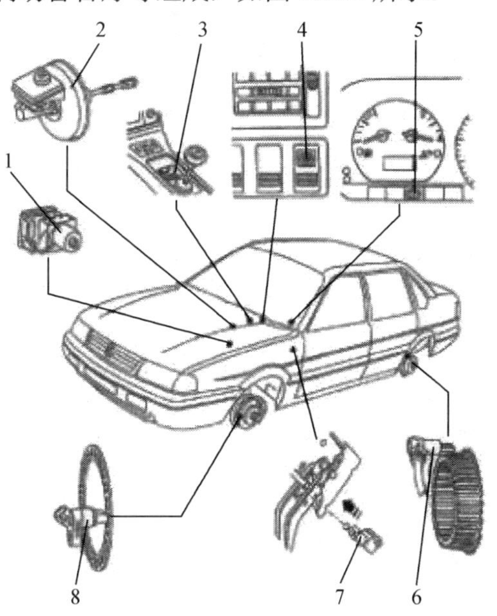

图 11.1.1　桑塔纳 2000Gsi 型轿车组成

1-ABS 控制器；2-制动主缸和真空助力器；3-自诊断插；4-ABS 警告灯 K47；5-制动警告灯；6-后轮转速传感器（G44/G46）；7-制动灯开关（F）；8-前轮转速传感器（G45/G47）

3. 工作原理

ABS 系统的基本工作原理是：汽车在制动过程中，车轮转速传感器不断把各个车轮的转速信号及时输送给 ABS 电子控制单元（ECU），ABS ECU 根据设定的控制逻辑对四个转速传感器输入的信号进行处理，计算汽车的参考车速、各车轮速度和减速度，确定各车轮的滑移率。如果某个车轮的滑移率超过设定值，ABS ECU 就发出指令控制液压控制单元，使该车轮制动轮缸中的制动压力减小；如果某个车轮的滑移率还没达到设定值，ABS ECU 就控制液压单元，使该车轮的制动压力增大；如果某个车轮的滑移率接近于设定值时，ABS ECU 就控制液压控制单元，使该车轮制动压力保持一定。从而使各个车轮的滑移率保持在理想的范围之内，防止四个车轮完全抱死。

在制动过程中，如果车轮没有抱死趋势，ABS 系统将不参与制动压力控制，此时制动过程与常规制动系统相同。如果 ABS 出现故障，电子控制单元将不再对液压单元进行控制，并将仪表板上的 ABS 故障警告灯点亮，向驾驶员发出警告信号，此时 ABS 不起作用，制动过程将与没有 ABS 的常规制动系统的工作相同，工作原理如图 11.1.2 所示。

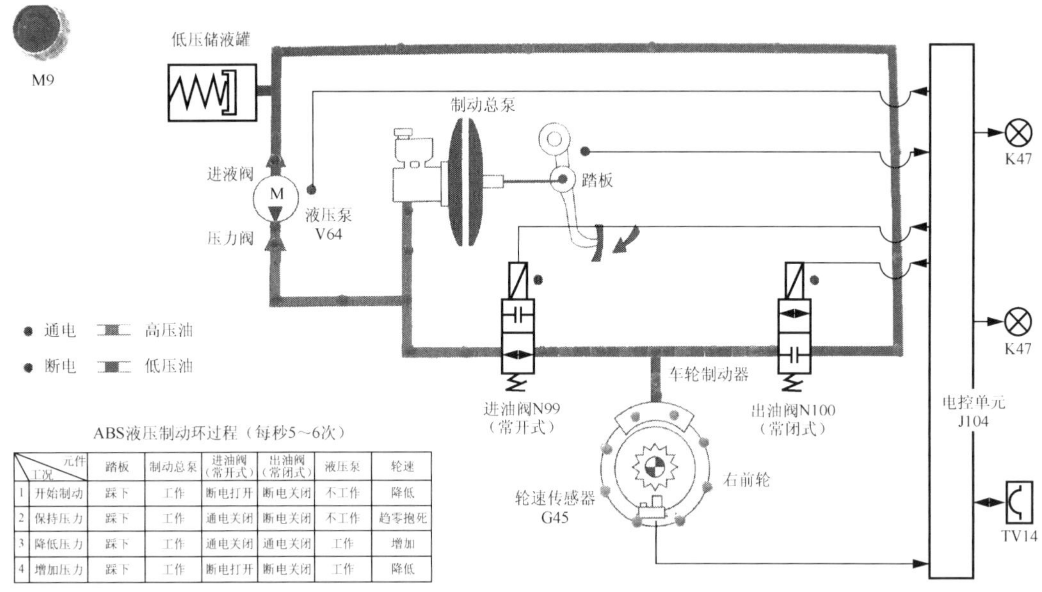

工况＼元件		踏板	制动总泵	进油阀（常开式）	出油阀（常闭式）	液压泵	轮速
1	开始制动	踩下	工作	断电打开	断电关闭	不工作	降低
2	保持压力	踩下	工作	通电关闭	断电关闭	不工作	趋零抱死
3	降低压力	踩下	工作	通电关闭	通电关闭	工作	增加
4	增加压力	踩下	工作	断电打开	断电关闭	工作	降低

图 11.1.2　工作原理图

（1）开始制动阶段（系统油压建立）

开始制动时，驾驶员踩制动踏板，制动压力由制动主缸产生，经常开的不带电压的进油阀作用到车轮制动轮缸上，此时，不带电压的出油阀依然关闭，ABS 系统没有参与控制，整个过程和常规液压制动系统相同，制动压力不断上升，如图 11.1.3 所示。

（2）油压保持

当驾驶员继续踩制动踏板，油压继续升高到车轮出现抱死趋势时，ABS 电子控制单元发出指令使进油阀通电并关闭阀门，出油阀依然不带电压仍保持关闭，系统油压保持不变，如图 11.1.4 所示。

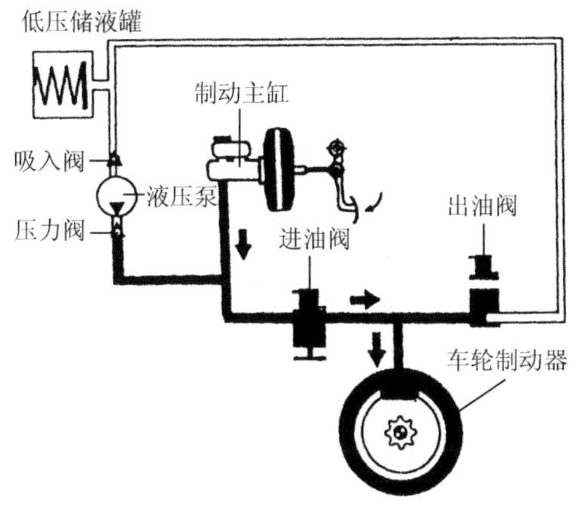

图 11.1.3　开始制动系统油压建立阶段

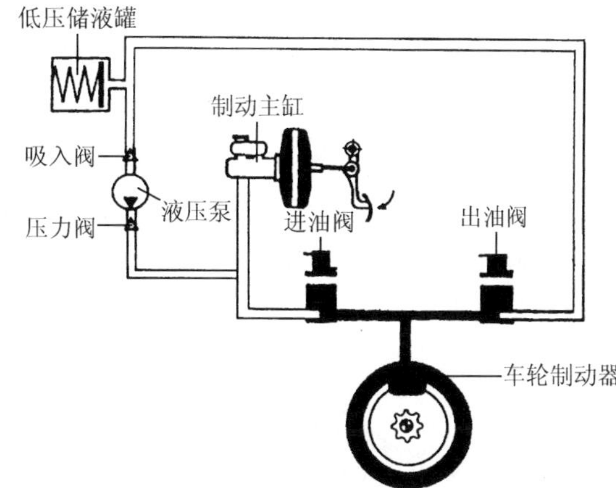

图 11.1.4　油压保持阶段

（3）油压降低

若制动压力保持不变，车轮有抱死趋势时，ABS ECU 给出油阀通电打开出油阀，系统油压通过低压储液罐降低油压，此时进油阀继续通电保持关闭状态，有抱死趋势的车轮被释放，车轮转速开始上升。与此同时，电动液压泵开始起动，将制动液由低压储液罐送至制动主缸，如图 11.1.5 所示。

（4）油压增加

为了使制动最优化，当车轮转速增加到一定值后，电子控制单元给出油阀断电，关闭此阀门，进油阀同样也不带电而打开，电动液压泵继续工作从低压储液罐中吸取制动液泵入液压制动系统，如图 11.1.6 所示。随着制动压力的增加，车轮转速又降低。这样反复循环地控制工作频率为 5～6 次/s，将车轮的滑移率始终控制在 20%左右。

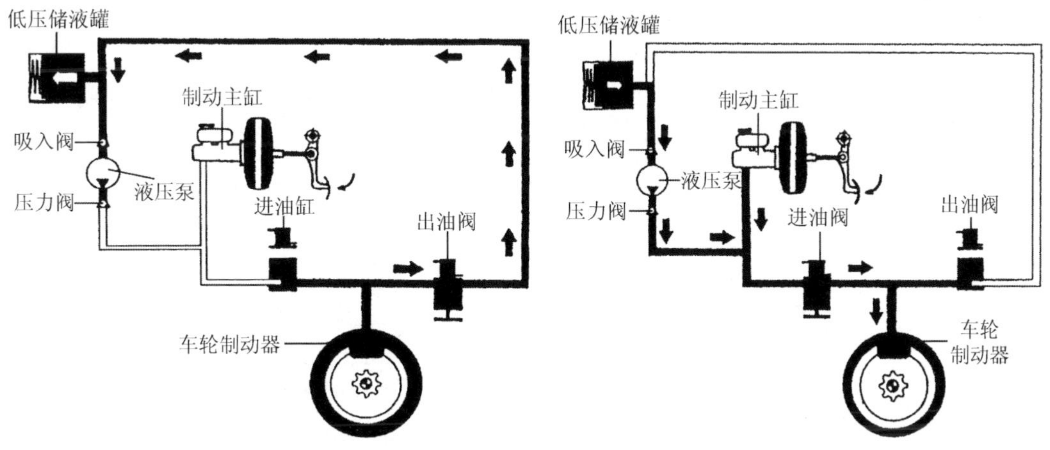

图 11.1.5　油压降低阶段　　图 11.1.6　油压增加阶段

如果 ABS 系统出现故障，进油阀始终常开，出油阀始终常闭，使常规液压制动系统继续工作而 ABS 系统不工作，直到 ABS 系统故障排除为止。

4. ABS系统主要部件

（1）轮速传感器

1）车轮转速传感器的作用：将车轮的转速信号传给ABS电子控制单元。MK20-Ⅰ型ABS系统共有四个车轮转速传感器，前轮的齿圈（43齿）安装在传动轴上，转速传感器安装在转向节上，如图11.1.7所示。后轮的齿圈（43齿）安装在后轮毂上，转速传感器则安装在固定支架上，如图11.1.8所示。

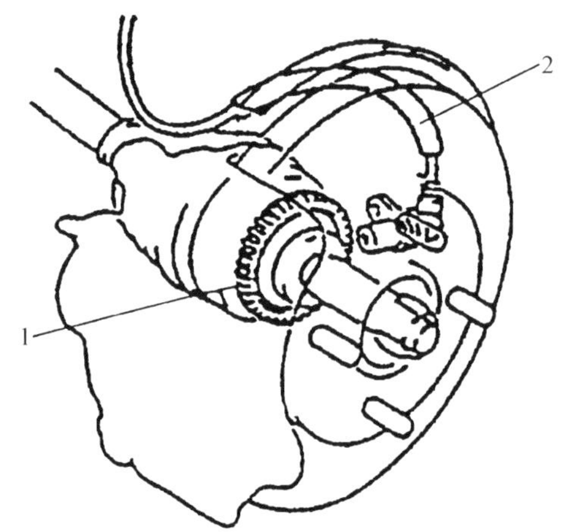

图11.1.7 前车轮转速传感器（G45/G47）安装位置
1-齿圈；2-前轮转速传感器

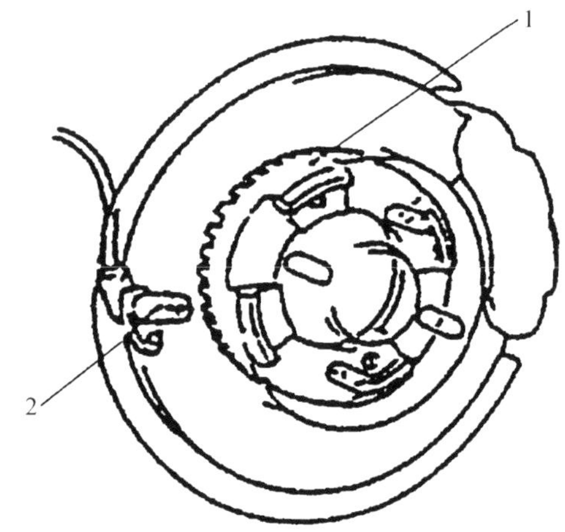

图11.1.8 后车轮转速传感器（G44/G46）安装位置
1-齿圈；2-后轮转速传感器

2）工作原理：当齿轮的齿顶与传感器的磁心端部（极轴）相对时，磁心端部与齿圈之间的空气间隙最小，传感器永磁性磁心所产生的磁力线就容易通过齿圈，感应线圈周围的磁场就强，如图11.1.9所示。

当齿轮的齿隙与传感器的磁心端部（级轴）相对时，磁心部与齿圈之间的空气间隙最大，使传感器永磁性磁心所产生的磁力线就不容易通过齿圈感应线圈周围的磁场较弱，如图11.1.10所示。

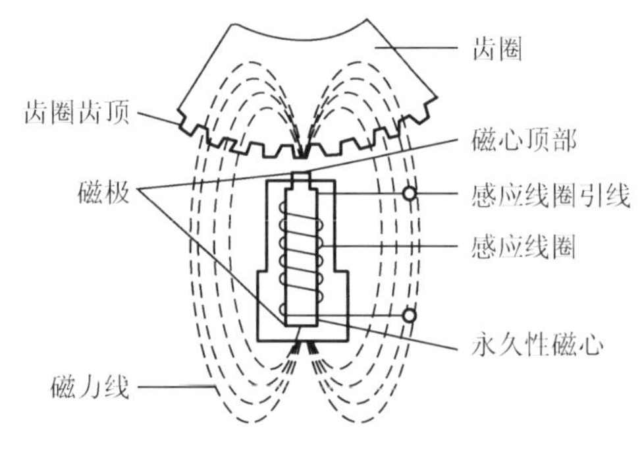

图11.1.9 齿顶与磁铁相对

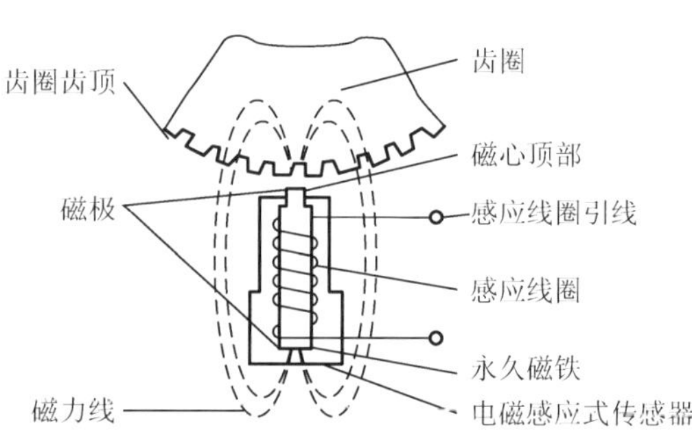

图11.1.10 齿隙与磁铁相对

当齿圈随曲轴转动时，齿圈的齿顶和齿隙就交替地与传感器磁心端部相对，传感器感应线圈周围的磁场随之发生强弱交替变化，在感应线圈中就会产生交变电压，交变电压频率与相应曲轴的转速成正比，如图 11.1.11 所示。

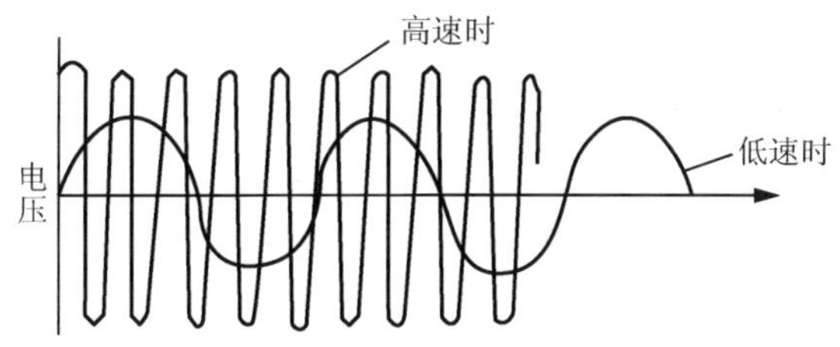

图 11.1.11　转速传感器波形分析

（2）ABS 控制器

ABS 控制器由 ABS 电子控制单元（J104）、液压控制单元（N55）、液压泵（V64）等组成。

当点火开关接通时，ABS ECU 就开始进行自检程序，对系统进行自检，此时 ABS 故障灯点亮。如果自检以后发现 ABS 系统存在影响其正常工作的故障，它将关闭 ABS 系统，恢复常规制动系统，仪表板上 ABS 故障灯一直点亮，警告驾驶员 ABS 系统存在故障。自检结束后，ABS 故障灯就熄灭，表明系统工作正常。由于自检过程大约需要 2s，因此在正常情况下，当点火开关接通时，ABS 故障灯点亮 2s，然后再自动熄灭，是正常的。反之如果点火开关接通时，ABS 故障灯不亮，说明 ABS 故障灯或其线路存在故障，应对其进行检修。

（3）液压控制单元和液压泵

液压控制单元装在制动主缸与制动轮缸之间，采用整体式结构，如图 11.1.12 所示。主要任务是转换执行 ABS ECU 的指令，自动调节制动器中的液压压力。

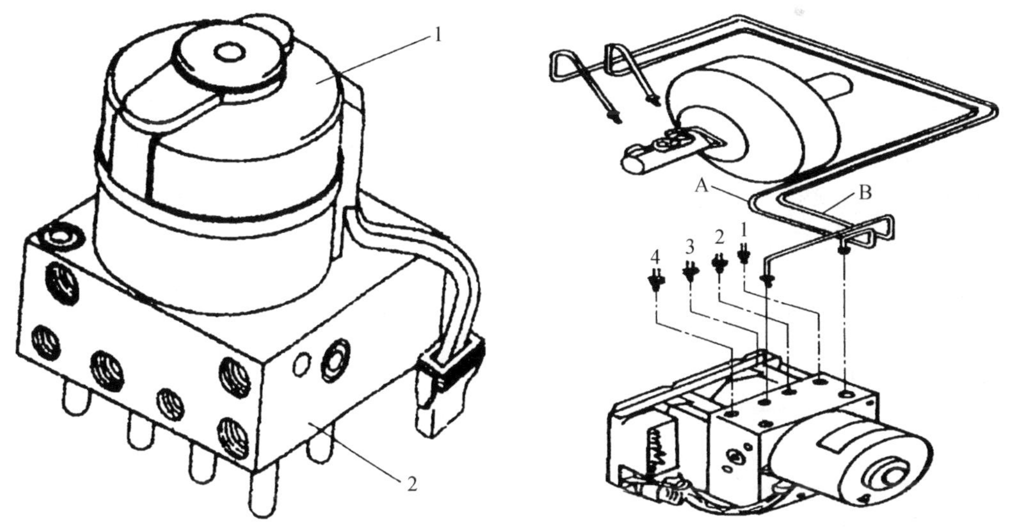

图 11.1.12　液压控制单元结构

1-带低压储液罐的电动液压泵；2-液压单元

任务11.2 ABS系统的检修

◎ 任务目标

1. 能对ABS系统主要部件进行检修。
2. 会判断ABS系统的故障。

工作场景：理实一体化教室。

设备器材：桑塔纳2000型轿车、世达工具、桑塔纳轿车专用工具、V.A.G1552故障诊断仪、非磁性塞尺、万用表和抹布等。

技术要求：①桑塔纳2000型轿车ABS系统传感头与齿圈之间的间隙：前轮为1.1～1.97mm，后轮为0.42～0.8mm；②工作中随时注意“7S”的实施，保证操作的质量。

注意事项：①对ABS修理前，为了检查故障所在，应先用V.A.G1552故障诊断仪查询故障代码；②拔ABS电气插头之前，必须关闭点火开关；③开始修理前，应关闭点火开关，从蓄电池上拆下接地线；④在试车中，至少进行一次紧急制动。当ABS正常工作时，会在制动踏板上感到有反弹，并可感觉到车速迅速降低而且平稳。

1. ABS故障检修的一般步骤

01 确认故障情况和故障症状。

02 对ABS系统进行直观检查，检查制动液渗漏、导线破损、插头松脱、制动液液位过低等情况。

03 利用自诊断系统进行读取故障码，然后根据维修手册来寻找故障位置。

04 根据故障情况，利用必要的工具和仪器对故障部位进行具体的检查，确定故障部位和故障原因。

05 修理或更换部件以排除故障。

06 清除故障代码。

07 检查故障警告灯是否持续点亮。

08 路试。

2. ABS主要部件的检修

（1）轮速传感器的检修

轮速传感器可能出现的故障有感应线圈短路、断路或接触不良，传感器齿圈上的齿有缺损或脏污，信号探头安装不牢或磁极与齿圈之间有脏物等。参考检修步骤如下：

01 直观检查。主要检查传感器安装固定有无松动；导线及插接器有无松脱、裸露；齿圈有无损伤及脏物；转动车轮检查齿圈的摆动量（轴向摆动误差应不大于 0.3mm）等。

02 传感器间隙检查。用非磁性塞尺测量传感头与齿圈之间的间隙应符合车辆之规定值。如桑塔纳 2000GSi 前轮为 1.1～1.97mm，后轮为 0.42～0.8mm。

03 传感器电阻检查。对于电磁感应式传感器可利用万用表的欧姆挡测量线圈阻值，一般为 1kΩ左右。如桑塔纳 2000GSi 为 1.0～1.3kΩ。

04 测传感器的输出电压。当车轮转动时，传感器应有电压输出，且与车轮的转速成正比。如桑塔纳 2000Gsi 以 30r/min 转动车轮时，用万用表测量输出电压为 70～310mV。

05 测量传感器的输出波形。

正常的信号电压波形应是均匀的正弦电压波形，峰值应符合要求。如桑塔纳 2000Gsi 前轮，转动车轮时，峰值为 3.4～14.8mV/Hz。

（2）ABS ECU 的检修

01 首先检查 ABS ECU 线束插接器有无松动，连接导线有无松脱；再检查其线束插接器各端子的电压、电阻值或波形与标准值进行比较。如果与之相连的部件和线路正常，则应更换 ECU 再试。

02 更换 ABS ECU 时，将点火开关关闭，拆下 ECU 上的线束插头，拆下旧的 ECU，固定好新的 ECU，插上所有的线束插头（注意，线束不能损坏和腐蚀，插头应接触良好）对角线拧紧固定螺钉；起动发动机，红色制动灯和 ABS 灯应显示系统正常。

（3）制动压力调节器的检修

制动压力调节器可能会出现电磁阀线圈不良、阀门泄漏等故障。

检测电磁阀线圈的电阻，如果电阻值无穷大或过小等，均说明其电磁阀有故障；将制动压力调节器电磁阀加上其工作电压，看阀能否正常动作，如果不能正常动作，则应更换制动压力调节器；如果怀疑是制动压力调节器有问题，则应在制动压力调节器内无高压制动液时，拆下调节器进一步检查。

（4）继电器的检查

ABS 装用的继电器主要有控制 ABS 工作电源的主继电器、电磁阀继电器、油泵继电器等。继电器的常见故障是触点接触不良、线圈断路或短路等，检查方法如下：

01 用万用表测量线圈电阻，阻值应正常。

02 通电检查，用万用表测量两触头间电阻值，不通电时为无穷大，通电时应为 0Ω。

03 继电器触头接触情况也可以通过测量触头的电压降进行判断，如工作时电压降超过 0.5V，则说明接触不良。

3. ABS 系统故障的诊断

ABS 系统故障的诊断流程如图 11.2.1 所示。

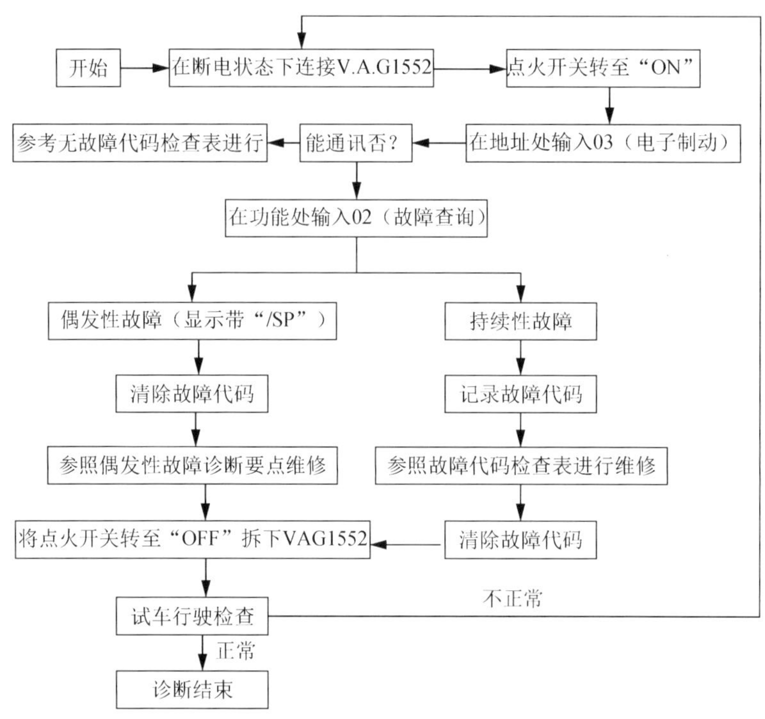

图 11.2.1　ABS 系统诊断流程

4. ABS 系统有故障代码故障的检查与诊断

MK20-Ⅰ型 ABS 系统的故障代码，故障原因及故障排除方法如表 11.2.1 所示。

表 11.2.1　MK20-Ⅰ型 ABS 系统的故障代码表

故障代码	故障原因	故障排除
无故障	如果在维修完毕后，用 V.A.G1552 查询故障后未发现故障，自诊断结束。 如果屏幕中显示出“未发现故障”，但 ABS 不能正常工作，则按以下步骤操作： 1．以大于 20km/h 的车速，进行紧急制动试车； 2．重新用 V.A.G1552 查询故障，仍无故障显示； 3．在无自诊断的情况下着手寻找故障，全面进行电气检查	
65535	电子控制单元故障	更换电子控制单元
01276	ABS 液压泵 V64 与 ABS 连接线路对正极、对地短路及开路或液压泵马达故障	检查线路 03 功能最终控制诊断
00283	左前轮转速传感器（G47）触点开路或松动 左前轮转速传感器电路短路 转速传感器和齿圈的间隙超差（信号不正常）	检查转速传感器与控制单元的线路和连接插头 检查转速传感器和齿圈的安装间隙 08 功能“读取测量数据块”
00285	右前轮转速传感器（G45）触点开路或松动 左前轮转速传感器电路短路 转速传感器和齿圈的间隙超差（信号不正常）	检查转速传感器与控制单元的线路和连接插头 检查转速传感器和齿圈的安装间隙 08 功能“读取测量数据块”
00290	左后轮转速传感器触点开路或松动 左前轮转速传感器电路短路 转速传感器和齿圈的间隙超差（信号不正常）	检查转速传感器与控制单元的线路和连接插头 检查转速传感器和齿圈的安装间隙 08 功能“读取测量数据块”

续表

故障代码	故障原因	故障排除
00287	右后轮转速传感器触点开路或松动 左前轮转速传感器电路短路 转速传感器和齿圈的间隙超差（信号不正常）	检查转速传感器与控制单元的线路和连接插头 检查转速传感器和齿圈的安装间隙 08 功能“读取测量数据块”
01044	ABS 编码错误（ABS 25 针插头触点 6 和 22）	检查插头线束的线路
00668	供电端子 30 号线路、连接插头、熔丝故障	检查控制单元供电线路、熔丝和连接插头
01130	ABS 工作信号超差，可能有外界干涉信号源的电气干涉（高频发射，如非绝缘的点火电缆线）	步骤：检查所有线路连接对正极或对地的短路 清除故障存储 车速大于 20km/h 的紧急制动试车 再次查询故障代码

5. ABS 系统故障检测分析

ABS 系统故障的检测分析，如表 11.2.2 所示。

表 11.2.2 ABS 系统故障检测分析

故障开关号码	K47 工作情况	故障现象（ABS）工作情况	故障现象能否能进入仪器	故障代码	实际检测电压/V	实际检测电阻	标准电压/V	标准电阻/Ω	判断故障部位
G44 G45 G46 G47	常亮	不工作	能	有	0	∞	2 左右	1000 左右	右后轮速传感器或其线路断
S130	工作正常	不工作	能	无	0	∞	12	<0.5	ABS 液压泵熔丝 30A 线路故障
S12	常亮	不工作	能	无法进入	0	∞	12	<0.5	ABS ECU 电源熔丝线路故障
S18	暗亮	不工作	能	无	5.6		12	<0.5	ABS 警告灯电源熔丝故障
S129	常亮	不工作	能	有	2.3		12	<0.5	ABS 电磁阀熔丝线路故障
T25/16	常亮	不工作	能	无	始终 0		自检 5，后 0	<0.5	T25/16—K47 端子线路断路
T25/13	工作正常	工作	否	无法进入			10	<0.5	T25/13—计算机端断路
S2	正常，但 M9/M10 不亮	工作	能	无	踩下 0		踩下 12		ABS 制动灯熔丝故障

思考与练习

一、判断题

1．打开汽车启动钥匙，ABS 警报灯应在几秒后熄灭，并在 ABS 工作时闪烁。（　　）

2．ABS 系统产生故障后，系统将停止工作，并使常规制动效果下降。（　　）

3．ABS 工作时会使趋于抱死车轮的制动管路压力循环经过增压、降压、保压三个过程。（　　）

4．ABS 防抱死制动系统，因其防止车轮抱死，所以其制动距离会比普通制动距离大。（　　）

二、选择题

1．当 $S>20\%$时，ABS 控制器会向执行器发送（　　）命令。

A．增压　　B．保压　　C．减压　　D．以上均不是

2．关于装有 ABS 的汽车的制动过程，下列说法正确的是（　　）。

A．在制动过程中，只有当车轮趋于抱死时，ABS 才工作

B．只要驾驶员制动，ABS 就工作

C．在汽车加速时，ABS 才工作

D．在汽车起步时，ABS 工作

3．下列叙述不正确的是（　　）。

A．制动时，转动方向盘，会感到转向盘有轻微的振动

B．制动时，制动踏板会有轻微下沉

C．制动时，ABS 继电器不断的动作，这也是 ABS 正常起作用的正常现象

D．装有 ABS 的汽车，在制动后期，不会出现车轮抱死现象

4．关于 ABS 和 ASR，下面说法不正确的是（　　）。

A．ABS 控制所有车轮

B．ASR 仅控制驱动轮

C．同一车上，ABS 和 ASR 可以共用车轮速度传感器

D．ABS 在汽车起步、加速且车轮开始滑转时工作，而 ASR 在汽车制动且车轮开始滑移时工作

5．下列哪个传感器是 ASR 系统的组成部分（　　）。

A．车轮转速传感器　　B．方向盘转角传感器

C．侧向加速度传感器　　D．制动压力传感器

项目 12 自动变速器的检修

◎ 项目情境

一辆 2004 年款上海大众帕萨特 1.8TSi 轿车，搭载大众 AG4 01N 型 4 前速电子控制自动变速器，车主反映该车变速器存在换挡冲击的症状。接车后我们对该车进行路试，确定该车变速器存在以下故障：

1. 入前进挡和倒挡冲击。
2. 入前进挡变速器动力接合后，变速器内部会长时间发出类似摩擦的声音。
3. 二挡至三挡冲击严重。
4. 汽车高速行驶时发动机转速与对应车速不匹配，明显感觉发动机转速偏高，感觉缺少一个挡，应该是液力变矩器锁止离合器工作不良。
5. 随着车速的升高，变速器内部的噪声也会随之升高。

◎ 项目目标

- 掌握自动变速器功用及挡位。
- 掌握自动变速器分类及组成。
- 掌握自动变速器性能检测方法。
- 会判断自动变速系统故障。
- 了解安全操作要求，并养成安全文明操作的习惯。
- 养成组员之间互相协作的习惯。
- 塑造高标准的职业素养。

任务12.1 认识自动变速器

◎ 任务目标

1. 了解自动变速器各组成的功用及挡位。
2. 认识自动变速器系统各组成部件的功用、组成、类型。
3. 会描述单向离合器、制动器及离合器的结构和工作原理。

1. 自动变速器的作用及挡位介绍

随着现代汽车工业的快速发展，由微型计算机控制的自动变速器已经在各种车辆上得到了广泛的应用。驾驶装配有自动变速器的车辆时，驾驶员不需要频繁的变换挡位，自动变速器会根据汽车车速和负荷情况，以最低油耗及最佳换挡时机进行自动换挡，而使自动变速器的综合性能指标均达到最佳优化水平。

自动变速器选挡操纵手柄所处的挡位与手动变速器有很大区别。不同国家、不同厂家或不同型号汽车的自动变速器，其选挡操纵手柄一般都有P、R、N、D、S（或2）、L（或1）六个挡位供驾驶员操作选择，如图12.1.1所示。对自动变速器而言，选挡操纵手柄所处的挡位与自动变速器所处的挡位是两个完全不同的概念，选挡操纵手柄只改变自动变速器阀体总成中手动阀的位置，而变速器所处的挡位是由手动阀和换挡执行机构（离合器、制动器等）的工作状态所决定，既取决于手动阀的位置，又取决于汽车车速、发动机节气门开度等因素。

图12.1.1 自动变速器挡位

（1）代号“R”位置（“倒车挡”位置）

选挡操纵手柄拨到“R”位置时，换挡执行机构将接通自动变速器倒挡传动的油路，使倒挡的动力传递路线接通，汽车驱动轮反转而实现倒退行驶。

（2）代号“N”位置（“空挡”位置）

选挡操纵手柄拨到“N”位置时，换挡执行机构使自动变速器处于空挡状态，发动机的动力虽然能够经过输入轴输入变速器，但各齿轮只是空转，变速器输出轴不能输出动力。

装备自动变速器的汽车在使用过程中，只有当选挡操纵手柄处于“P”或“N”位置，使变速器处于空转状态时，发动机才能启动，此功能由空挡启动开关控制。

（3）代号“D”位置（“前进挡”位置）

选挡操纵手柄拨到“D”位置时，大部分轿车的自动变速器可以获得四个不同的传动比传递动力，即一挡、二挡、三挡和超速（O/D：Over-Drive）挡。在汽车行驶过程中，如果选挡操纵手柄位于“D”位置，自动变速器的控制系统（液压控制系统或电子控制系统）将根据汽车速度、节气门开度等液压信号（液压控制式自动变速器）或电信号（电子控制式自动变速器）参数，按照预先设定的换挡规律自动变换挡位，汽车可以以不同车速向前行驶。汽车在道路条件良好的情况下行驶时，选挡操纵手柄应当拨到“D”位置。

（4）代号“S（或 2）”位置（“前进低挡”或“高速发动机制动挡”位置）

选挡操纵手柄拨到“S（或 2）”位置时，自动变速器的控制系统（液压控制系统或电子控制系统）将限制前进挡的变化范围，只能接通一、二挡的油路，自动变速器只能在一、二挡之间变换挡位，无法升入更高挡位，从而使汽车具有足够的驱动力稳定地上坡，下坡时又可利用发动机制动，故称为“高速发动机制动挡”。

（5）代号“L（或 1）”位置（“前进低挡”或“低速发动机制动挡”位置）

选挡操纵手柄拨到“L（或 1）”位置时，自动变速器的控制系统（液压控制系统或电子控制系统）只能接通一挡油路，自动变速器只能在一挡行驶，无法升入高挡。因此，当选挡操纵手柄拨到“L（或 1）”位置时，可以获得比选挡操纵手柄拨到“S（或 2）”位置更强的发动机制动效果，故又称为“低速发动机制动挡”。此挡位适用于汽车在山区、上坡或下坡行驶，使汽车具有足够的驱动力稳定地上坡，下坡时又可利用发动机制动。

2. 自动变速器分类

自动变速器可以按结构和控制方式、车辆驱动方式、挡位数等不同方式进行分类。

（1）按结构和控制方式分类

根据自动变速器结构、控制方式的不同，可以分为机械式自动变速器、液力式自动变速器和无级自动变速器等。

1）机械式自动变速器。机械式自动变速器简称 AMT，是英文 Automated Mechanical Transmission 的缩写，它是在原有手动、有级、普通齿轮变速器的基础上增加了电子控制系统，来自动控制离合器的接合、分离和变速器挡位的变换。机械式自动变速器由于原有的机械传动结构基本不变，所以，齿轮传动固有的传动效率高、机构紧凑、工作可靠等优点被很好地继承了下来，在重型车辆的应用上具有很好的发展前景。

2）液力式自动变速器。液力式自动变速器是目前应用最广泛、技术最成熟的自动变速器。按照控制方式的不同，液力自动变速器可以分为液控液力自动变速器和电控液力自动变速器。目前，轿车上都采用电控液力自动变速器；按照变速机构（机械变速器）的不同，液力自动变速器又可以分为行星齿轮自动变速器和非行星齿轮自动变速器，行星齿轮自动变速器应用最广泛，非行星齿轮自动变速器在本田等个别车系中应用。行星齿轮自动变速器又可以分为辛普森式、拉维娜式和串联式等。

3）无级自动变速器。无级自动变速器简称 CVT，是英文 Continuously Variable Transmission 的缩写，它是采用传动带和工作直径可变的主、从动轮相配合来传递动力，可以实现传动比的连续改变。这也是一种具有广阔发展前景的自动变速器，在汽车上的应用已具有一定的市场份额。常见的有奥迪 A6 的 Multitronic 无级自动变速器、派力奥的 Speedgear 无级自动变速器、旗云的 VT1F 无级自动变速器等。

（2）按车辆的驱动方式分类

自动变速器按车辆驱动方式的不同，可以分为自动变速器（Automatic Transmission）和自动变速驱动桥（Automatic Transaxle），如图 12.1.2 所示。

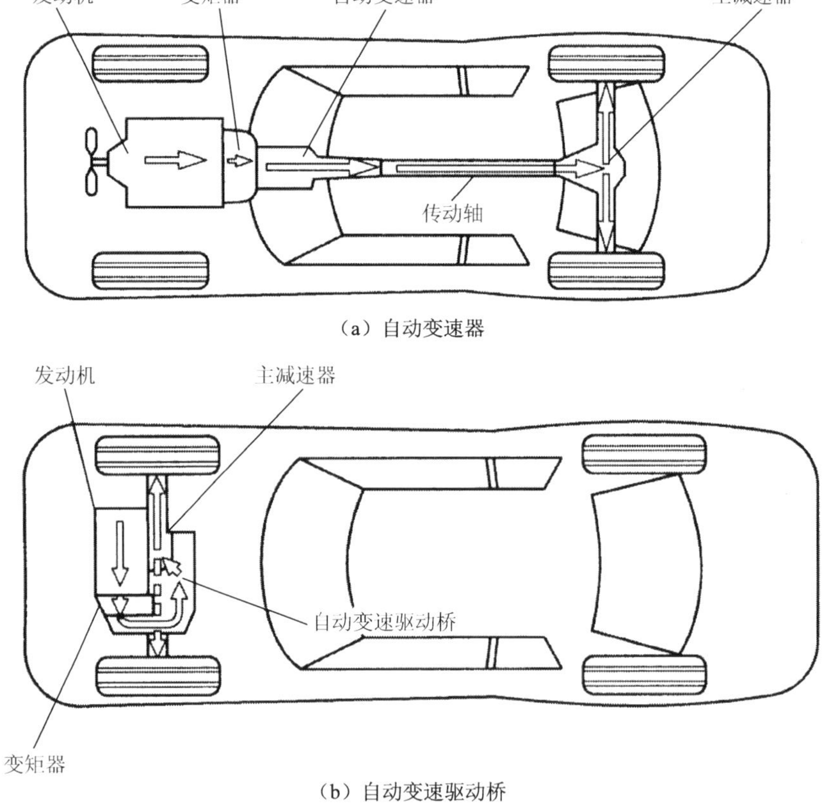

图 12.1.2　自动变速器和自动变速驱动桥

自动变速器用于发动机前置后轮驱动的布置形式，变速器与主减速器、差速器分开。自动变速驱动桥用于发动机前置前轮驱动，变速器与主减速器、差速器制成一个总成。

（3）按自动变速器前进挡的挡位数分类

按照自动变速器操纵手柄于前进挡的挡位数，可以分为四挡、五挡、六挡等类型，比较常见的是四挡和六挡自动变速器。

现代轿车装用的自动变速器基本上都是四个前进挡，即设有超速挡。这种设计虽然使自动变速器的构造更加复杂，但由于设有超速挡，大大改善了汽车的燃油经济性。在商用车上，大多采用五挡和六挡自动变速器，而在某些高级轿车如丰田皇冠、宝马 7 系、奥迪 A8 等轿车较多采用六挡自动变速器。

3. 自动变速器的组成

自动变速器主要由液力变矩器、变速齿轮机构、供油系统、ECU 和换挡执行机构等 5 大部分组成，如图 12.1.3 所示。

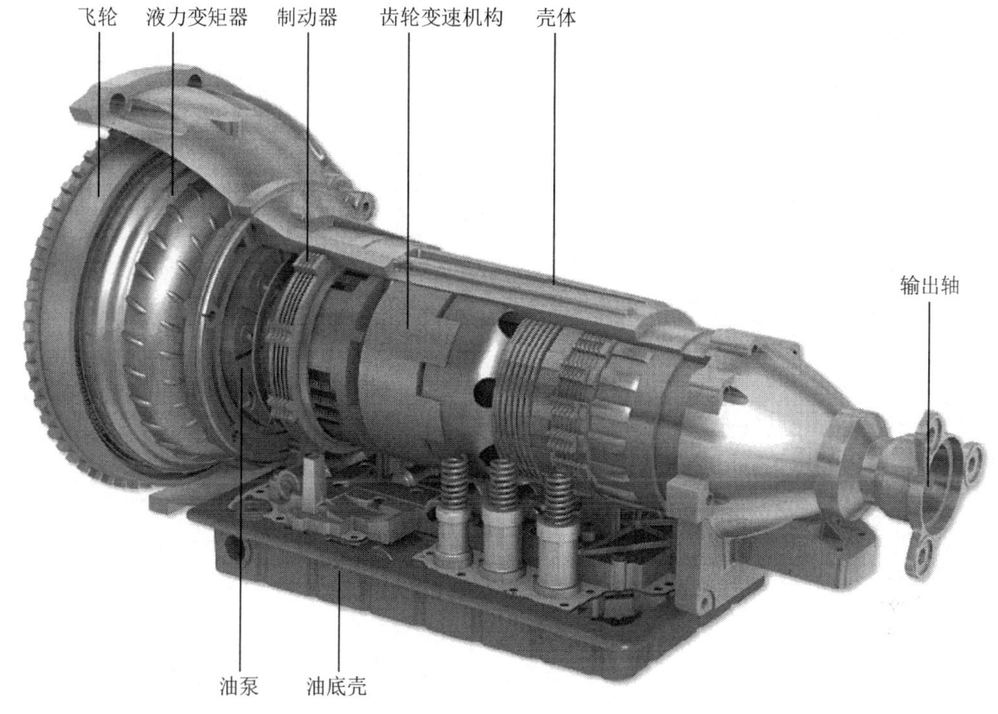

图 12.1.3　自动变速器的组成

（1）液力变矩器

液力变矩器位于自动变速器的最前端，它通过螺栓与发动机的飞轮相连，它利用液力传动的原理，将发动机的动力传给自动变速器的输入轴，这是一种软连接。此外，它还可以起减速增矩和耦合作用。液力变矩器用液体来传递动力降低了液压尖峰载荷和扭转振动，延长了动力传动系统的使用寿命，较大提高了乘坐的舒适性和车辆行驶的安全性和通过性。

（2）变速齿轮机构

行星齿轮变速器是由行星齿轮机构及离合器 C、制动器 B 和单向离合器 F 等执行元件组成。行星齿轮机构通常由多个行星排组成，行星排的多少与挡数的多少有关，其基本结构可用最简单的单排行星齿轮机构说明。

1）单排行星齿轮机构的三个基本元件是：太阳齿轮、齿圈、行星齿轮及行星齿轮架，如图 12.1.4 所示。

2）太阳齿轮位于中心位置；几个行星齿轮借助于滚针轴承和行星齿轮轴安装在行星齿轮架上，这些行星齿轮与太阳齿轮相啮合，一般均匀布置在太阳齿轮周围；外面是同行星齿轮相啮合的齿圈，如图 12.1.5 所示。

3）单排行星齿轮机构通过固定不同的元件或改变联锁关系，可得出不同的传动状态。

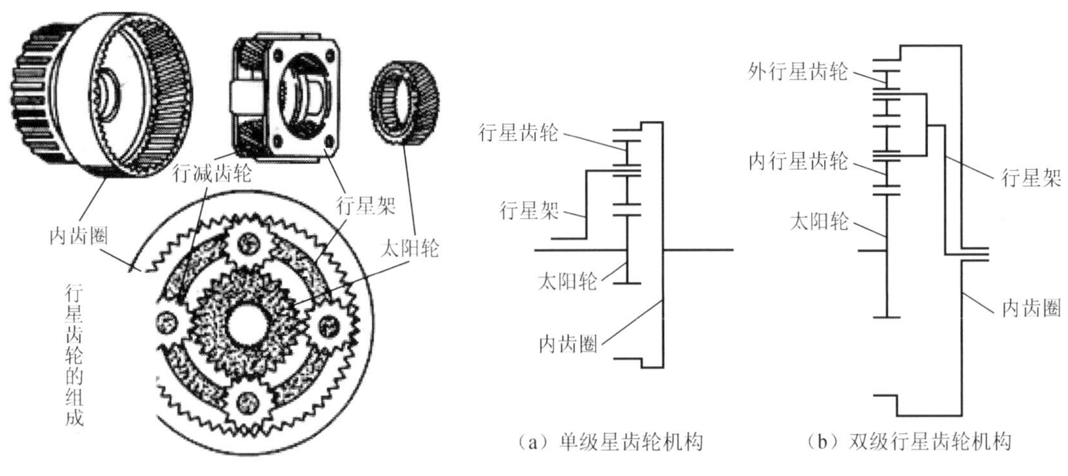

图 12.1.4　行星齿轮的组成　　图 12.1.5　行星齿轮机构

（3）供油系统

自动变速器的供油系统主要由油泵、油箱、滤清器、调压阀及管道所组成。油泵是自动变速器最重要的总成之一，它通常安装在变矩器的后方，由变矩器壳后端的轴套驱动。在发动机运转时，不论汽车是否行驶，油泵都在运转，为自动变速器中的变矩器、换挡执行机构、自动换挡控制系统部分提供一定油压的液压油，油压的调节由调压阀来实现。如图 12.1.6 所示。

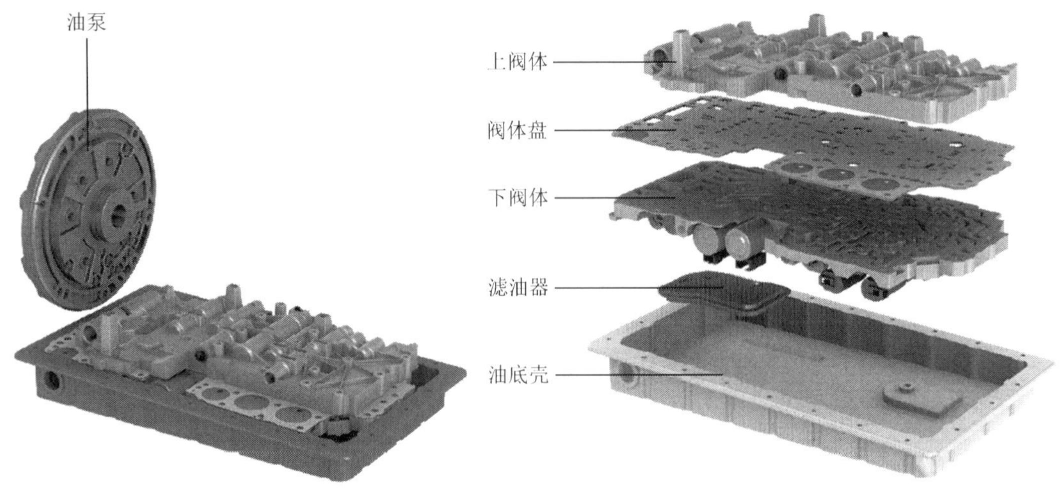

图 12.1.6　供油系统结构

（4）换挡执行机构

自动变速器换挡执行机构与普通手动变速器换挡执行机构不同，自动变速器的离合器

C、制动器 B、单向离合器 F 代替了普通手动变速器中的同步器，而且完全由电、液系统实现自动控制。

行星齿轮变速器的换挡执行元件包括换挡离合器 C、制动器 B 和单向离合器 F。

1）离合器。换挡离合器为湿式多片离合器，当液压使活塞把主动片和从动片压紧时，离合器接合；当工作液从活塞缸排出时，回位弹簧使活塞后退，使离合器分离。离合器主要由从动摩擦片、主动摩擦片、离合器活塞、密封圈、回位弹簧（碟形弹簧）、挡圈组成，如图 12.1.7 所示。

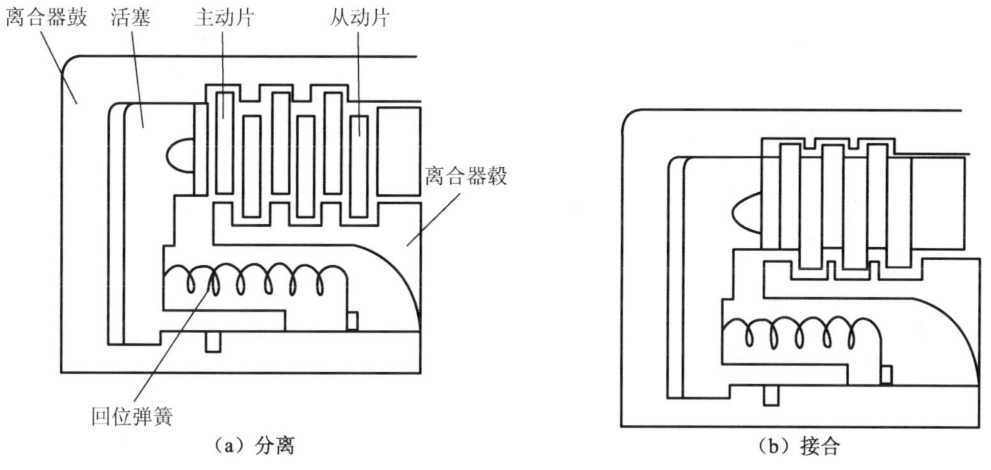

图 12.1.7 离合器工作原理

2）制动器。换挡制动器通常有两种形式：一种是湿式多片制动器，其结构与湿式多片离合器基本相同，不同之处是制动器用于连接转动件和变速器壳体，使转动件不能转动。换挡制动器的另一形式是外束式带式制动器。

① 组成：常见的带式制动器的组成部件包括制动带、液压缸和推杆等，制动鼓通常就是离合器的外壳。

② 原理：当压力油从活塞右端进入时，作用在活塞上的油压克服弹簧力及活塞左端残余油压，活塞被推向左端，通过推杆使制动带抱紧离合器的外壳，起制动作用；当需要解除制动时，压力油从活塞左端进入，而活塞的右端卸压，活塞在油压和弹簧力作用下迅速右移，制动带释放，如图 12.1.8 所示。

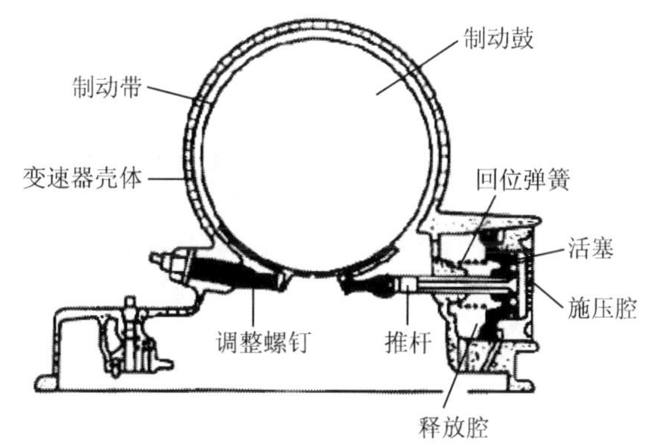

图 12.1.8 带式制动器

3）单向离合器。行星齿轮变速器的单向离合器与液力变矩器中的单向离合器结构相同。单向离合器对所连接元件器单向连接或锁止作用。类型有以下两种。

① 珠式单向离合器。滚珠式单向离合器由外圈、滚柱弹簧、内圈组成。外圈均通可通过花键与行星排的某一元件或变速器壳体连接。滚柱一般有 6～8 个，外圈内圆表面开有与滚柱数目相同的楔形槽，如图 12.1.9 所示。

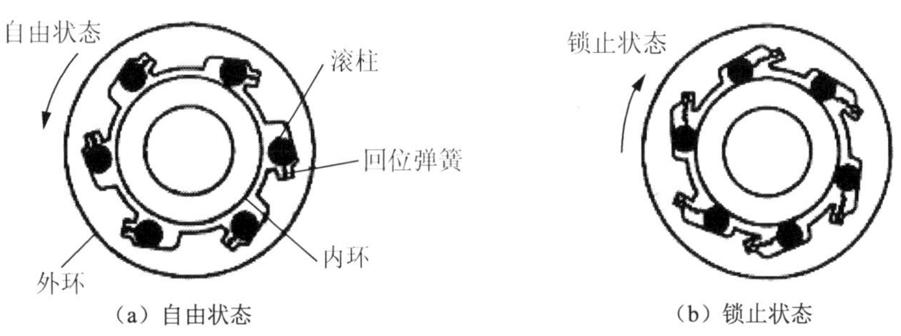

（a）自由状态　　（b）锁止状态

图 12.1.9　滚柱式单向离合器

② 块式单向离合器。楔块式单向离合器主要由外圈、楔块、内圈组成。

当单向离合器的外圈相对于内圈以逆时针方向转动时，楔块被推动而倾斜，内圈之间出现空隙，单向离合器不起作用，内外圈之间以不同的转速自由转动。

当单向离合器的外圈相对于内圈以顺时针方向转动时，楔块被推动而立起，卡在内外圈之间，单向离合器锁止，内圈和外圈连成一体，如图 12.1.10 所示。

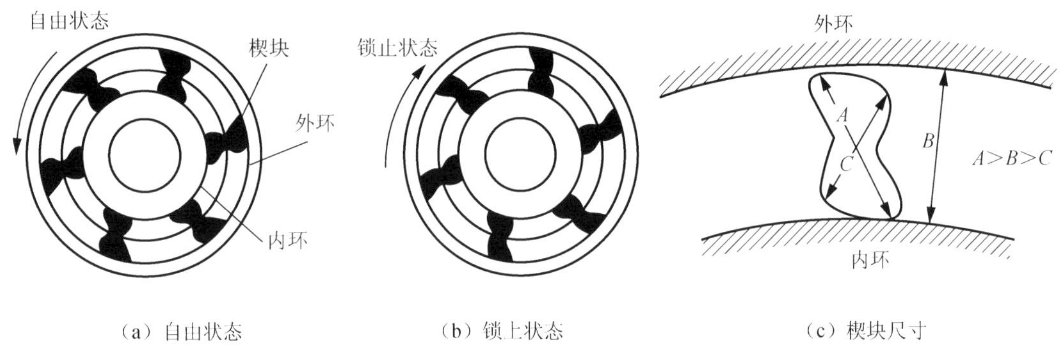

（a）自由状态　　（b）锁上状态　　（c）楔块尺寸

图 12.1.10　楔块式单向离合器

任务 12.2　自动变速器的性能试验与检修

◎ 任务目标

1. 会做时速试验、时滞试验、油压试验、道路试验，正确作出评价。
2. 会检修自动变速器各部件。

工作场景：理实一体化教室。

设备器材：丰田、大众等车型、世达工具、各车型专用诊断仪、万用表和抹布等。

技术要求：工作中随时注意“6S”的实施，保证操作的质量。

注意事项：①摩擦片应成组更换，新更换的摩擦片在使用之前要在 ATF 油液中浸泡 1h 以上，可以使用的摩擦片应浸泡 15min 以上；②在发动机转速达到失速转速之前，如车轮移动，应立即放松加速踏板停止试验，以免发生危险。

1. 通过各种试验检查自动变速器性能

对自动变速器进行初步检查之后，若没有找出故障部位和故障原因，需做进一步的性能测试试验，以便根据实验结果进行诊断。自动变速器在修理完毕后，为了鉴定修理质量，检验自动变速器的各项性能指标是否达到标准要求，也应进行全面的性能检查。自动变速器的性能测试项目包括失速试验、时滞试验、油压试验、道路试验和手动换挡试验等。

（1）失速试验

自动变速器进行失速试验的目的是通过测试发动机在时速状态下能达到的最高转速，检查发动机、变矩器和自动变速器执行元件的工作性能。

当选挡手柄拨到“D”位或“R”位，发动机节气门全开（即加速踏板踩到底），液力变矩器涡轮转速为零（即踩下制动踏板）时的发动机转速称为“失速转速”。失速试验的目的是：通过测试选挡手柄在“D”位和“R”位时发动机的最高转速，检查发动机与变速器的总体性能（包括液力变矩器导轮和单向离合器功能、齿轮变速系统的换挡离合器和制动器是否打滑）。

失速试验应在变速器传动液 ATF 达到正常工作温度（50～80℃）时进行；因为试验期间 ATF 温度上升很快所以连续试验时间不得超过 5s。为了保证安全，应当选择宽阔良好的地面并由两个人协同完成，一人进行试验操作，另一人观察车轮及其木塞，防止其移动。失速试验过程如图 12.2.1 所示，试验方法如下。

01 用三角木塞住前、后车轮，将转速表连接到发动机上，以便测量发动机转速。

02 拉紧驻车制动器。

03 左脚用力踩住制动踏板。

04 起动发动机并预热。

05 将选挡手柄拨到“D”位，右脚迅速将加速踏板踩到底，此时读取失速（涡轮转速为零）时的发动机转速（失速转速）应当符合规定值。

小贴士

在发动机转速达到失速转速之前，如车轮移动，应立即放松加速踏板停止试验，以免发生危险。

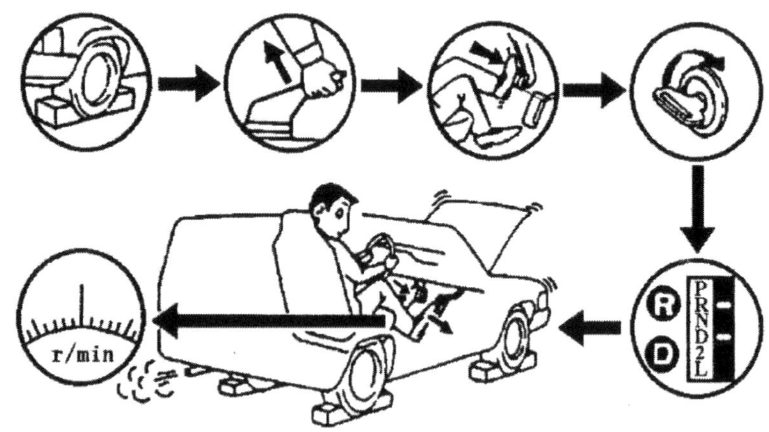

图 12.2.1　失速试验过程

不同车型的自动变速器都有其失速转速标准。大部分自动变速器的失速转速标准为2300r/min 左右。若失速转速与标准值相符，说明自动变速器的油泵、主油路油压及各个换挡执行元件的工作基本正常；如失速转速与标准值不符合，则说明存在某些故障问题。不同挡位故障原因如表 12.2.1 所示。

表 12.2.1　失速转速不正常原因

操纵手柄位置	失速转速	故障原因
所有位置	过高	主油路油压过低，前进挡和倒挡的换挡执行元件打滑，一挡及倒挡制动器打滑
	过低	发动机动力不足，液力变矩器导轮的单向离合器打滑
仅在 D 位	过高	前进挡油路油压过低，前进离合器打滑
仅在 R 位	过低	倒挡油路油压过低，倒挡及高挡离合器打滑

（2）时滞试验

在发动机怠速运转拨动选挡手柄换挡时，从开始换挡至感觉到震动会有一段时间，称为换挡时间迟滞或延时。时滞试验的目的是通过测量换挡延时时间，检查超速离合器 C0、前进离合器 C1、直接挡离合器 C2、一挡与倒挡制动器 B3 是否过度磨损，并鉴别施加于各离合器、制动器的传动液压力是否合适。

时滞试验应在变速器传动液 ATF 达到正常工作温度（50～80℃）时进行；每项试验进行 3 次，试验结果以 3 次测量的平均时间为准；每次测量需要间隔 1min 时间，以使离合器、制动器恢复到完全分离状态。延时试验过程如图 12.2.2 所示，试验方法如下：

01 拉紧驻车制动器，启动发动机并预热。

02 检查发动机怠速转速是否符合规定值。

03 将选挡手柄从“N”位拨到“D”位，与此同时，用秒表测量从开始换挡至感觉到震动的时间。重复进行三次，其平均延时时间应当少于 1.2s。

04 用相同方法测量将选挡手柄从“N”位拨到“R”位时的平均延时时间应当少于 1.5s。

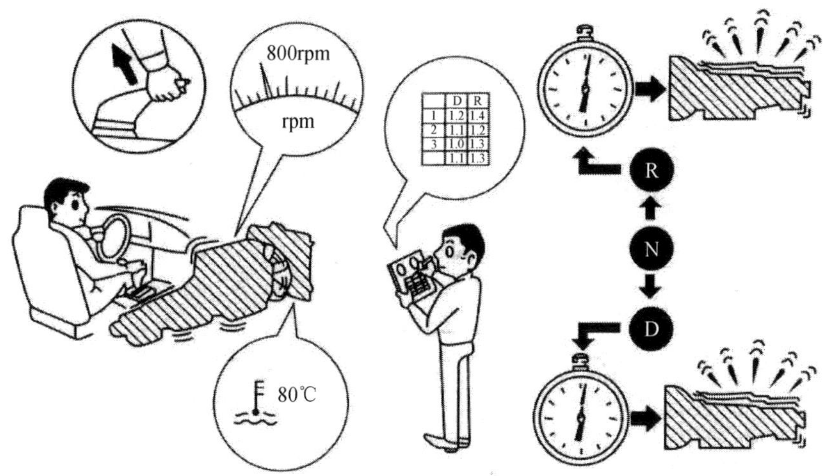

图 12.2.2　时滞实验过程

如果从“N”位拨到“D”位的延时时间超过 1.2s，有可能是管路油压过低、前进离合器 C1 磨损或超速单向离合器 F0 工作不良。

如果“N”位拨到“R”位的延时时间超过 1.5s，有可能是管路油压过低、直接挡离合器 C2 磨损、1 挡与倒挡制动器 B3 磨损或超速单向离合器 F0 工作不良。

（3）油压试验

油压试验是在自动变速器工作时，通过测量液压控制系统各油路的压力来判断各元件的功能是否正常，目的是检查液压控制系统各管路及元件是否漏油及各元件（如液力变矩器、蓄压器等）是否工作正常，判断故障是在自动变速器机械系统还是在液压系统。油压过高，使自动变速器出现严重的换挡冲击，甚至损坏控制系统；油压过低，会造成换挡执行元件打滑，加剧摩擦片的磨损，甚至使换挡执行元件烧毁。因此，在分解修理自动变速器之前和自动变速器修复后，都要对自动变速器进行油压试验，以确保自动变速器的维修质量。

管路油压试验的目的是：检查管路油压是否随着发动机转速变化而变化。变速器上专门设有测量管路油压的测量孔，不同型号的变速器其设置位置各不相同。试验方法是分别测量怠速和失速时，选挡手柄在“D”位和“R”位的管路油压。

油压试验应在变速器传动液 ATF 达到正常工作温度（50～80℃）时进行；为了保证安全，试验应由两个人协同完成，一个人进行试验操作，另一人观察车轮及其木塞，防止其移动。油压试验过程如图 12.2.3 所示，试验方法如下：

01 拆下变速器壳体上的油压检查接头 螺塞，并连接油压表。

02 三角木塞置于前、后车轮下方。

03 拉紧驻车制动器，起动发动机并预热。

04 检查发动机怠速转速是否符合规定值。

05 左脚用力踩住制动踏板。

06 将选挡手柄拨到“D”位，并在发动机怠速转速下测量管路油压值。

07 将加速踏板踩到底，在发动机达到失速转速时迅速读取管路油压值。在发动机转速达到失速转速之前，如车轮移动，应立即放松加速踏板停止试验，以免发生危险。

08 将选挡手柄拨到“R”位，用上述相同方法测量怠速与失速时的管路油压。

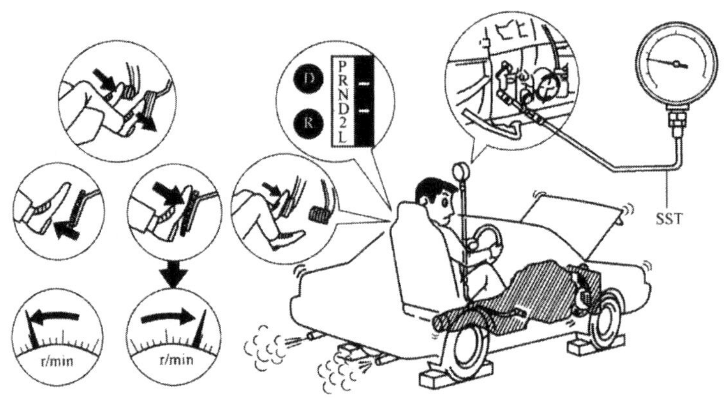

图 12.2.3 油压试验过程

如果所有挡位测量值都高于规定值，则可能是节气门拉索失调、节气门阀失效、调压阀失效。

如果所有挡位测量值都低于规定值，则可能是节气门拉索失调、节气门阀失效、调压阀失效、超速离合器 C0 损坏（后轮驱动汽车）、超速单向离合器 F0 或超速制动器 B0 损坏（前轮驱动汽车）。

如果只有“D”位管路油压低于规定值，则可能是“D”位油路漏油、前进离合器 C1 失效或超速单向离合器 F0 工作不良（前轮驱动汽车）。

如果只有“R”位管路油压低于规定值，则可能是“R”位油路漏油、直接挡离合器 C2 失效、1 挡与倒挡制动器 B3 失效或超速单向离合器 F0 工作不良（以丰田车系为例，前轮驱动汽车）。

（4）道路试验

道路试验简称“路试”，目的是检查各离合器、制动器工作状态是否良好。道路试验是诊断各离合器、制动器是否磨损失效的有效方法。自动变速器修理后，利用道路试验可以检查维修质量是否达到使用要求。

道路试验应在变速器传动液 ATF 达到正常工作温度（50～80℃）时进行；选挡手柄在每个换挡位置都要进行试验，在“D”位路试时，需要试验“NORM”、“PWR”两种驱动模式；试验过程中密切注意升挡降挡车速、换挡是否平顺、有无振动噪声、是否出现打滑等等。任何挡位打滑或发动机转速突然升高，都说明有换挡离合器、制动器或单向离合器出现故障。

01 “D”位路试。将选挡手柄拨到“D”位，接通超速开关（O/D 开关），将加速踏板踩到底使节气门始终保持在全开位置行驶，与此同时，检查以下项目：

① 检查是否出现 1→2、2→3、3→O/D 升挡，升挡车速是否符合换挡规律表中数值。

当冷却液温度低于 60℃时，在自动变速器 ECU 的控制下，不会升到 O/D 挡和锁定变矩器，即使出现，其换挡车速也会低于规定值。

如无 1→2 升挡，则可能是 1→2 换挡阀卡住或 2 号电磁阀卡住；如无 2→3 升挡，则可

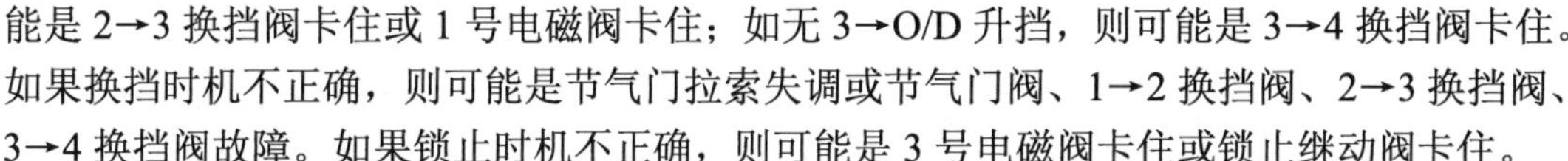

能是 2→3 换挡阀卡住或 1 号电磁阀卡住；如无 3→O/D 升挡，则可能是 3→4 换挡阀卡住。如果换挡时机不正确，则可能是节气门拉索失调或节气门阀、1→2 换挡阀、2→3 换挡阀、3→4 换挡阀故障。如果锁止时机不正确，则可能是 3 号电磁阀卡住或锁止继动阀卡住。

② 用相同方法检查 1→2、2→3、3→O/D 升挡时，有无振动和打滑现象。如果振动过大，则可能是管路油压过高、蓄压器损坏、单向阀失效。

③ 在“D”位以 O/D 挡或三挡行驶，检查振动与噪声。检查时必须仔细区分，因为传动系部件失去平衡也会引起振动和噪声。

④ 在“D”位以二挡、三挡和 O/D 挡行驶，检查 2→1、3→2、O/D→3 降挡时，车速是否符合换挡规律表中数值。同时检查降挡时有无异常振动和打滑现象。

⑤ 检查锁止机构。在“D”位以 O/D 挡约 75km/h 车速稳定行驶（锁定变矩器），然后轻轻踩下加速踏板，发动机转速应无突然变化。如转速变化很大说明没有锁定。

02 “S（2）”位路试。将选挡手柄拨到“S（2）”位，加速踏板踩到底使节气门始终保持在全开行驶，与此同时，检查以下项目：

① 检查是否出现 1→2 升挡，升挡车速是否符合换挡规律表中数值（注意，“S（2）”位无 O/D 升挡和锁定动作）。

② 在“2”位以二挡行驶时，松开加速踏板应有发动机制动效果。如无发动机制动，则可能是二挡滑行制动器 B1 失效。

③ 检查加速与减速期间有无异常噪声、升挡与降挡时有无振动。

03 “L（1）”位路试 。将选挡手柄拨到“L（1）”位，将加速踏板踩到底使节气门始终保持在全开位置行驶，与此同时，进行以下检查项目：

① 在“L（1）”行驶时，应不能升到二挡；松开加速踏板时，应当具有发动机制动效果。如无发动机制动，则可能是 1、倒挡制动器 B3 失效。

② 检查加速与减速期间有无异常噪声。

04 “R”位路试。将选挡手柄拨到“R”位，加速踏板踩到底使节气门全开时起步行驶，检查有无打滑现象。

05 “P”位路试。将汽车停放在坡度大于 5° 的斜坡上，选挡手柄拨到“P”位后，松开驻车制动器，自动变速器中的停车锁止机械（机械机构）应将汽车停在原地。否则说明停车锁止机构失效。

（5）电控系统试验

在某些装备电控自动变速系统的汽车上，通过检测诊断插座上相应端子之间信号电压，可以检查电控系统的主要控制信号。例如，检测诊断丰田汽车插座上信号输出端子“TT”与搭铁端子“E1”之间的电压，即可检查节气门位置信号、制动信号和换挡挡位信号。

检查节气门位置信号的方法如下：

01 将万用表的功能选择开关拨到直流电压挡，正极表笔连接诊断插座“TT”端子，负极表笔连接“E1”端子，如图 12.2.4（a）所示。

02 接通点火开关（点火钥匙转到 ON 位置），但不起动发动机。

03 从节气门完全关闭至完全打开缓慢踩下加速踏板，同时查看万用表指示的“TT”端子输出电压。正常电压值就 0V 阶梯升高到 8V，如图 12.2.4（b）所示（在检测过程中，不要踩下制动踏板，否则输出电压将保持 0V 不变），如果指示电压不正确，应当检修节气门位置传感器。

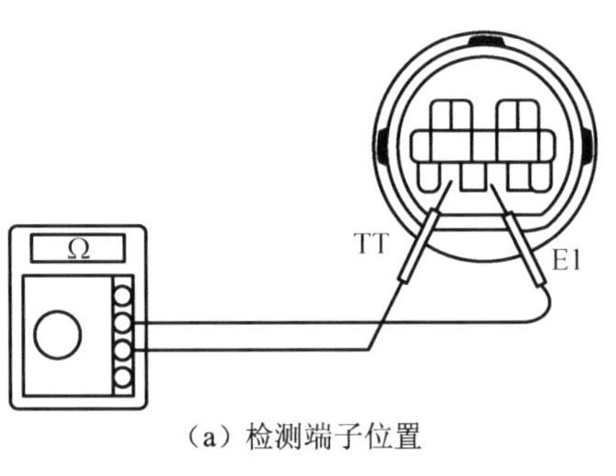

（a）检测端子位置

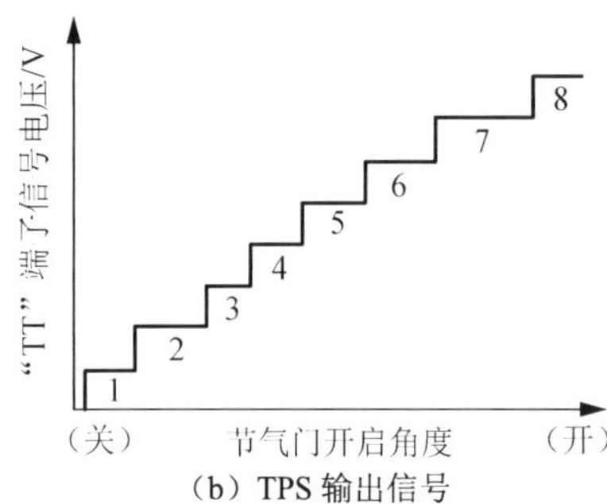

（b）TPS 输出信号

图 12.2.4　检测电控系统信号

检查制动信号的方法如下：

01 将万用表的功能选择开关拨到直流电压挡，正极表笔连接诊断插座“TT”端子，负极表笔连接“E1”端子，如图 12.2.4（a）所示。

02 接通点火开关（点火钥匙转到 ON 位置），但不起动发动机。

03 踩下加速踏板，直到“TT”端子输出电压达到节气门位置传感器信号电压的最大值（8V）时，再踩下制动踏板，此时“TT”端子输出电压应为 0V；当松开制动踏板时，“TT”端子输出电压应为 8V。如果指示电压不正确，应当检修制动灯开关及其线路。

检查换挡挡位信号的方法如下：

01 起动发动机并预热，使冷却液温度达到 80℃。

02 接通超速 O/D 开关（即 O/D 开关置于 ON 位置）。

03 驱动模式开关置于“NORM（普通）”位置。

04 选挡操作手柄拨到“D”位置。

05 在以 10km/h 以上车速进行道路试验期间，检测“TT”端子电压是否与表 12.2.2 所示升挡位置一致。电压从 0V 逐渐升高到 7V 说明电控系统正常。

小贴士

在换挡时，升挡挡位通过发动机的轻微振动或转速改变来确定。在一般情况下，二、三挡行驶时锁止离合器很少接合，为使变矩器锁定，需要将加速踏板踩下其行程的 50%或更多。当加速踏板踩下的行程少于 50%时，“TT”端子电压按 2V→4V→6V→7V 顺序变化，则并非故障所至。

表 12.2.2　升挡位置与“TT”端子电压的关系

升 挡 位 置	“TT”端子电压（近似值）
一挡	0 V
二挡	2 V
二挡锁定	3 V
三挡	4 V
三挡锁定	5 V
O/D 挡	6 V
O/D 挡锁定	7 V

（6）手动换挡试验

手动换挡测试可以区分是机械故障还是电路故障（齿轮变速系统和液压控制系统故障），测试方法如下：

01 拔下自动变速器 ECU 线束插头和电磁阀线束插头（即相当于使 1 号、2 号电磁阀都失效）。

02 手动操纵选挡手柄换挡，检查汽车行驶速度的变化情况。手动换挡位置与行驶挡位的关系应当如表 12.2.3 所示。试验既可在试验台架上进行，也可通过道路试验进行。如在测试中出现异常或各前进挡行驶车速很难区分，说明机械系统（齿轮变速系统和液压控制系统）有故障，需要进行机械系统测试；如每一挡工作都正常，说明电控系统有故障，需要进行电控系统测试。

03 插自动变速器 ECU 线束插头和电磁阀线束插头

04 清除故障代码。

表 12.2.3　手动换挡位置与行驶挡位的关系

选挡手柄位置	D 位	2 位	L 位	R 位	P 位
行驶挡位	O/D 挡	三挡	一挡	倒挡	驻车锁定

2. 检修自动变速器各组成部件

（1）液力变矩器的检修

01 目视检查。检查液力变矩器的外部有无损坏和裂纹，是否由于油温高而导致外表发蓝，是否有明显的高温烧灼现象。检查液力变矩器的连接螺栓，如有损坏，则予以更换。检查液力变矩器的传动毂是否光滑，如果毂磨损，则仔细检查油泵驱动部分，必要时更换液力变矩器，毂表面轻度的擦痕或损伤可以用细砂布磨光。

02 轴套径向跳动量检查。检查飞轮及挠性板是否翘曲，是否有裂纹（图 12.2.5）。检查起动机齿圈的齿表是否损坏，如有损坏的，应更换飞轮。如遇到后凸缘表面磨损、接缝或焊缝处漏油，传动毂松动、传动毂肩磨损或毂的径向跳动过大情况，测量时至少要选取三个测量点（图 12.2.6）。观察百分表读数，所得跳动量若大于 0.03mm 则应采用转换一个角度重新安装的方法予以校正，并在校正后的位置上作一记号，以保证安装正确。若无法校正，应更换液力变矩器。

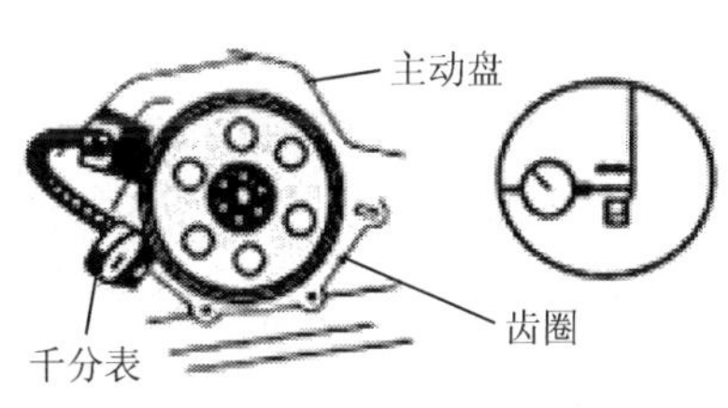

图 12.2.5　测量主动盘径向跳动

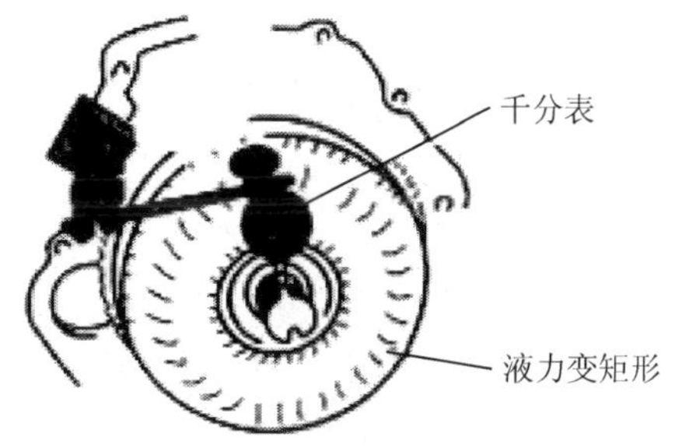

图 12.2.6　测量轴套的径向跳动

03 液力变矩器涡轮轴轴向间隙检查。涡轮轴向间隙是指涡轮前后间隙量。如果间隙值不准确，会导致液力变矩器内部元件运动干涉。将百分表固定在液力变矩器壳体上，使表头在涡轮轴上方，测量涡轮轴的轴向间隙（图 12.2.7）。如果涡轮轴轴向间隙大于 0.08mm，则更换液力变矩器。

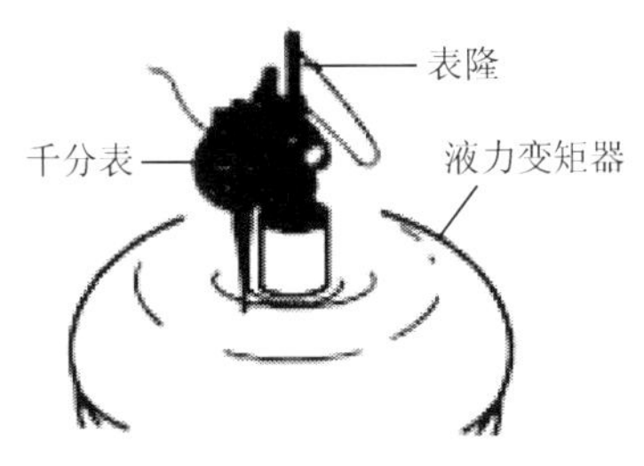

图 12.2.7 检查涡轮与导轮的轴向间隙

04 导轮单向离合器的检查。导轮是起增矩作用的重要元件，如果不能实现单向锁止，将对汽车整个动力性能产生很大的影响，必须仔细检查导轮单向离合器的工作情况。

① 对于已拆下的液力变矩器，可用两个手指伸入滚子离合器花键内圈并试着在两个方向上转动内圈，以此检查导轮滚子离合器，内圈应能顺时针自由转动，而逆时针不能转动或转动困难（图 12.2.8）。如有条件需用专用工具检查单向离合器是否顺转自如而逆转锁止。

② 变速器装车后，在发动机性能正常的情况下，汽车在从静止到起步的加速性较差，车速在 30～35km/h 以后表现正常。可能是变矩器导轮单向离合器损坏。

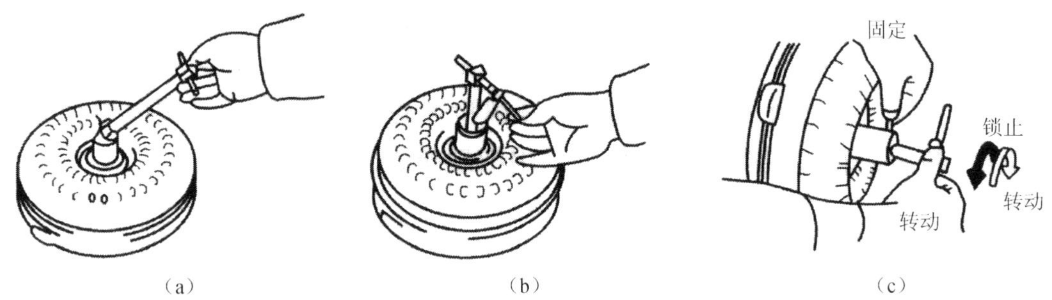

图 12.2.8 导轮的单向超越离合器的检查

05 内部干涉检查。液力变矩器内部的泵轮、导轮和涡轮之间应该是相互独立运动的，如有相互碰撞和干涉将产生噪声，并可能损坏变矩器。放置时，应将变矩器油泵驱动轴侧朝下。当然噪声也可能是泵轮、导轮和涡轮中某叶片脱焊造成的，同时也会造成动力性变差，ATF 的脉动声。

06 锁止离合器检查。摩擦材料和锁止功能的检查是非常重要的。如果变矩器中有大量磨损材料脱落和金属残渣，可能是锁止离合器中摩擦片磨损过量导致的。锁止离合器在变矩器的内部，只有解体时才能进行彻底的直观检查。一般建议送到专业的自动变速器修理厂进行修理或更换变矩器总成。

07 清洗。有两种方法可以清洗液力变矩器，必须到专业自动变速器修理厂。

① 可以将变矩器壳切割成两半，然后清洗部件。检查它们是否磨损，并更换磨损或断裂的部件，然后再将变矩器壳焊在一起做动平衡测试（专业的自动变速器修理厂）。

② 用专用清洗机清洗液力变矩器。将液力变矩器安装在清洗机的固定架上，清洗机用加压的清洗剂对液力变矩器进行冲洗，清洗机的驱动装置在冲洗的同时还驱动变矩器涡轮。

清洗工作需要时间 15min，可冲洗掉绝大多数的金属颗粒，完毕后将洗净的液力变矩器从清洗机上拆下，从放油螺栓孔放出残存的清洗剂。

（2）自动变速器行星齿轮机构的检修

01 自动变速器行星齿轮机构的检修。检修自动变速器时，应用煤油仔细清洗所有零件（摩擦片、橡胶密封垫除外），并用压缩空气吹干，然后按照拆卸的顺序排放整齐。检修时应注意正确合理地使用专用工具和检测仪器，严格遵守安全操作规程，防止零件的损坏及人员的伤害。

02 摩擦片和制动带的检修。分别目视检查摩擦片。如出现表面烧焦、耐磨层脱落、内花键拉毛、沟槽磨平或翘曲变形或与钢片烧结在一起等现象应更换。摩擦片的表面通常印有符号[图 12.2.9（a）]，若这些符号被磨平，说明摩擦片已经磨损到极限，应更换。也可以通过测量摩擦片的厚度来判断是否应该更换[图 12.2.9（b）]。如是制动带也可检查内表面，如有烧焦、表面粉末冶金层脱落或表面符号已被磨去，应更换。

小贴士

摩擦片应成组更换，新更换的摩擦片在使用之前要在 ATF 油液中浸泡 1h 以上，可以使用的摩擦片应浸泡 15min 以上。

03 钢片的检修。分别检查钢片，如有严重磨损、有拉痕、划痕、外花键或凸台磨平、拉毛或翘曲变形，与摩擦片烧结在一起，应更换。

04 卡环的检修。检查每个固定部位的卡环（图 12.2.10），如有弯曲变形、弹性变弱或有过热变色的痕迹等，应及时更换。

小贴士

每个部位卡环都有尺寸或厚度的差异，要注意区分分别保存及安装。

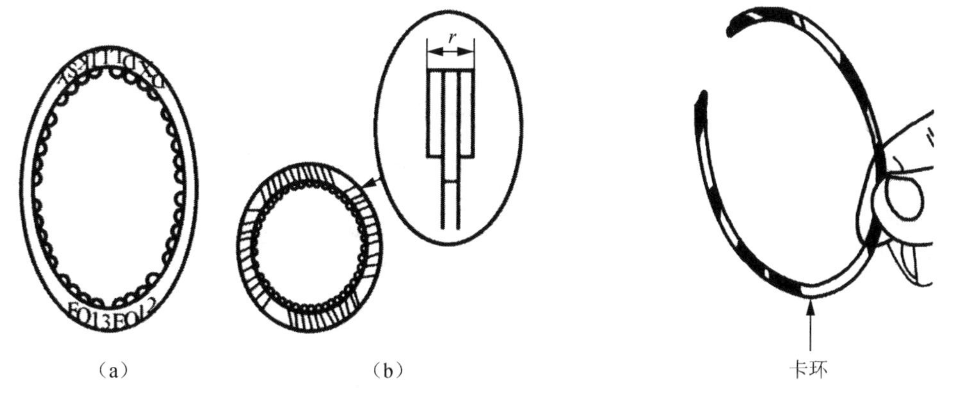

图 12.2.9　摩擦片检修

图 12.2.10　卡环的检修

05 滚针轴承的检修。检查自动变速器所有滚针轴承及座圈，如有滚针松旷、失圆、过热变色或保持架变形，座圈磨损过量、出现沙眼或凹槽以及轴承运转时有异响均应更换。图 12.2.11 和图 12.2.12 所示为 01N 型变速器轴承的安装位置。

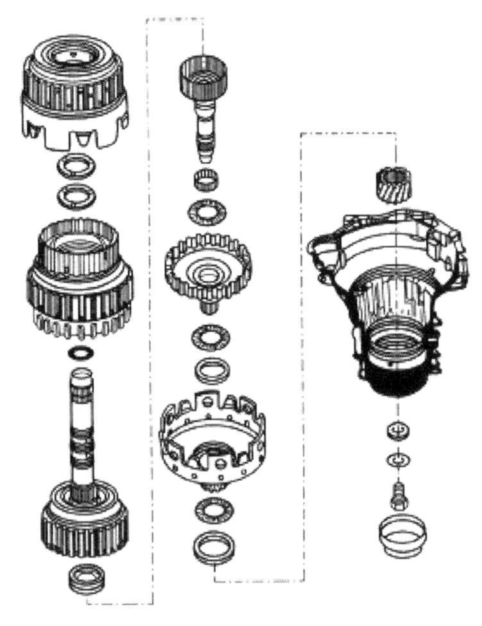

图 12.2.11　轴承及轴承座位置

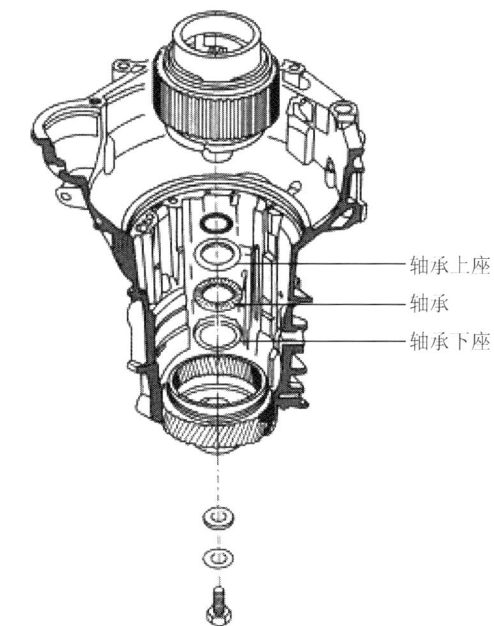

图 12.2.12　轴承及座阀位置

小贴士

轴承要按规定的方向安装。

06 弹性复位元件的检修。自动变速器的弹性元件包括螺旋弹簧、膜片弹簧、波纹形弹簧、碟形弹簧。检修时，应对每个部位的弹性元件进行检查，目测弹簧有无弯曲、扭曲、倾斜等变形，同一组弹簧的自由长度是否一致（表 12.2.4），必要时可以进行弹力试验，如损伤较大则更换。

小贴士

如由多根弹簧组成，则需要整组一起更换。

表 12.2.4　A340E、A341E、A342E 自动变速器的离合器和制动器检修标准

离合器或制动的名称	代号	弹簧自由长度标准	自由间隙/mm
直接离合器	C0	15.8	1.45～1.70
超越离合器	B0	17.23	1.75～2.05
倒挡及高挡离合器	C2	24.35	1.37～1.60
前进离合器	C1		0.70～1.00
二挡离合器	B2	19.64	0.63～1.98
低挡及倒挡离合器	B3	12.9	0.70～1.22
二挡强制制动器	B1		2.0～3.0

07 单向离合器的检修。将单向离合器分解（图 12.2.13），检查单向离合器的滚柱有无圆度磨损，压缩弹簧有无变形，弹力是否下降，塑料保持架有无变形或断裂，外环是否

磨损等，如损伤严重则更换单向离合器总成。

单向离合器组合后，将行星齿架插入单向离合器总成，用专用工具转动齿架，要求是只能单向转动。否则证明单向离合器失效，应更换单向离合器总成。

小贴士

不能装反，否则升挡时出现制动现象。

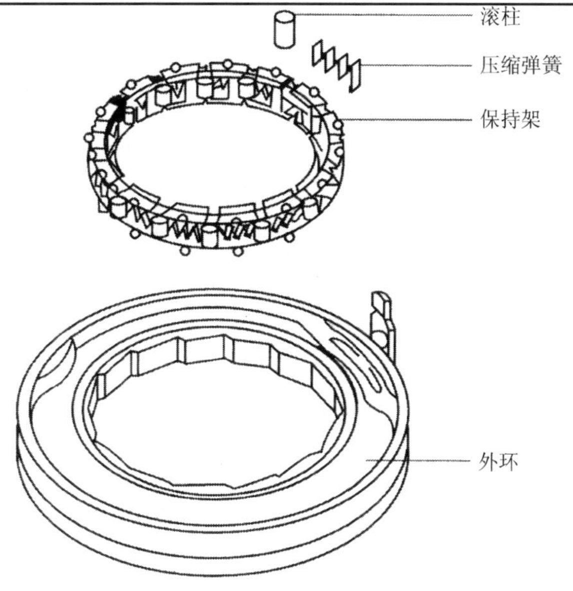

图 12.2.13　单向离合器分解图

08 行星齿轮机构的检修。行星齿轮机构是变速器产生运转噪音的主要来源。拆卸后，应仔细检查行星齿轮机构所有轮齿是否有磨损、裂纹、变色或剥落，所安装的花键轴的花键是否有变形或破损，齿轮与花键轴之间的配合间隙是否过大。如出现以上损伤均应更换整个行星齿轮。

检查行星轮与行星架之间的轴向间隙（图 12.2.14），其标准间隙为 0.178～0.635mm。若超出范围，应更换止推垫片或行星齿架组件。

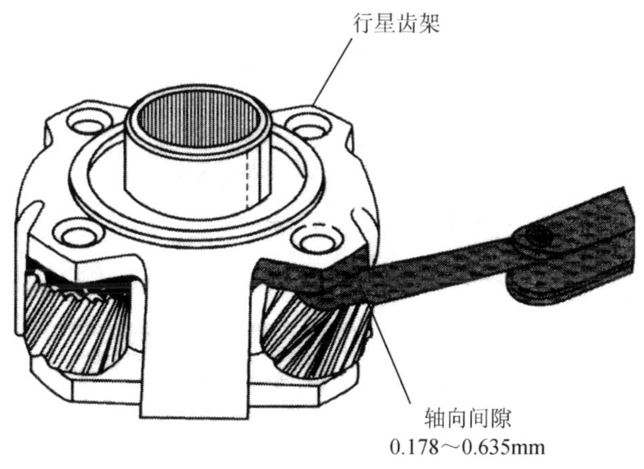

图 12.2.14　单向离合器分解图

思考与练习

一、判断题

1．太阳齿轮、齿圈和行星齿轮三者的旋转轴线是重合的。（　　）

2．选挡操纵手柄拨到“R”位置时，换挡执行机构使自动变速器处于空挡状态。（　　）

3．自动变速器主要由液力变矩器、齿轮变速器、液压控制系统、电子控制系统、油冷却系统等几部分组成。（　　）

4．自动变速器根据车辆驱动方式的不同，可以分为机械式自动变速器、液力式自动变速器和无级自动变速器等。（　　）

5．自动变速器的性能测试项目包括失速试验、时滞试验、油压试验、道路试验和手动换挡试验等。（　　）

二、选择题

1．液力变矩器的泵轮和涡轮转速差值愈大，则（　　）。

A．输出转矩愈大　　B．输出转矩愈小

C．效率愈高　　D．输出功率愈大

2．液力变矩器的锁止电磁阀的作用是当车速升到一定值后，控制油液能把（　　）锁为一体。

A．泵轮和导轮　　B．泵轮和涡轮

C．泵轮和单向离合器　　D．涡轮和导轮

3．在输出轴处于增矩状态下，液力变矩器中的导轮处于（　　）状态。

A．自由　　B．锁止　　C．与涡轮同速　　D．与泵轮同速

4．当讨论变矩器时，技师甲说它用于把发动机的转矩传递给变速器；技师乙说涡轮在任何时候都以发动机的转速转动。你认为（　　）。

A．甲正确　　B．乙正确　　C．两人均正确　　D．两人均不正确

5．下列不属于自动变速器的挡位的是（　　）。

A．R　　B．N　　C．D　　D．M

参 考 文 献

杜瑞丰，李忠凯．2007．汽车底盘构造与维修．北京：高等教育出版社．

高峰．2014．汽车底盘构造与维修．北京：机械工业出版社．

李培军．2011．汽车底盘电控技术．北京：人民邮电出版社．

王盛良．2010．汽车底盘构造与检修技术．北京：机械工业出版社．

王扬．2009．汽车底盘构造与维修．天津：天津科学技术出版社．

姚焕新．2009．汽车底盘电控系统检修．北京：人民邮电出版社．

张宏伟．2005．汽车底盘构造与维修．北京：高等教育出版社．